从财税合规到利润提升

基于金税四期与新公司法背景

彭彩凤 ◎ 著

中国经济出版社
CHINA ECONOMIC PUBLISHING HOUSE
北京

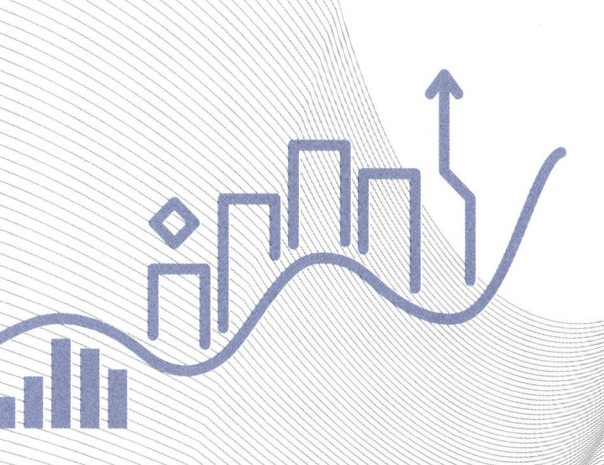

图书在版编目（CIP）数据

从财税合规到利润提升 / 彭彩凤著. -- 北京 : 中国经济出版社，2024. 11. -- ISBN 978-7-5136-7916-9

Ⅰ. D922.291.914

中国国家版本馆 CIP 数据核字第 2024KC1190 号

责任编辑	丁　楠　马伊宁
责任印制	马小宾
封面设计	久品轩

出版发行	中国经济出版社
印 刷 者	宝蕾元仁浩（天津）印刷有限公司
经 销 者	各地新华书店
开　　本	710mm×1000mm　1/16
印　　张	17
字　　数	285 千字
版　　次	2024 年 11 月第 1 版
印　　次	2024 年 11 月第 1 次
定　　价	69.80 元

广告经营许可证　京西工商广字第 8179 号

中国经济出版社　网址 http://epc.sinopec.com/epc/　社址 北京市东城区安定门外大街 58 号　邮编 100011
本版图书如存在印装质量问题，请与本社销售中心联系调换（联系电话：010-57512564）

版权所有　盗版必究（举报电话：010-57512600）
国家版权局反盗版举报中心（举报电话：12390）　　服务热线：010-57512564

序　言

"彭老师，您能否推荐一本适合财务初学者阅读的书？我的目标并非成为财务领域的专家，而是希望了解基本的、重要的财务工作内容、开展方式以及管理方法。由于时间有限，我无法深入阅读太多专业书，因此，一本全面易懂的书将是我的最佳选择。"

这是我在线下讲课、入企做咨询时经常被企业主问到的一个问题。

近两年，企业主对财税知识的关注达到了前所未有的高度，我归纳出以下三个主要原因。

一是外部风险压力。随着金税四期的推行、数字货币的启用以及新公司法的实施，我们已经步入了一个新时代，其特征是依托网络大数据构建企业精准画像和实施数智化管理。在这样的时代背景下，企业打造一个既符合监管环境又能满足内部管理需求的财务体系，以及培养一支专业的财务团队，显得尤为重要。

二是多重身份要求的必然。每一位企业主都扮演着三个角色——投资者、经营者和融资者，集三重身份于一身。企业主从注册成立公司的那一刻起就成了投资人，投资人的目的是取得期待的投资回报；公司成立后，在经营过程中，目标是每个月取得好的经营成果，即有利润与现金流；随着经营的推进，不同阶段可能会有不同的融资需求，比如找银行融资、引进投资人、自行上市、收购兼并等。集三重身份于一身的企业主在日常经营的每一个决策中都需要用到财税知识，每一次决策结果都关系到成本的高低、风险的大小。

三是经营管理的迫切需要。企业经营已进入 2.0 时代，在这个时代，经营管理由过去的粗放型管理向精细化管理转变，需要企业运用精确的财务数据，全面反映经营流程的每一个环节，及时得出财务报表数据并从数据中发现问题，进而制定对策，推动目标达成。

本书围绕金税四期、数字货币启用、新公司法实施背景下的财务升级等内容展开论述，以期为经营者、高管、财务人员等提供参考。

本书内容分为3个部分：

第1部分以合法经营为基础展开，包含了公司组织形式的选择、章程重要条款的修订、注册资本的关键点、经营要遵守的财税原则，以及股权架构搭建的模型及其注意事项和股权转让的注意点等。企业和个人安全是经营之本，是企业高速发展的根基。

第2部分是用财税方法助力企业提升经营效率，具体体现在为企业搭建一套适合的内部控制体系，既可管控风险，又可提高经营效率；掌握读懂财务报表的方法，用好报表数据，通过数据找出问题并提出解决方案，得出提升利润的路径；搭建一支高效专业的财务队伍，这是助力企业高效运营的核心关键之一，也是企业主以更轻盈的姿态经营企业的不可或缺的重要助手。

第3部分是利用财税方法帮助企业赚钱，通过合理合法的税收筹划来赚取利润；建立年度预算体系，把年度预算作为管理抓手，推进年度战略目标的实现。

本书用通俗易懂的语言简单且有重点地介绍了财务管理的思路、步骤、注意事项等，各个板块内容相对独立且各自完整。

希望通过这些分享能帮助企业主、高管等建立起财务思维，掌握重要的财务知识。希望其带着这些财务思维、财务知识，在后续的商业活动中更有优势地、全面完整地规划合作细节，同时在企业经营过程中规避风险，取得更好的经营成果。

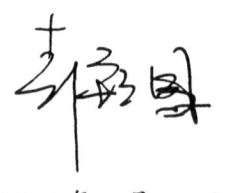

2024年5月24日

目 录

第1部分　财税基础篇——助力企业安全赚钱

第1章　掌握5个财税筹划锦囊，助力企业合规经营　2
- 1.1　经营主体的3种常用组织形式　2
- 1.2　企业经营常用的2种特殊形式　8
- 1.3　修订章程7个条款以把握主动权　14
- 1.4　管理注册资本的5个关键点　18
- 1.5　公司经营要遵守的4个关键财税原则　21

第2章　学会6种股权架构搭建，既能隔离风险又能省钱　27
- 2.1　搭建股权架构前要考虑9件事　27
- 2.2　5种方法帮经营者锁住话语权　32
- 2.3　股权架构搭建落地的3个步骤　34
- 2.4　6种股权架构模型与应用案例　35
- 2.5　股权架构搭建要注意3点事项　44
- 2.6　股权转让时要注意的4点事项　46

第2部分　财税升级篇——助力企业提升经营效率

第3章　搭建内部控制体系，提升企业运营效率　52
- 3.1　搭建内部控制体系的5个核心要点　52
- 3.2　内部控制体系8个经营环节解析　56

3.3	5个关键业务流程的内控设计与实施	62
3.4	内部授权、监督与风险评估机制构建	76
3.5	持续优化与提升内部控制体系的有效性	84

第4章　读懂并用好财务报表，助力企业获得经营利润　　86

4.1	财务报表的4点基础知识	87
4.2	高效阅读财务报表3步法	94
4.3	财务报表经营提效2步法	119
4.4	财务报表分析的3种方式	123
4.5	通过1个核心财务指标，找到利润提升路径	134

第5章　做对5件事，建立一个高效专业的财务部　　142

5.1	传统财务部转型升级的3个特点和2个调整	144
5.2	财务人员转型升级的4个维度	149
5.3	大中小企业适用的3种财务组织架构	154
5.4	搭建专业高效财务部的3个步骤	158
5.5	用5个指标轻松管好财务部	165

第3部分　财税高阶篇——助力企业利润提升

第6章　通过合法合理的税收筹划，为企业赚取净利润　　174

6.1	税收筹划基础知识	174
6.2	税收筹划的5点注意事项	178
6.3	利用税收筹划方法赚取利润	180
6.4	公司税收筹划落地6步法	194
6.5	税收筹划实际应用案例	198
6.6	5种常见无发票的解决办法	205

第 7 章　做好年度预算，帮助企业拿到好成果　209

7.1　成功编制预算 5 要素　211

7.2　预算编制流程 8 步法　212

7.3　预算编制应用参考案例　217

7.4　4 个方法提高 95% 预算达成率　246

7.5　激励体系是预算达成的利器　251

后　记　261

1

第1部分

财税基础篇——助力企业安全赚钱

第 1 章　掌握 5 个财税筹划锦囊，助力企业合规经营

1.1　经营主体的 3 种常用组织形式

作为一名创业者、经营者，你所在公司的组织形式与业务经营模式匹配吗？能否达到风险隔离、税收优化的效果？

个人认为，这是经营的第一课，即用什么样的载体做买卖，才能达到生意和个人的风险隔离，同时做好税收筹划。

案例分析：

我的客户 A 是一家专注于医疗美容业务的企业。在成立初期，他们选择了有限合伙企业的形式进行经营。这样做主要是基于税务考量，因为有限合伙企业无须缴纳企业所得税，只有个人所得税的税收成本。然而，客户没有考虑到的另一个重要事项是：医疗美容行业具有特殊性，包括但不限于潜在的医疗风险和频繁的法律纠纷，如果用有限合伙企业形式经营，普通合伙人需要承担无限连带责任，这意味着在出现债务或法律纠纷等问题时，他们个人的资产可能会受到影响，承担超出企业范围的风险，即没有将个人风险与公司进行有效隔离。

因此，具体采用哪种形式经营，需要先结合行业属性、业务模式、税收优惠等进行综合评估，然后选择最适合的形式。

公司的常用组织形式主要包括公司制企业、个人独资企业、合伙企业，下文分别介绍它们的适用场景与相关注意事项等。

1.1.1　公司制企业

这里只介绍有限责任公司，它是一种以注册资本为限承担经营责任的企业

组织形式。在公司合规经营的前提下,这种有限责任模式能够有效地隔离个人和公司的经营风险,保护股东的个人财产免受公司债务的无限追偿。

例如,我和张总共同成立了一家有限责任公司,注册资本为500万元,并且这笔资金已经到位。公司运营完全遵守相关法律法规。在公司面临经营困难或债务问题时,作为股东,责任仅限于已经投入的500万元注册资本,如果公司的债务超过了这个数额,股东不需要再承担额外的支付责任。

但是,有限责任公司在盈利时可能会面临"双重征税"问题。公司有利润时需要先缴纳企业所得税,之后对股东进行利润分配时,如果是个人股东,还需缴纳个人所得税;如果是法人股东,符合《中华人民共和国企业所得税法》第二十六条第二项规定的符合条件的居民企业之间的股息、红利等权益性投资收益免税。

有限责任公司常用的形式是一人有限责任公司和多人有限责任公司。

(1)一人有限责任公司

一人有限责任公司是由单独一个自然人或单独一个法人(公司、企业或其他法人团体)作为唯一股东设立的有限责任公司。在中国,具有居民身份证并符合《中华人民共和国公司法》规定条件的个人,或者持有有效营业执照的法人实体,都有资格成立一人有限责任公司。一些业务比较简单的服务行业,比如咨询服务、教育培训、设计行业等都适用。

成立一人有限责任公司时要特别注意的是,新《中华人民共和国公司法》第二十三条第三款规定:只有一个股东的公司,股东不能证明公司财产独立于股东自己的财产的,应当对公司债务承担连带责任。

公司人格与股东人格是否存在混同的判断标准是公司是否具有独立意思和独立财产,最主要的表现是公司的财产与股东的财产是否混同且无法区分,常见的情形有5种:

一是股东无偿使用公司资金或财产,不作财务记载的;

二是用公司的资金偿还股东自己的债务,或者将公司的资金供关联公司无偿使用,不作财务记载的;

三是公司账簿与股东账簿未分开,致使公司财产与股东财产无法区分的;

四是股东自身收益与公司盈利不加区分,致使双方利益不清的;

五是公司的财产记于股东名下,由股东占有、使用等。

在具体实务中,如果股东可以提供公司记账凭证、银行流水及其他财务证据，证明公司与股东存在的资金往来均有相应记载，且股东与公司账户独立、能够区分开时，一般不认为构成财产混同。

因此，一人有限责任公司的股东应当注意公司财产与个人财产相分离，避免个人因财产混同对公司债务承担连带责任。这要求股东在经营过程中保持公司财务的独立性和清晰性，公私要分明，账务要清晰。

（2）多人有限责任公司

多人有限责任公司通常是指由2个以上、50个以下股东共同出资设立的有限责任公司，在公司名称中通常会出现"有限责任公司"或"有限公司"字样。

绝大多数行业都适合采用多人有限责任公司的形式经营，这是一种比较成熟的形式，也是目前市场上绝大多数公司采用的形式。

成立多人有限责任公司有6个重要的注意事项：

一是科学设计好各股东的持股比例，明确出资额的到位时间；

二是根据公司具体情况设置匹配的组织架构；

三是制定详尽清晰的适合公司的章程；

四是明确法定代表人及其职责和权限；

五是约定清晰利润分配规则；

六是建立健全财务体系。

以上事项在后续章节中会展开介绍。

接下来介绍承担无限责任的2种企业类型，即个人独资企业和合伙企业。

1.1.2 个人独资企业

个人独资企业是由单一自然人投资设立的经营实体，在这种企业形式下，投资人需以其个人财产对企业的债务承担无限责任，因此企业的经营风险与投资人的个人财产风险紧密相连。

个人独资企业的特点是结构简单，无须设立股东会、董事会、监事会等复杂的公司治理机构，决策过程更为迅速和灵活。在税费方面，当企业分配利润时只需缴纳个人所得税，这种简洁的税务结构有助于减轻企业的税务负担，提高其市场竞争力。

个人独资企业特别适合创业初期的创业者迅速试水市场并对市场变化作出快速响应。此外，它也非常适用于那些规模较小、经营风险较低且资金需求量不大的业务场景，比如小型零售商店、个体工作室、专业服务咨询以及个人提供的技术或劳务服务等。

个人独资企业的名称常使用"工作室""经营部""中心""厂"或"店",不能使用"有限责任公司"或"有限公司"字样。

个人独资企业在经营过程中要特别注意以下3点:

一是虽然一个自然人在法律上拥有成立多家个人独资企业的权利,但从实际操作和风险管理的角度来看,通常不建议这样做。主要原因在于,个人独资企业的投资人需以其个人财产对企业的债务承担无限责任。当投资人同时经营多家个人独资企业时,必须非常清晰地划分个人财产与各家企业财产之间的界限。这样的划分不仅复杂且易出错,一旦界限模糊,投资人的个人财产很可能面临被企业债务追偿的风险。

二是为了确保企业运营的合规性和投资人个人财产的安全,每家个人独资企业都应保持财务的独立性,有独立的会计记录和财务报表。

三是个人独资企业解散后,原投资人对个人独资企业存续期间的债务仍应承担偿还责任,但债权人在五年内未向债务人提出偿债请求的,该责任消灭。这点不像有限责任公司那么干脆,解散注销就结束了。

个人独资企业与一人有限责任公司都是"一人堂",两者的区别是什么?具体体现在以下3个方面:

一是投资主体不同:个人独资企业的投资主体只能是自然人;一人有限责任公司的投资主体既可以是自然人,也可以是法人。

二是税收缴纳层次不同:个人独资企业盈利时不需要缴纳企业所得税,只需要缴纳个人所得税;一人有限责任公司盈利时则需要先缴纳企业所得税,向个人股东分配利润时还需要缴纳个人所得税。

三是投资者承担责任范围不同:个人独资企业的投资人以其个人资产对公司的债务承担无限责任,如果投资人在申请企业设立登记时以家庭共有财产作为个人出资,那么还需以家庭共有财产对企业债务承担无限责任;相比之下,一人有限责任公司的股东以其认缴的出资额为限对公司承担有限责任。

对于同样一个自然人,作为股东的两种形式应如何选择应用?

对于业务单一、体量较小、风险较小或者几乎无风险的业务,考虑用个人独资企业经营;对于经营风险较大或风险较为不可控的业务,选择一人有限责任公司更为合适。总之,两种形式的选择标准应是先管住风险,再谋求发展与赚钱,这才是正确之道。

1.1.3 合伙企业

合伙企业是由两个或更多自然人或法人组成的，通过签订合伙协议，共同投资、经营、分享利润，并共同承担企业债务的无限连带责任。合伙企业分为3种类型：普通合伙企业、特殊普通合伙企业和有限合伙企业。合伙企业名称中一般都带有"合伙"字样。

（1）普通合伙企业

在普通合伙企业中，大家共同投资，一起经营，共享利润也共担风险，所有合伙人都对企业的债务承担无限连带责任。

这种形式通常适用于那些对专业知识和技能要求较高的企业，比如律师事务所和会计师事务所。在这些企业中，合伙人一起为客户提供服务，共享利润，共担风险。

（2）特殊普通合伙企业

在特殊普通合伙企业中，如果某个合伙人在经营中因为故意或重大过失造成了损失，只由他一人承担无限责任，其他合伙人只承担有限责任。对于非故意或重大过失导致的损失，所有合伙人要一起承担无限连带责任。这较为科学地划分了"小我"与"我们"之间的责任承担界限。

这种形式主要用在那些提供专业服务且面临较高职业风险的企业，比如律师事务所、会计师事务所、医师事务所和设计师事务所等。这些企业采用特殊普通合伙企业形式，能更好地平衡合伙人之间的责任和风险。

（3）有限合伙企业

在有限合伙企业中，至少有一名普通合伙人（General Partner，GP）和一名有限合伙人（Limited Partner，LP）。普通合伙人要承担企业债务的无限连带责任，而有限合伙人只用他们投资的金额来承担企业的债务责任，并且通常不参与企业的日常经营。

这种形式在投资基金、风险投资、私募股权等领域特别常见，很适合那些需要集合多方资源、技能和资金的项目，比如专业服务、咨询业务和共同投资项目等。有限合伙人提供资金，普通合伙人（如基金管理人）则负责管理资金，并承担无限责任。

在实际经营中，有限合伙企业常作为公司的一个持股平台使用，以此来分开决策权和分红权。其中，普通合伙人一般由创始人或主要股东担任，其他高管或小股东则为有限合伙人。普通合伙人的优点是出最少的钱就可拥有有限合伙企业的决策权，缺点是需要承担无限连带责任，不过对于一个纯持股、对外投资不经营的平台而言，这谈不上风险，不必多虑。有限合伙人只出钱和拿分红，一般不拥有具体决策权，以出资额为限承担责任。普通合伙人和有限合伙人的角色很清晰地体现了创始股东的"绝对话语权"和其他小股东虽然无话语权但干好分内事自然可享得的"分红权"。

合伙企业在运营过程中有 5 点注意事项：

一是签订好合伙协议：这是合伙企业的核心文件，在协议中应详细规定合伙人的权利、义务、出资比例、收益分配、债务承担等关键条款，避免后续不必要的争议。特别要约定清晰有限合伙人入股与退股时的生效条件、进入与退出价格。

二是当引进不同股东或对公司内部高管做股权激励时，要提前拟订好不同场景下对应的价格退出机制。比如在高管正常离职、违反公司规章制度被开除、违反竞业禁止协议等场景下，是以原价回购还是以离职当下持股主体的净资产作为回购标准等。

三是合伙企业的利润分配：合伙企业利润分配有自己的独特性，分配顺序首先是看合伙协议约定的条款，有约定的按约定，未约定的以协商的方式进行，协商不成的按出资比例，无法确定出资比例的就平均分配。这样的规定既体现了对合伙人之间自主约定的尊重，又提供了无法自主约定时的解决方案。

四是合伙企业投资分红缴税：当合伙企业的合伙人是法人股东时，投资分红收益不能享受投资收益免税政策，因为《中华人民共和国企业所得税法》第二十六条第二项并没有明确提出合伙企业属于免税范围。如果合伙人是自然人且不执行有限合伙企业的合伙事务，则其取得的分红视为"利息、股息、红利所得"，通常按 20% 的税率缴纳税费。如果执行合伙事务的自然人普通合伙人从有限合伙企业中取得收益，应当适用 5%~35% 的五级超额累进税率进行个人所得税的计算和缴纳。具体执行时以各地方税务部门认定标准为准。需要特别注意的是，合伙企业将对外投资分红直接又投资出去的，即使自然人合伙人没有实际拿到分红款，也要履行缴纳分红个人所得税的义务。

五是合伙企业的股权转让：对于自然人的股权转让所得、个税缴纳，各个地方税务部门执行认定标准有所不同。比如上海、深圳出现过按"经营所得"5%~35% 超额累进税率缴纳的情况，广州、新疆则按"财产转让所得"20% 税率缴纳，重庆则认定为股权转让时有限合伙人按 20%、普通合伙人按 5%~35% 税率缴纳。所以具体情况要以转让当下所在税务部门认定标准为准。

法人或其他组织合伙人从股权转让中所获得的收益应纳入企业所得税的征税范围，按照 25% 的税率缴纳企业所得税。至于创业投资合伙企业，其股权转让所得可能会享受到特定的税收优惠政策，具体以转让时的税收政策为准。

在股权转让时，股东的不同形式会影响税收的缴纳成本，在实务操作时一定要先咨询当地的税务机关，以确保符合当地当时适用的税收政策。

以上介绍的是经营中最为常用的三种公司组织形式。

1.2 企业经营常用的 2 种特殊形式

企业经营中常会用到 2 种特殊的形式，一种是集团，另一种是个体工商户。

1.2.1 集团

集团通常由一群具有法律独立性的公司组成，包括母公司和子公司。母公司通过对子公司的控股来实现集团化管理。母公司的名称经常带有"集团"或"集团有限公司"字样，以此来表明公司的组织形式和业务范围。

当我们谈到以集团形式运作时，通常是指一个控股公司控制或者持有多家其他公司（子公司）的股权，这些子公司既可以是有限责任公司，也可以是股份有限公司。母公司主要是通过股份控制子公司，即直接或间接通过持有子公司超过 50% 的股份来行使控制权。

比如：甲公司是一家有限责任公司，为了扩展业务，100% 全资控股成立了乙、丙两家子公司，还收购了另一家丁公司 60% 的股份，使其成为甲公司的控股子公司。在这个例子中，甲公司是母公司，它通过股份控制的方式直接控制了乙、丙、丁公司。这种控制关系形成了一个集团结构，其中甲公司位于集团的顶层，而乙、丙、丁公司则是其下属的子公司。

（1）成立集团的好处

成立集团有以下 5 点好处：

一是能够整合资源。可以集中子公司进行统一管理，优化各子公司的资源分配，避免资源的堆积浪费，从而达到降低成本、提高效率的目的。

二是能够有效分散风险。集团内不同公司可以涉足不同行业或领域并各自独当一面，从而分散单一市场或行业的风险。需要注意的是，要实现这一目标，集团上下各公司必须合规经营。

三是能够增强市场竞争力。集团能在市场上形成一定的品牌和规模优势，有利于增强其与竞争对手的谈判能力。

四是能够融资便利。集团内部母公司与子公司间可以互相支持，如调拨资金，优势公司可以帮助弱势公司，既可以由集团各子公司独立向外融资，也可以由集团整体打包融资，资金调配与融资更为灵活、自由、高效。

五是能够总体税收筹划。站在集团的角度统一规划税收，管控风险。同一集团控股的公司之间在符合税法规定的前提下，可以有规划地做一些业务交易，使得总体税负得到合理平衡。

（2）成立集团需要的条件

成立集团至少需要以下4个条件：

一是形成控股关系。通常情况下，要形成一个集团公司，需要控股母公司拥有至少3家以上子公司50%以上的控制权。每个地方对集团控股子公司的数量要求不一样，具体成立时以当地规定为准。

二是满足注册资本金额。通常，成立集团公司母公司需要达到1000万元或3000万元以上的注册资本金额要求，不同地区的要求有所不同，并且可能随商业环境和政策调整发生变化，具体成立时应先咨询当地市场监督管理部门。

三是公示。在企业名称中使用"集团"或者"（集团）"字样不再需要相关部门批准。根据《企业名称登记管理规定实施办法》，企业集团名称需要与母公司名称的行政区划名称、字号、行业或经营特点保持一致，并在企业名称变更登记时一并提出。同时集团母公司需要通过国家企业信用信息公示系统公示企业集团名称及成员信息，接受社会监督。

四是满足多种经营范围和业务规模。有些地方可能要求集团母公司具有跨行业经营的能力和一定的业务规模，具体以当地市场监督管理部门规定为准。

（3）公司在什么情况下适合采用集团模式运营

集团模式通常适合跨行业经营、拥有3家子公司或分公司的企业。

举个例子，郭总公司涉及房地产、餐饮、酒店等跨行业多板块，适合采用集团模式，既独立清晰，又有利于统筹规划管理。有些情况下虽然只有主导行业，但各主体定位清晰且能各自发展壮大，也可以考虑采用集团模式，比如餐饮行业有实体店铺、供应链公司、品牌公司、配套的装修公司、培训公司等，也可以成立餐饮集团运营管理（具体以当地相关部门审批为准）。

（4）集团母公司的定位

集团母公司一般做向下投资管理，制定全集团发展战略，负责品牌规划、研发或设计规划、税收规划、统一对外融资（也可以由各主体独立融资），搭建统一财务体系、人事制度等。可以理解为母公司做"务虚"的事，而各子公司主体则在业务第一线实体运营做"务实"的事。各自定位清晰、虚实结合、资源互补，更容易拿到好结果。

（5）成立集团后如何运营

成立集团后的运营需做好以下6件事：

一是设立集团人员编制。一般集团总裁、财务总监、人事总监、运营总监、法务总监、设计总监等归属集团。这些人员既要完成集团的统一规划，也要协助各下属公司完成年度目标，各自根据实际工作需要配备相应人员辅助开展工作。

二是搭建统一管理体系。集团需要搭建统一的人事管理体系、运营管理体系等。在这里要特别强调的是，一定要建立一套清晰的财务管控体系并配套匹配的财务团队，至少配有集团财务总监或经理、资金主管、会计主管等，这些人员要具备较强的沟通能力、执行能力。集团财务的主要工作职责包括：制定集团财务体系、培训各子公司财务人员、跟进检查各子公司的财务落地执行情况；总体税收的筹划与推进执行、全集团融资计划的制订与配合、集团各子公司财务人员的考核、合并报表等。毫不夸张地讲，集团管理得好不好就看财务管控与服务配套是否做到位。只要财务管控到位，就不容易存在集团失控的风险，除非是多元化的战略经营。

三是资金运用要合规、高效。在融资及与关联方资金往来时要遵循反垄断法、反洗钱法、税法等法律法规，确保资金干净安全。所有资金进出手续要合法，交易合同、发票、转款单等相关证据资料，特别是涉及境内外资金进出的，要符合外汇手续规定。所有业务类别要合规合理，比如银行汇票、商业汇票的使用一定要符合合法商业交易的前提条件等。集团内可以实行资金集中管控模式，即集团上下各主体选择同一家银行开户，设定好每天下午具体时点，各子公司账户资金自动归集到集团账户上，或者设定各主体超过一定金额时自动进入理财模式等，这些个性化的资金管理需求，市面上各大银行的IT系统都能满足。

四是确保资金借贷行为合法合规。集团母公司与各子公司之间资金往来要严格按照公司章程的规定，通过董事会或股东会、股东大会的决议。要明确资金借贷的用途、金额、期限、利率等，确保资金用途合法、风险可控。要加强对资金借贷的监管，确保资金按时回收，防止资金被挪用或滥用。此外，《中华人民共和国公司法》第一百六十三条规定，公司不得为他人取得本公司或者其母公司的股份提供赠与、借款、担保以及其他财务资助，但经股东会决议或董事会按照公司章程或股东会授权作出决议的除外。这意味着，如果集团需要为子公司提供资金支持以取得母公司股份，也需要按照上述程序进行。

五是明确签批权限要求。要建立高效的集团运作管理机制，最重要的就是制定清晰的集团及各子公司事务和财务核决权限表，即清晰界定哪些事需要先提出什么样的申请流程、最终由哪个岗位签批决策后方可执行；执行完毕后走财务报销流程时，哪个岗位签批裁决即可生效。建立明确的权限规则有助于确保运营流程的高效。

六是合并财务报表。集团财务部每个月需要合并全集团各主体的财务报表以便真实反映集团经营情况。不仅如此，一般集团每个月会定时召开由各子公司总经理一起参加的集团经营会议，检核业绩达成情况，推进集团年度目标的实现。

总之，集团是把散落的多个公司主体用控股的形式有效地串联在一起，"形散神不散"，财务进行统一核心管控，通过虚实结合、上下协同使经营效率与效益双双最大化。

1.2.2 个体工商户

个体工商户是指在法律允许的范围内，依法经工商行政管理部门核准登记，需要承担无限责任，从事经营的自然人或家庭。

个体工商户的债务责任并不因个体工商户的注销而消灭。即使办理了注销登记，债权人依然可以向原个体工商户的经营者或其家庭成员追索债权。这一点，相比个人独资企业解散后，原投资人对个人独资企业存续期间的债务仍应承担偿还责任，但债权人在 5 年内未向债务人提出偿债请求的该责任消灭，个体工商户的相关规定更为严格。

个体工商户名称中可以用"厂""店""馆""部""行""中心"等字样，不得使用"企业""公司"和"农民专业合作社"等字样。个体工商户在注册时需要保证其名称在所在行政区域内不与已有的企业名称或个体工商户名称重复，以确保其唯一性和可识别性。

个体工商户一般适用于饮品店、理发店、美容店、洗衣店、小型加工厂、家庭作坊、网络电商等简单经营。

（1）个体工商户的注意事项

个体工商户在实际经营中有以下3点注意事项：

一是承担无限责任。采用个体工商户形式经营要避开高风险行业，比如医疗行业容易发生医疗事故、餐饮行业容易发生食品安全事件等。

二是税费缴纳。个体工商户要按照国家规定缴纳增值税、个人所得税等各项税款，同时也享受减免等优惠政策。个体工商户在缴税上只缴个人所得税，按"经营所得"适用5%~35%超级累进税率，一般是月度或季度终了后15日内申报预缴税款，次年3月31日前办理汇算清缴。近几年，国家和各地方政府根据市场经济情况分别发布了小税种及年应纳税所得额门槛减征个人所得税的优惠政策等，具体以当年最新政策为准。

三是开设公司账户。建议个体工商户主体在银行开设专用的公司账户来管理经营业务的收支，与个人的日常生活收支完全区分开来。这样做有利于分清生产经营费用和个人家庭费用，以免两者混淆不清。另外，使用独立的银行对公账户有助于企业建立信誉，更方便商业拓展。如果个体工商户出于各种原因未能开设公司账户，也可以直接用个人银行卡进行款项收支，但建议专门开设一张新卡用于个体工商户的经营，与私人用卡区分开来，做到"公""私"分离。

（2）个体工商户的税收征收方式

个体工商户的税收征收方式分以下2种：

一是查账征收。

这是根据纳税人提供的账表所反映的经营情况，依照适用税率计算应纳税额并实施征收的一种税款征收方式。简单来讲，就是个体工商户自行核算收入、成本、费用、经营所得，自行申报纳税。

这种方式是税务局对个体工商户所提供的账务信息结果的一种认可和信任，以此为依据来计算和征收税款。但税务局会对个体工商户的申报材料进行审核和监管，确保税款的合法性和准确性。查账征收方式要求个体工商户以发票入账，账务要健全。关于个体工商户的建账标准，税法上有明确规定。

设置复式账：注册资金在20万元以上或提供劳务月销售额在4万元以上、从事生产月销售额在6万元以上、从事货物批发或零售月销售额8万元以上应当设置复式账。包括总分类账、明细账、现金日记账等。可以简单理解为，需要用清晰的记录数据证明自己提供的经营结果是真实的。这里要特别指出的是，在记账时，业主的工资可以入账，但不能从应纳税所得额中扣除。简单点说，就是业主工资在计算应纳税所得额时不能列支为成本抵减利润。

设置简易账：注册资本在10万~20万元或提供劳务月销售额在1.5万~4万元、从事生产月销售额在3万~6万元、从事货物批发或零售月销售额在4万~8万元，应设置简易账。包含经营收入账、经营费用账、商品或材料购进账、存货或材料盘点表、利润表。简单理解，就是要算清楚进了多少货、卖出去多少、赚了多少钱等。

以上所说月销售额是指个体工商户上一纳税年度的平均月销售额，新成立的个体户则需根据情况自行预估月销售额。

二是核定征收。

主要针对应设置但未设置账簿或会计账簿、凭证，核算制度不健全，无法如实核算生产经营成果和正常计算应纳税款的个体工商户采取的一种核定方式。核定征收通常分为定期定额和定率两种形式。

定期定额征收，简称"定期定额"，又称"双定征收"，是指税务机关根据纳税人的生产经营情况，预先确定一个固定的税额进行征收。通常情况下，首先由纳税人自行报告其生产经营情况，然后税务机关对纳税人提交的申请进行审核，并据此核定一个固定的税额。

定率征收则是指税务机关依据个体工商户的营业额或者利润额，按照预先设定的一个固定比率（税率）计算应缴税款。与定期定额征收不同，定率征收侧重于收入或利润的变动，税率一旦确定后，税款随收入或利润的增减而相应变化。

以上两种核定征收方式对个体工商户来讲简单方便，但存在一定的税务风险。如果个体工商户的实际经营情况与报给税务机关核定的数额相差较大，税务机关有可能重新调查，当调查结果属实时，甚至可能会对个体工商户进行处罚。我曾遇到过餐饮企业客户自报数据和缴税数据相差上千万元，后来被勒令补税的真实案例。

近年来，很多地区的税务局为了规范税务管理，促进个体工商户建立健全账务体系，已经陆续要求个体工商户由核定征收改为查账征收。比如 2022 年 1 月 1 日起，持有股权、股票、合伙企业财产份额等权益性投资的个人独资企业、合伙企业，一律适用查账征收方式计征个人所得税。如果现在所在区域还有个体工商户以核定征收的形式缴税，且行且珍惜吧，一定要把这种管理简单、税收成本低廉的方式利用好。

个体工商户是商业中广为应用的一种形式，但也是被"误解"最深的，很多人认为它"简单"。其实个体工商户形式只是貌似简单，细节一点儿也不少，要做对账、交对税，做好款项的公私分离管理。

1.3　修订章程 7 个条款以把握主动权

公司选择经营形式后，最重要的莫过于章程的制定（有限责任公司和股份有限公司）。章程是公司的"宪法"，是依法经营管理的依据，是相关人员处事的规则，条款越详细清晰，越有利于避开后续的争议。

很多公司的股东争吵不断甚至到最后反目成仇，大部分原因是一开始就没有在章程里明确约定"遇事"时的权责、权限处理标准，比如哪些事由股东会表决、哪些事由董事会决策、哪些事由总经理决定、分红时需要设定哪些具体条款……最后股东出于各自立场对利益的理解不一样就容易引发各种矛盾。

公司成立初始大部分采用的都是市场监督部门提供的章程标准版本，但这种标准版本满足不了经营实际需求。本节在 2024 年 7 月 1 日生效的《中华人民共和国公司法》（简称"新公司法"）基础上，以实际案例为出发点，建议各公司在标准版基础上根据实际情况进行以下 7 个条款的修订。

1.3.1　股东表决权的修订

根据《中华人民共和国公司法》的基本原则，股东在股东会上通常按照其出资比例行使表决权。然而，公司章程可以特别规定，在特定情况下允许某些股东的表决权与其出资比例不相等。这种差异化的表决权安排能够保护特定股东的利益，确保其能够对公司关键事项进行决策，尤其是对企业的战略决策具有重要影响。但为了确保这种安排的合法性和公平性，所有关于表决权的特殊规定都必须明确写入公司章程，并且需要经过股东会的审议和通过。简单理解就是，通过股东会审议，股东可以用较少的出资比例拥有高于出资比例的表决权，这对于以技术为主导但资金受限的创始股东尤为实用。

案例分析：

三同是一家科技公司，由两位股东 A 和 B 共同投资成立，注册资本为 200 万元。A 持有公司 60% 的股份，B 持有 40% 的股份。按通常做法，A 在股东会上拥有 60% 的表决权，B 拥有 40% 的表决权。

然而，B 是业界知名的专家，对公司的研发和创新有重大贡献，因此双方协商后同意给予 B 更大的决策权。为此，他们在公司章程中规定，在涉及研发和技术创新的各项决策上，B 的表决权将增加到 60%，尽管 A 的出资比例为 60%，但 A 的表决权相应减少到 40%，从而确保了公司在研发和创新上的引领性。

以上只是举个简单例子作为参考，在各类企业中，只要股东们同意，股东会审议通过，都可以借鉴修订本条款，这能确保创始股东在公司方向决策上的作用。

1.3.2　分红条款的特别规定

2024 年 7 月 1 日起实施的《中华人民共和国公司法》第二百一十条指出：公司弥补亏损和提取公积金后所余税后利润，有限责任公司按照股东实缴的出资比例分配利润，全体股东约定不按照出资比例分配利润的除外；股份有限公司按照股东所持有的股份比例分配利润，公司章程另有规定的除外。根据实际情况进行约定分红的安排能够更精确地反映股东对公司实际贡献的大小。股东们可以根据各股东承担的职责及其贡献度，综合评估考量后修订分红比例。这一条可以简单理解为"虽然我持股比例小，但我为公司利润贡献大，其他股东让渡分红权利给我"，这样能够最大化激励利润、技术贡献型股东。

以上面的三同公司为例，虽然技术专家 B 拥有 40% 的股权，但双方可以约定他享有 55% 的分红权，以此肯定他在技术领域的重要贡献。

1.3.3　注册资本增资的特别约定

公司章程通常约定，在增资时各股东应按照其原有出资比例进行同比例增资。然而，根据 2024 年 7 月 1 日起实施的《中华人民共和国公司法》第二百二十七条：有限责任公司增加注册资本时，股东在同等条件下有权优先按照实缴的出资比例认缴出资。但是，全体股东约定不按照出资比例优先认缴出资的除外。全体股东可以共同约定，允许股东不按照原出资比例进行增资，而是根据全体股东的一致同意享有优先认缴出资权。这一条款对于创始股东尤为重要，保证了创始股东在不按原出资比例增资的情况下优先参与增资的权利，从而可以维持其在公司中的决策影响力和股权比例，使其始终占有主动权。

案例分析：

友邻是一家初创科技公司，由两位创始股东F和G共同创立，注册资本为100万元。F负责管理和市场推广，而G是一位技术专家。在公司成立时，F和G各出资60%、40%，即分别出资60万元、40万元。

随着公司业务的发展，需要增加资本以扩大生产规模和市场份额。公司决定增资300万元。根据标准章程规定，F和G应该各自按原出资比例增资180万元、120万元。但前期两人已经在公司章程中特别约定，允许G优先认缴出资，比如G可以优先认缴200万元，而F只需认缴100万元，增资后的股权比例F为40%、G为60%，从而保证了G的决策权利。

新公司法中允许到资的形式有货币、实物、知识产权、土地使用权、股权和债权等可以用货币估价并可以依法转让的非货币财产。建议在章程中清晰约定到资的具体形式并聘请专业资质第三方做好非货币形式到资的资产评估报告与资产权属转移手续，确保到资的合法性与手续的完整性。

1.3.4　股东会权限和总经理权限的修订

大公司的治理结构相应完善健全，什么事归哪个层级决策清晰明了。但在很多中小民营企业中，我常听到一些创始股东不管大小决策都喜欢说"跟其他股东商量一下"。每每听到这话，我总是会在心里嘀咕：没主见还是真商量？万一商量过后对方不同意而自己又想做这事，那怎么办？

所以，到底有没有商量的必要？

但凡章程条款规定的事项，就得表决，不只是商量这么简单。但如果不在章程规定范围内的，从尊重的角度出发，知会其他股东即可。所以，为了让运营更高效，建议公司根据具体情况在章程中明确约定哪些明细事项需要股东会开会表决，哪些重要常规事项属于日常总经理的权限，由总经理裁决即可。比如：公司对外单笔投资、聘请顾问公司、外出参加培训、员工福利发放等具体多少金额可以由经营层总经理直接决定，大于多少金额需要股东会表决。定好议事规则，大家在规则内处事，就不存在逾矩行为，其他股东自然也不会心生埋怨。

1.3.5 公司对外投资和担保的约定

不建议公司为其他企业提供担保或相互融资担保，以避免潜在的财务风险和法律责任。然而，如果出于业务需要或特殊情况，公司不得不为外部实体提供担保，建议在公司章程中明确规定公司对外提供担保必须经过股东会决议批准，并设定公司对外担保的最大额度，同时明确担保的条件、期限、被担保方的资信要求以及担保的具体用途，确保担保行为的透明度和合规性。

1.3.6 股东二代能否继承股权的约定

2024 年 7 月 1 日起实施的《中华人民共和国公司法》第九十条规定：自然人股东死亡后，其合法继承人可以继承股东资格；但是，公司章程另有规定的除外。建议在章程中明确约定，是所有股东的二代都可以继承还是只有创始股东的二代可以继承，同时明确约定二代是继承股东所有权利还是只继承财产性权利，如分红权、股权转让的收益等，而不能参与公司的经营决策和管理，防止因为股东变动二代加入引起经营的动荡。

同时，有必要在章程中约定股东婚姻变动的股权处理方式，比如配偶的股权可由离异者购回或其他股东优先购买，防止婚姻变动带来股权大的变动。

1.3.7 利润分配和亏损条款的约定

一直以来，很多公司虽然账面有盈利，也有资金，但长期不分红。为了防止这种情况的出现，建议在章程中明确分红的实施条件、分红的比例及分红的时间。比如可以约定，在没有亏损或者亏损弥补完后，当年利润达到 500 万元时可拿出一半利润进行股东分红并于次年 4 月底前分配完毕。

关于分红时间，2024 年 7 月 1 日起实施的《中华人民共和国公司法》第二百一十二条明确规定：股东会作出分配利润的决议的，董事会应当在股东会决议作出之日起 6 个月内进行分配。这确保了股东会决策的及时执行，保障了股东利益的及时实现。

1.4 管理注册资本的 5 个关键点

注册资本是企业成立时股东承诺的出资金额，它可以用于支持和维持企业的正常运营和发展，包括购买资产、偿还债务、投资项目等。同时，注册资本反映了企业的实力和信誉，对企业获得融资、参与招投标、开展合作等具有一定的影响。

注册资本自企业成立之初至经营过程中的任何增减变动，都必须遵循法律法规的要求，完成相应的税务申报、缴纳，以及经过必要的手续和流程。同时，企业的账务处理必须符合会计准则和相关财务规定，确保所有记录的准确性和完整性。

对于计划未来上市的企业，招股说明书中的历史沿革部分需要详细披露历次注册资本的变动情况及其原因。这包括但不限于增资和减资的决策过程、资金来源、资金用途、相关股东会或董事会决议，以及这些变动对企业财务状况和经营成果的影响。

管理注册资本有 5 个关键点。

1.4.1 注册资本大小

2024 年 7 月 1 日起实施的《中华人民共和国公司法》第四条规定：有限责任公司的股东以其认缴的出资额为限对公司承担责任；股份有限公司的股东以其认购的股份为限对公司承担责任。这个条款有 2 个关键点：一是公司的注册资本越大，股东的责任越大；二是股东以认缴额承担责任，也就是说，股东资本金未到位不影响股东应该承担的责任。

公司注册资本具体多少合适取决于企业的类型和实际经营需求。目前国家除了对基金公司、信托公司、商业银行、证券公司、金融租赁公司等有最低资本金要求，并没有对其他行业的注册资本进行规定。企业需要根据经营规模、行业特点、市场需求等因素，确定一个合适的注册资本金额。

1.4.2 注册资本的出资方式

2024 年 7 月 1 日起实施的《中华人民共和国公司法》第四十八条规定：股东可以用货币出资，也可以用实物、知识产权、土地使用权、股权、债权等可以用货币估价并可以依法转让的非货币财产作价出资；但是，法律、行政法规规定不得作为出资的财产除外。对作为出资的非货币财产应当评估作价，核实财产，不得高估或者低估作价。法律、行政法规对评估作价有规定的，从其规定。

这条规定中多样化的灵活出资方式有助于鼓励投资和充分利用各种资产，同时也促进了知识产权等无形资产的转化利用。需要注意的是，以非现金的资产出资一般需要第三方专业机构出具资产评估报告及办理资产合法转移手续方能生效。

同时需要注意的是，新公司法第五十条规定了有限责任公司设立时，股东未按照公司章程规定实际缴纳出资，或者实际出资的非货币财产的实际价额显著低于所认缴的出资额的，设立时的其他股东与该股东在出资不足的范围内承担连带责任。也就是说，股东没有按期到资的或者到资的实际价低于认缴出资额的，不仅股东本身，设立时的其他股东都要承担连带责任。所以全体股东要对非货币性资产评估时的价值合理性给予重视并对评估报告的合理性进行确认，避免后续可能引起的连带责任。

1.4.3 注册资本到资时间

2024年7月1日起实施的《中华人民共和国公司法》第四十七条规定，全体股东认缴的出资额由股东按照公司章程的规定，自公司成立之日起5年内缴足。虽然法律给出了最长5年的期限，但公司章程可以规定更短的出资期限。此外，如果公司进行增资，也需要遵循相同的规定。

需要注意的是，新公司法第五十四条规定，如果公司无法偿还到期债务，公司本身或者已到期债权的债权人有权要求已认缴出资但未届出资期限的股东提前缴纳出资。这是一种保护债权人利益的规定，通过确保股东履行出资承诺，增加了公司的偿债能力，降低了债权人的风险。所以注册资本到资时间要根据经营实际情况而定，在最长期限5年内到资。

办理注册资本到资时有2点注意事项：一是应该从股东的账户转出投资款，如果是法人股东，就从公司账户转出，如果是自然人股东，就从个人银行卡转出；二是转账汇款时用途要备注"投资款"，用以定义这笔转出资金的性质，完整的手续能规避后续不必要的争议或麻烦。

我有次在山西讲课时，遇到一位从河南来的女老板，她私下跟我交流时提到，公司经营成立初期另一个股东投资款到位时转款单上没标注用途，后来公司经营不善亏损，这位股东变脸认定当初转入的是给公司的借款而不是到资的注册资本，因为款项进账时确实用途不清，所以双方因为争执不下打起了官司。但凡懂得这些操作，将关键细节标注清楚并把握到位，也不至于打这种官司。

1.4.4 约定清楚各股东注册资本的到资时间或比例

我在咨询实务工作中常碰到因为公司章程中没有约定清楚公司的注册资本是一次还是分次到资及具体到资时间，创始股东为了保证公司正常运转不得不提前缴纳自己认缴份额内的全部资本金的被动局面。每当公司遇到经营资金困难时，大股东就要去向各股东催缴资本金，其他股东要么小比例到资，要么按兵不动分文不到账，让人很是无奈。

为了避免出现这种被动局面，公司一开始就要在章程条款中明确约定总注册资本是分期到资或是一次到资、具体的到资时间及各股东每期到资金额或到资比例及不履行承诺相应要承担的具体后果等。细节越清晰，股东越重视，更可能提前准备好出资额确保履行到位。在这里也提醒各位股东，只有注册资本实缴到位，才能坐实股东身份，所以主动积极到资是保护自己的最好方式。

1.4.5 签发出资证明书

2024年7月1日起实施的《中华人民共和国公司法》第五十五条规定：有限责任公司成立后，应当向股东签发出资证明书，记载下列事项：公司名称；公司成立日期；公司注册资本；股东的姓名或者名称、认缴和实缴的出资额、出资方式和出资日期；出资证明书的编号和核发日期。

出资证明书由法定代表人签名，并由公司盖章。

同时，新公司法第五十六条规定：有限责任公司应当置备股东名册，记载下列事项：股东的姓名或者名称及住所；股东认缴和实缴的出资额、出资方式和出资日期；出资证明书编号；取得和丧失股东资格的日期。

记载于股东名册的股东，可以依股东名册主张行使股东权利。

所以，履行完出资义务的股东要记得取得签字盖章生效的出资证明书并做好留存，同时公司应该置备好股东名册。

1.5 公司经营要遵守的 4 个关键财税原则

公司成立后进入运营期，一般涉及研发、采购、生产、销售、回款等环节，形成一个经营闭环。相应地，财务部要完成的工作对内是合同审核归档、资金收付与投融资管理、发票开进开出等税收处理、账务记录与处理直到最后产出财务报表；对外是申报纳税、提供管理决策依据，财务全闭环结束。

财务全流程作业过程需要遵守税法、会计法、金融法、票据法等法规政策。这些法规政策就像是城市的"红绿灯"，确保我们在法律的框架内稳健前行。

在这个合规的时代，作为经营者不仅要与时俱进，遵守法律法规政策，更要掌握并理解重要的财税法则，因为它们不仅是企业合法经营的保障，更是确保经营者自身安全的武器。有时候企业不是被竞争对手打败的，而是经营者缺乏对"法律法规政策"的认知，或者虽然有认知但抱着侥幸心态前行而遗憾地"踩雷"阵亡。

比如，让别人为自己虚开增值税发票用于抵扣税款，以达到少缴税的目的，或者为了销售业绩而配合客户虚开增值税发票，用个人银行卡收取公司货款达到不缴税的目的；设置内、外两套账用于调节收入、费用，以达到不缴或少缴税的目的；股东个人直接从公司账上转款作为他用；只为部分员工缴纳社保和医保，人为降低用人成本……以上这些不当行为具体会导致什么样的后果呢？

一方面，公司要承担相应的金钱责任，多抵扣税、偷逃税都涉及补增值税、企业所得税、滞纳金、罚款等；另一方面，虚开发票或挪用资金等，公司可能要承担刑事责任。

基于以上这些事项的重要性，掌握下面这 4 个关键的财税原则，将很好地助力企业更安全稳健地运行。

1.5.1 公司经营必须遵守《中华人民共和国会计法》规定的一套账原则

很多老板误认为公司经营做几套账是自己可以决定的事，其实不然。2024年 7 月 1 日起实施的《中华人民共和国公司法》第二百一十七条规定：公司除法定的会计账簿外，不得另立会计账簿。

2024 年 6 月 28 日，十四届全国人大常委会第十次会议表决通过《关于修改〈中华人民共和国会计法〉的决定》，自 2024 年 7 月 1 日起施行，其中第十六条规定：各单位发生的各项经济业务事项应当在依法设置的会计账簿上统一登记、核算，不得违反本法和国家统一的会计制度的规定私设会计账簿登记、核算。这就明确提出公司不能做两套或多套账。

第五条规定：任何单位或者个人不得以任何方式授意、指使、强令会计机构、会计人员伪造、变造会计凭证、会计账簿和其他会计资料，提供虚假财务会计报告。明确强调了任何单位或人员都不能授意财务人员做假账。

第四十一条规定：伪造、变造会计凭证、会计账簿，编制虚假财务会计报告，隐匿或者故意销毁依法应当保存的会计凭证、会计账簿、财务会计报告的，由县级以上人民政府财政部门责令限期改正，给予警告、通报批评，没收违法所得，违法所得 20 万元以上的，对单位可以并处违法所得 1 倍以上 10 倍以下的罚款，没有违法所得或者违法所得不足 20 万元的，可以并处 20 万元以上 200 万元以下的罚款；对其直接负责的主管人员和其他直接责任人员可以处 10 万元以上 50 万元以下的罚款，情节严重的，可以处 50 万元以上 200 万元以下的罚款；属于公职人员的，还应当依法给予处分；其中的会计人员，5 年内不得从事会计工作；构成犯罪的，依法追究刑事责任。

通过以上最新规定我们可以看到，国家对会计做真实一套账的要求达到了从未有过的高度。

事实上，公司做两套账，财务数据之间的矛盾是很容易在财务报表上看出端倪的，比如制造业生产设备实际产能为 1 亿元，而利润表上体现的销售收入为 6000 万元，两者之间的 4000 万元通过水电费发票支出金额就能查出来。两套账最突出的财务问题是股东用个人银行卡将公司货款收走，导致公司账上资金短缺而不得不向股东借入款项的往来挂账金额现象。有公司资产负债表上"其他应付款"科目中甚至欠股东个人款达 1.8 亿元。

这种异常的财务报表数据的呈现其实就是一种变相的"自我举报"，很难不引起税务部门的关注，税务风险极高。

只要是假账就必有疏漏。作为经营者，要遵守法规政策规定，尊重财务的专业性，即使是实行"一套账"，结合政府给的优惠政策及其他合规规划，一样可以达到安全合理节约成本的目的。

1.5.2　公司经营业务与发票真实性一致性原则

案例分析：

A 公司找 B 公司采购了 1 吨大米，假设每斤大米为 4 元，开具发票明细对应的名称是大米，数量是 1 吨，单价就是 4 元，这就是真实性一致性原则。如果把大米品类换成小麦，或将 1 吨数量开成 2 吨，或将单价 4 元提高为 4.5 元，甚至 A 公司跟 B 公司交易完成后，由 C 公司开票给 A 公司。这些场景就涉及虚开发票。再比如当公司利润达到 1000 万元时，为了少交企业所得税，找供应商等多开采购发票或找广告公司、顾问公司等开具各种费用类发票抵减利润，也是典型的虚开发票的情形。

虚开发票通常包括以下 4 种情形：一是为他人开具与实际经营业务情况不符的发票；二是为自己开具与实际经营业务情况不符的发票；三是让他人为自己开具与实际经营业务情况不符的发票；四是介绍他人开具与实际经营业务情况不符的发票。

公司虚开发票是为了少交各种税，虽然当月确实能少交，但最终结果并不如公司所愿。因为一旦虚开发票，资产负债表上的财务数据就会出现账实不符的问题，比如账面存货数据与仓库实物数量不一致、账面欠供应商的应付账款大于真实欠款。在偿还供应商应付款过程中，由于公司账户资金不够而向股东借款，导致公司欠股东大额款项；或者公司欠供应商货款虚开差额未解决，长期挂账，最后可能被转入营业外收入补交企业所得税。所以虚开发票并没有解决问题，反而带来了一堆新问题。不仅如此，虚开发票还涉及刑事责任。

根据 2024 年 3 月 20 日起施行的《最高人民法院、最高人民检察院关于办理危害税收征管刑事案件适用法律若干问题的解释》第十一条：虚开增值税专用发票，用于骗取出口退税、抵扣税款的其他发票，税款数额在 10 万元以上的，应当依照刑法第二百零五条的规定定罪处罚；虚开税款数额在 50 万元以上、500 万元以上的，应当分别认定为刑法第二百零五条第一款规定的"数额较大""数额巨大"。

《中华人民共和国刑法》第二百零五条规定：虚开增值税专用发票或者虚开用于骗取出口退税、抵扣税款的其他发票的，处三年以下有期徒刑或者拘役，并处 2 万元以上 20 万元以下罚金；虚开的税款数额较大或者有其他严重情节的，处 3 年以上 10 年以下有期徒刑，并处 5 万元以上 50 万元以下罚金；虚开的税款数额巨大或者有其他特别严重情节的，处 10 年以上有期徒刑或者无期徒刑，并处 5 万元以上 50 万元以下罚金或者没收财产。

单位犯此条规定之罪的，对单位判处罚金，并对其直接负责的主管人员和其他直接责任人员，处 3 年以下有期徒刑或者拘役；虚开的税款数额较大或者有其他严重情节的，处 3 年以上 10 年以下有期徒刑；虚开的税款数额巨大或者有其他特别严重情节的，处 10 年以上有期徒刑或者无期徒刑。

虚开发票罪名一旦成立，不仅涉及补税、交滞纳金、罚款以及降低企业纳税信用等级等后果，更可能涉及刑事责任，关系到个人安全。这是经营者的底线，要做到坚决不碰底线。

1.5.3　公司经营要使用正规的企业账户进行收支原则

"为什么要用个人银行卡收货款？"

"因为客户不需要开发票，所以我只能这样做。"

"因为如果用公司接单开具发票加了税点，价格高了，客户就找别人合作了。"

"因为我们这个行业大家都是这么干的。"

这是绝大部分公司用个人银行卡收货款的理由，虽然听起来各有道理，但都不成立。

首先，客户从公司进货不需要开发票时，不管公司用什么方式收款，最终都可以存入公司户头，由财务于次月初作为未开票收入申报纳税以合法化。

至于用公司账户收款导致报价时多出税款就赚不了钱的情况，要么改变经营形式并结合税收筹划用更低税收成本达到合规且能赚钱的效果（税收筹划章节会详细介绍），要么提升品牌、服务、产品竞争力以提高产品定价议价能力，给客户一个即使产品贵也会选择的理由。这不是本书要探讨的议题，这里不展开讨论。

随着银行对个人银行卡时有冻结的现象发生，以及税务局通过个人银行卡倒查公司税收进行查税补税的现象增多，很多公司老板对个人银行卡的使用也相当谨慎，绝不用个人的银行卡进行公司业务收支，而是借用同学、员工、朋友、亲戚等的银行卡。但是这些银行卡上的资金还是难免会与公司、老板或股东间存在资金回流的问题。

这种资金回流是税收查案的一个重要线索，另外，多个个人银行卡收支给对内对外都加大了举报的风险。银行保存客户的账户资料和交易记录的时间至少是 5 年，有的银行甚至达到 25 年，所以即使注销了个人银行卡，也解决不了问题。

2024 年 7 月 1 日起实施的《中华人民共和国公司法》第二百一十七条规定：

对公司资金，不得以任何个人名义开立账户存储。用个人银行卡收取货款属于偷逃税行为，不仅涉及补税，还将面临刑事责任风险。2024年3月20日生效的《关于办理危害税收征管刑事案件适用法律若干问题的解释》第二条明确指出：纳税人逃避缴纳税款10万元以上、50万元以上的，应当分别认定为刑法第二百零一条第一款规定的"数额较大""数额巨大"。

《中华人民共和国刑法》第二百零一条规定：纳税人采取欺骗、隐瞒手段进行虚假纳税申报或者不申报，逃避缴纳税款数额较大并且占应纳税额10%以上的，处3年以下有期徒刑或者拘役，并处罚金；数额巨大并且占应纳税额30%以上的，处3年以上7年以下有期徒刑，并处罚金。

最后总结下个人银行卡收款的补税成本：不仅涉及增值税、企业所得税、滞纳金0.05%/天、罚款0.5~5倍，可能还会涉及职务侵占罪等刑事犯罪。

另外，关于公司银行账户的使用，《中华人民共和国税收征收管理法》第十七条规定：从事生产、经营的纳税人应当按照国家有关规定，持税务登记证件，在银行或者其他金融机构开立基本存款账户和其他存款账户，并将其全部账号向税务机关报告。所以，公司的银行账户变动，要及时在税务系统备案。

1.5.4 与公司经营无关的费用支出不能入账原则

老板、股东个人费用与公司费用如何区分？

遵循一个原则：发生费用后谁最终受益，该费用就由谁承担。

比如，老板今天请客户吃饭是为了开拓市场，那么这个费用应该由公司承担，但是如果老板去买件衣服且这个行为与公司业务没有直接关系，就由老板承担，不能到公司报销，这属于与公司经营无关的支出。

《企业财务通则》第四十六条规定：企业不得承担属于个人的下列支出：娱乐、健身、旅游、招待、购物、馈赠等支出。购买商业保险、证券、股权、收藏品等支出。个人行为导致的罚款、赔偿等支出。购买住房、支付物业管理费等支出。应由个人承担的其他支出。

这一规定的目的不仅在于确保公司账务的精确性，更在于保护所有股东的利益。因为当公司存在多方股东时，将任一股东的个人费用列入公司账目都无疑会损害其他股东的利益。因此，严格遵守这一规定可以避免未来可能出现的股东权益纠纷，甚至面临被其他股东指控侵占股东权益的风险。特别是在新公司法实施后，小股东有了查阅凭证的权利，当股东间出现"缝隙"，股东事无巨细地翻查各项费用的合法性合理性，可能会"秋后算账"。作为经营者，应严格遵守这些费用支出的界限，这不仅是尊重各股东利益的表现，也是在保护自己的安全。

本章所分享的内容是企业经营最为重要的一课，即如何开对局并把住安全底线。通过选择既可以规避风险又能将税收利益最大化，同时结合运营过程中的个性化需求灵活地修订章程具体条款，这种"先小人后君子"的做法恰恰是企业得以长期经营的保证，要注意注册资本的各项关键注意事项，在运营过程中坚守财税底线从而确保企业合法合规经营。

第 2 章　学会 6 种股权架构搭建，既能隔离风险又能省钱

2.1　搭建股权架构前要考虑 9 件事

"彭老师，我现在打算布局餐饮行业，请帮我设计股权架构！"这是我服务过的老客户刘总，他布局新事业板块时第一时间找我做股权搭建。

这几年来，不管是新创立的公司，还是经营中的老公司，都很看重股权搭建或者调整。为什么呢？

美国世达律师事务所创始人约瑟夫·弗洛姆曾说："如果有一项权利企业家非争不可的话，我想只能是公司控制权了。"这也许是答案之一。

那么，股权到底是什么？

股权是有限责任公司或股份有限公司的股东对公司享有的一系列权利，即股权是股东的一系列权利。本章主要针对非上市公司的股权展开讨论。

股东的主要权利包括：参与决策或投票权，即股东有权参与公司的重大决策，包括选举董事会成员等；资产收益权即分红权，即股东有权分享公司的利润分配；知情权，即股东有权了解公司的经营状况和财务状况；转让出资或股份的权利，即股东可以依法转让其持有的出资额或股份；诉讼权，即当股东的合法权益受到侵害时，他们有权提起诉讼以维护自己的权益……

2.1.1　好的股权架构设计的 6 层意义

（1）享受税收优惠

多层级的控股公司的股权架构可以享受符合条件的居民企业之间的投资收益免税，这有助于发展中的企业将成本最小化，扩大经营。

（2）建立风险隔离

分层的股权架构设计，可以在一定程度上隔离经营主体和投资主体，保护股东的个人资产不受公司风险的影响。同时建立主体间合规的资金往来，避免个人和公司间随意的资金往来可能带来的混同风险。

（3）做好资产布局

无形资产、固定资产等根据业务特性与将来规划可以归属于不同的公司主体，既可以保护优质资产不受经营主体风险的影响，独立对外出租，也可以将其注入公司，为多元化发展提供支持。

（4）融合团队激励

多层级的股权架构能够提供给团队更大的发展空间，吸引和留住优秀的员工、合作伙伴，在不同阶段引进投资人，对公司的长远发展至关重要。

（5）保持控制权稳定

合理的股权架构设计可以保证公司控制权的稳定，防止在融资或设置股权激励过程中控股股东的股权被过度稀释。

（6）规划财富传承

股权架构融合了创业者的财富路径规划，即经营主体赚到钱分配回投资主体，再部分或全部分红回个人手里，个人再进行财富规划。个人的财富规划涵盖了子女教育地的选择、家庭资产配置的需求、财富二代传承的安排、个人养老计划等，所以要打通个人和公司间合法的资金进出通道就需要提前规划设计股权架构。

公司什么时候搭建股权架构最为合适？

公司成立之初是搭建股权架构的最好时机，股权架构是地基，地基稳才能久安，况且这时候设立股权架构的时间成本、金钱成本、沟通成本都是最低的，用最低的成本搭建一个可持续、稳定健康发展的股权架构应该是整个公司经营过程中投资回报率最高的一件事了。但遗憾的是，很多创业者由于知识储备有限，总是认为公司规模太小，设置股权架构的时机还不到，等到上规模了再考虑。殊不知，上了规模的公司重新调整股权架构涉税成本会增加，股东间的沟通也有一定的难度。

所以，如果你现在想要创业或正在创业中，我建议你结合本章的内容先搭建基础模型（下文会介绍相关股权模型供参考），后续根据公司不同阶段发展情况再行调整。

那么，已经经营多年的老公司要重新调整股权架构应该怎么做？

老公司因为经营时间长积累了各种问题，比如税务不合规可能带来的潜在风险，厂房、办公楼等优质资产的增值，账上已经积累的高额利润，股东与各主体公司间资金的频繁往来等。这些问题导致的直接后果是新主体与老主体进行股权转让时可能会产生高额的税收成本。建议事先请专业人士进行评估，列出问题清单及股权调整需要付出的成本，以及股权调整带来的具体好处，综合评估后再决定是否调整。

2.1.2 如何搭建或调整股权架构

（1）行业布局

公司未来经营是多赛道布局还是专注单一赛道？比如现在已有房地产、餐饮行业布局，接下来还会新增服装行业布局，这种是典型的多赛道布局。一般不同行业赛道由不同主体分别经营更好，这就涉及控股主体及各经营主体的设计问题。

（2）业务规划

销售方式是内销、外销还是两者都有？业务模式是自有直营还是有代理商？是采用线上电商模式还是传统线下销售方式？是专注 B 端企业客户还是只做 C 端消费者个人？一般来讲，电商业务、外销业务、C 端业务都会剥离出来独自成立主体公司运营，这涉及控股主体及全盘税收筹划、资金合理调配等问题。

（3）资产投资规划

公司现在或未来是否有新购置厂房、办公楼或对外进行股权投资的计划？是否有上下游投资整合的规划？建议房产由单独非经营主体持有，再租赁给有需求的经营主体使用。这样做的好处是可以隔离优质资产与经营主体间的风险。当然，如果公司有上市规划，就不一定适合采用这种方式。如果公司拟投资产业上下游公司，建议单独成立一个投资主体对外投资，隔离上下游公司的相关风险。

（4）品牌归属

拥有品牌的 C 端企业，特别是一些连锁型企业在采取加盟模式时会涉及收取品牌使用费、运营管理费及供应链利润归属等实际问题，所以需要全盘设计股权架构才能分配好收费主体通道。

(5)税收规划

生产销售一条龙的公司一般会做产销分离；拥有多系列产品的公司可能由于运作等需要将不同的产品注入不同的主体运营；分拆后的各关联主体间会涉及交易模式与定价……这就需要全盘考虑税收成本的合理性，所以股权架构的设计与税收成本最优化有着密切的关系。

(6)是否有上市计划

公司上市是一件漫长的有备而来又顺其自然的事。公司上市除了行业属性、业绩增长等必备因素，更重要的是财税合规。财税合规涉及股权、账务、税务、内控等关键事项，每一项都需要提前规划。好的股权架构搭建在公司上市过程中、上市后能节约高额的税收成本。

(7)是否给予团队股权激励

团队共同持股发展是公司经营中常有的事，特别是设计类、研发类、医药类、餐饮类等高度依赖人才的公司更是如此。很多公司一开始就是由技术人才参与创业的，这时候就要做好持股主体的安排，用好人、分清钱、管住话语权。拟上市公司应该在股份制改革的更早期留好高管的持股主体，这样可以有效降低后期的沟通难度。

(8)个人财富规划

财富规划范围可以扩大到未来退休生活安排、子女教育选择地、个人房产与投资布局、财富二代传承等。个人财富绝大多数来源于经营主体，所以打通个人从经营主体合理合法拿钱的通道是一开始就要设计好的，要站在未来考虑现在。

(9)股权比例的合理性

科学合理的股权比例是股权搭建中最为重要的事。

首先要尽量避免以下几种股权比例结构：

如果是两个股东的公司，尽量避免50%+50%的股权结构，这种股权结构表面上一团和气，好像事事都能商量着来，其实谁说了都不算，很容易发生内耗。

如果是三个股东的公司，尽量避免40%+30%+30%、40%+40%+20%、50%+40%+10%这3种股权结构。在这3种股权结构中，没有任何一个股东拥有超过半数的股份，这意味着在需要多数票通过的决策上，股东之间必须协商才能达成共识，甚至有时是最小股东决定着最后的结果。案例分析：

小王、小李、小张三个人共同成立一个公司，股权比例分别是小王40%、小李30%、小张30%，年底三个人一起开股东会，议题是购入一条价值2000万元的生产线，小王作为第一大股东（持股40%），看到的是投资机会，但其他两个股东（各持股30%）却认为风险过高，因此投了反对票，最终导致企业错过发展。

如果是四个股东组成的公司，尽量避免出现每个股东各25%的持股比例；如果是五个股东组成的公司，尽量避免每个人20%的股权比例。这种没有领头羊的散漫式组织没有足够的动力让任何一个股东为之付出全部努力，其股权架构不仅不利于企业发展，也不利于后续融资，是投资人眼中的大忌组合。

建议采用的股权比例结构模式是A＞B的基础模式。比如两个股东的公司，股权比例可以是90%+10%、80%+20%、70%+30%等，即最好一方拥有绝对话语权。在此基础上可以扩展两种模型：

扩展模型1："A＞B+C"的股权比例结构，即第一大股东的持股比例应该高于第二和第三股东的持股总和。举例参考：三个股东组成的公司中，股权结构比例可以是51%+25%+24%、52%+24%+24%、55%+20%+25%等。

扩展模型2："A＞B+C+D"的股权结构，即第一大股东的持股比例超过其他所有股东的总和。举例参考：四个股东组成的公司中，股权结构可以是53%+18%+15%+14%、55%+18%+12%+15%、60%+18%+10%+12%等。

以上两种股权结构模式都在一定程度上保证了大股东的话语权。

在设置股权比例时，需特别关注以下5种关键的股权比例：

67%：绝对控股权，此股权比例允许股东在股东大会上对所有决策享有绝对通过权，被视为完全控制权的界限。

51%：相对控股权，持股超过半数的股东通常拥有对大部分事项的决策控制权，但某些特定情况如修改公司章程、合并、分立或解散等除外。对于以后拟引进投资人的股东，建议至少持有52%的股权，这样做的目的是确保在后续融资过程中，即使股权发生稀释，股东仍能保持至少33.4%的持股比例。

34%：持有该比例股份的股东对于特定七类重大事项具有否决权。这七类重大事项是指新公司法中提到的2/3以上表决权的股东通过才能生效的内容，具体如下：修改公司章程、增加注册资本、减少注册资本、公司合并、公司分立、公司解散或者变更公司形式。

20%：这一比例被视作对公司具有重大影响力的门槛。如果投资者对外投资达到或超过 20%，一般在会计上需要采用"权益法"进行核算，投资者根据其在被投资公司中的持股比例，确认被投资公司的利润或亏损份额，这将影响投资者的投资收益。

10%：持有此比例股份的股东有权申请法院解散公司及要求召开临时股东大会。

2.2　5 种方法帮经营者锁住话语权

在设计股权架构时直接通过股权比例拥有话语权是比较简单的方式，但在实务工作中存在各种复杂因素，不一定能够通过股权比例做到，在这种情况下，有 5 种方法可达到同样的目的。

第 1 种：利用有限合伙企业持股平台来确保创始人在公司中的决策权。有限合伙企业包括两类合伙人：普通合伙人（GP）和有限合伙人（LP）。一般由创始人担任普通合伙人（GP），这可以用最少的股权比例拥有绝对的话语权，但承担无限责任；其他高管或小股东作为有限合伙人（LP）出资，享有分红权，没有决策权。

有限合伙企业作为持股平台持有实体经营主体公司的股份，从而使创始人能够通过这个平台对公司进行控制，间接地保证话语权。

采用这种方式需要事前取得小股东的认可和同意，因为作为有限合伙人，他们将不再拥有直接的表决权，这意味着他们在一定程度上放弃了对公司日常运营决策的直接影响力。

第 2 种：在公司章程中明确约定某些重大决策需要创始人同意才能通过，或者赋予创始人对某些事项的否决权。这样即使有新的投资人加入，也能确保创始人的实际影响力。

在日常运营中，创始人还可以通过以下 5 种方式来加强控制权：

一是董事会构成：确保创始团队或其代表在董事会中拥有足够的席位，或者对董事会成员的选举拥有决定性的影响力，从而在关键决策上能够保持主导。

二是董事长职务：创始人担任董事长，有助于在董事会会议中引导讨论方向和决策结果，进一步巩固其在企业中的核心地位。

三是总经理任命：由创始人出任总经理或确保总经理的选任受到其影响，

这样可以掌握公司的日常经营管理权。

四是法定代表人身份：创始人作为公司的法定代表人，不仅在对外交往中代表公司，也在内部决策中起到核心作用。

五是修订章程条款的方式：一开始就要与所有股东沟通并达成共识后才能写进章程里。否则，等企业经营一段时间再来修改章程条款，但凡涉及变动其他股东的相关利益，难度会很大。

第3种：其他股东把投票权在一定期限内或永久性地转交给创始人，确保他在公司中拥有决策权。

这种方法的好处是可以直接增加创始人在公司决策中的权重，而不需要改变公司的股权结构或进行其他复杂的法律安排。然而，这也需要事先与其他股东沟通和协商，取得他们的同意。

第4种：创始人与股东签订一致行动协议，要求他们在公司的关键投票事项上采取共同的立场和行动。这就像是股东们之间的一种约定，大家同意在某些重要决策上保持一致，共同支持创始人的立场。

这种方法的优点是可以帮助创始人与其他股东形成联盟，共同对抗可能对公司经营产生不利影响的决策。然而，这也需要事先与其他股东沟通和协商，让他们自愿签署协议并且遵守其规定。

第5种：可以采用同股不同权的股权结构，即AB股方式，虽然股东持有的股票数量相同，但他们所拥有的投票权不相同。这种方式更多应用于引进投资人或上市公司的情景。

在这种股权结构下，通常有一类股票被赋予较高的投票权（例如，每股可能有10票甚至更多的表决权），而另一类股票的投票权则相对较低（例如，每股只有1票的表决权）。高投票权的股票往往由创始人及其团队持有，而低投票权的股票则分配给外部投资者。

以京东公司为例，在京东的股权结构中，股份被划分为两种类型：A股和B股。A股每股拥有1票投票权，而B股每股则拥有20票投票权。这种设置使得持有B股的创始人刘强东能够在公司的重大决策中占据主导地位。采用这种股权结构的还有小米、阿里巴巴等知名公司，它们通过这种方式在吸引外部资本的同时，保持了创始人或核心管理团队对公司的控制权和决策影响力。

若采用AB股方式，需要在公司成立初期就进行规划，并确保所有股东都明白这一结构的含义和后果。此外，根据中国的法律法规，实施 AB 股结构可能需要满足特定的条件和程序。因此，在实施前需要了解相关法律和监管要求。

2.3 股权架构搭建落地的 3 个步骤

本节着重讲述股权架构搭建落地的 3 个步骤。

第 1 步，完成股权架构图：确定股东、投资主体、控股层级、公司主体数量，画出股权架构图。

第 2 步，根据企业年度经营计划数据制订税收筹划方案并测算数据结果。税收筹划思路要结合当下税收优惠政策、调整业务模式等综合应用。方案确定后，把税收筹划中的业务规划交易流程图画出来配套股权架构图，方便解读并利于他人理解。一般确定后的税务筹划方案会涉及新增主体，这时候就需要在第 1 步的股权架构图中新增进去。但如果企业没有任何年度数据作为参考，第 2 步跳过，直接到第 3 步。

第 3 步，从上往下逐级成立各公司主体。

成立公司时有 5 个注意事项。

2.3.1 选择合适的公司注册地

并不是所有的公司都要统一注册在同一个地方，公司注册地可以根据主体业务定位、政府提供的优惠政策、离客户与供应商距离远近等因素决定。案例分析：黄总的公司是全球家居用品提供商，涉及工厂制造端、市场销售端（有内外销和线上、线下业务）及自有品牌等。我在为其设计股权架构时，家居收纳所属品牌公司设立在相对讲究生活品位的上海，制造主体设在原料供应所在地，国内设计公司注册在上海，海外设计公司注册在日本、北欧等注重设计与讲究生活品质的地方。总体来讲，这是一家品牌来自上海，设计出自日本、北欧、上海，在中国本土化生产的全球家居用品公司。

2.3.2 确定经营范围

公司的经营范围应尽可能详细，以便于公司在未来的经营活动中有更多的灵活性。经营范围要根据公司主营业务和发展规划来排序，以便让其他人一目了然。

2.3.3 法定代表人

2024年7月1日起实施的《中华人民共和国公司法》第十条规定，公司的法定代表人按照公司章程的规定，由代表公司执行公司事务的董事或者经理担任。担任法定代表人的董事或者经理辞任的，视为同时辞去法定代表人。法定代表人辞任的，公司应当在法定代表人辞任之日起30日内确定新的法定代表人。

2.3.4 章程修订与签字

实际操作中，有些地方市场监督管理局要求公司成立时先用标准章程版本，后续有需要再对章程条款进行修订。在之前的章节中我们提到过章程修订的几个重点，建议公司同时把标准章程与章程修订条款准备好，让全体股东一起签好字备用，避免后续出现章程条款修订难以达成共识的局面。

2.3.5 确定注册资本金额

主体注册资本金额的高低取决于以下几个因素：综合考虑公司是否对外投资，公司初期的运营成本如租赁办公空间、购买设备、聘请员工的费用，前期采购原物料资金需求量等。个别特殊行业比如建筑业等可能需要更高的注册资本金额作为准入门槛或增强客户和合作伙伴的信任。随着公司的发展，注册资本金额可以根据实际需要随时增加，无须提供验资报告。需要注意的是，注册资本金额到资后不能再转出挪用，否则就犯了抽逃资本金罪。

2.4 6种股权架构模型与应用案例

股权设计的总体思路是把股权架构分为上、中、下三层"汉堡包"式多层级股权模型（也可以根据需要扩展为四层、五层），上层为股东投资主体，中层为控股公司不经营的管理主体，下层为经营主体。上、中、下层可以分别再加层。

每层控股主体除了最上层实控人是自然人外，其他基本都是以法人股东为主，根据实际情况，以持股平台或者部分个人股东持股为辅。控股主体的注册资本要实缴到位，还要确保各层级的法人股东之间保持独立性，避免财务、人员、业务上的混同，以免触发法人人格否认。此外，公司还应建立健全内部治理结构，加强风险管理和合规性审查，只有这样，才可能降低新公司法第二十三条第二款中新增"横向法人人格否认制度"规定的如果股东利用其控制的多家公司实施滥用公司法人独立地位和股东有限责任、逃避债务、严重损害公司债权人利益等行为的，其控制的各家公司都要对任一公司的债务承担连带责任的法律风险。

接下来提供 6 种股权架构模型供大家参考，还是要具体结合每家公司实际情况进行个性化设计。

2.4.1 基础模型

这种模型适用于大部分企业，上层是创始股东和对外投资主体，中间是经营的管理平台，下层是实际经营实体，见图 2-4-1。

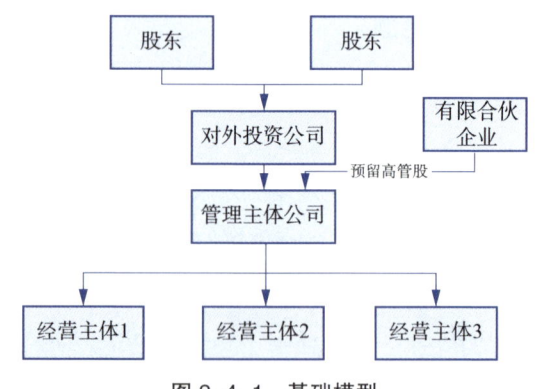

图 2-4-1 基础模型

特别提醒：

图 2-4-1 中的对外投资公司主体的股东不建议由一个人持有，建议是两人或以上，由父母子女三代血亲关系的"自有人"持有最好，相当于这是一家"自己说了算"的公司。其他股东同理也可以成立这样的主体公司一起向下投资管理主体公司。对外投资公司主体一般不做实体经营，是小规模公司的性质，注册地可以在海南、北京、香港等地，根据实际需要而定。

2.4.2 扩展模型1

这种模型适用于专注国内业务的多主体运营企业。为了使团队效率最大化，在各主体中设置了有限合伙企业作为高管激励平台，这个设置可以根据实际情况灵活增减，见图2-4-2。

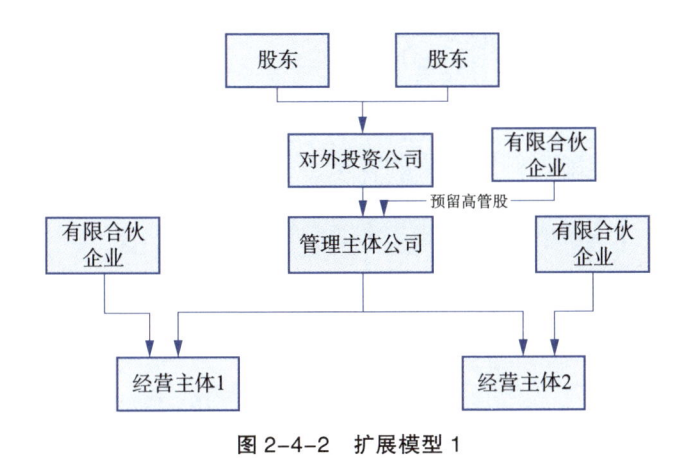

图2-4-2 扩展模型1

2.4.3 扩展模型2

这种模型适用于专注国内业务的计划上市的公司。提前规划预留了作为高管持股平台的有限合伙企业、外部投资人、股东个人直接持股，方便日后上市出售原始股时将税收成本达到最优。由拟上市公司控股的下层公司也可以新增有限合伙企业作为激励持股平台，在不同的层级公司都可以根据需要新增设置，见图2-4-3。

2.4.4 扩展模型3

多产业赛道的集团模式。在集团层、管理公司层、经营层都可以设置有限合伙企业作为高管激励平台，根据经营所需而定，见图2-4-4。

2.4.5 扩展模型4

这种模型适用于出海企业（国内公司到境外拓展业务）使用，简称对外直接投资（Outbound Direct Investment，ODI），见图2-4-5。通常做法是：用国内公司主体在英属维尔京群岛（BVI）成立公司，然后由BVI所在公司控股

图 2-4-3　扩展模型 2

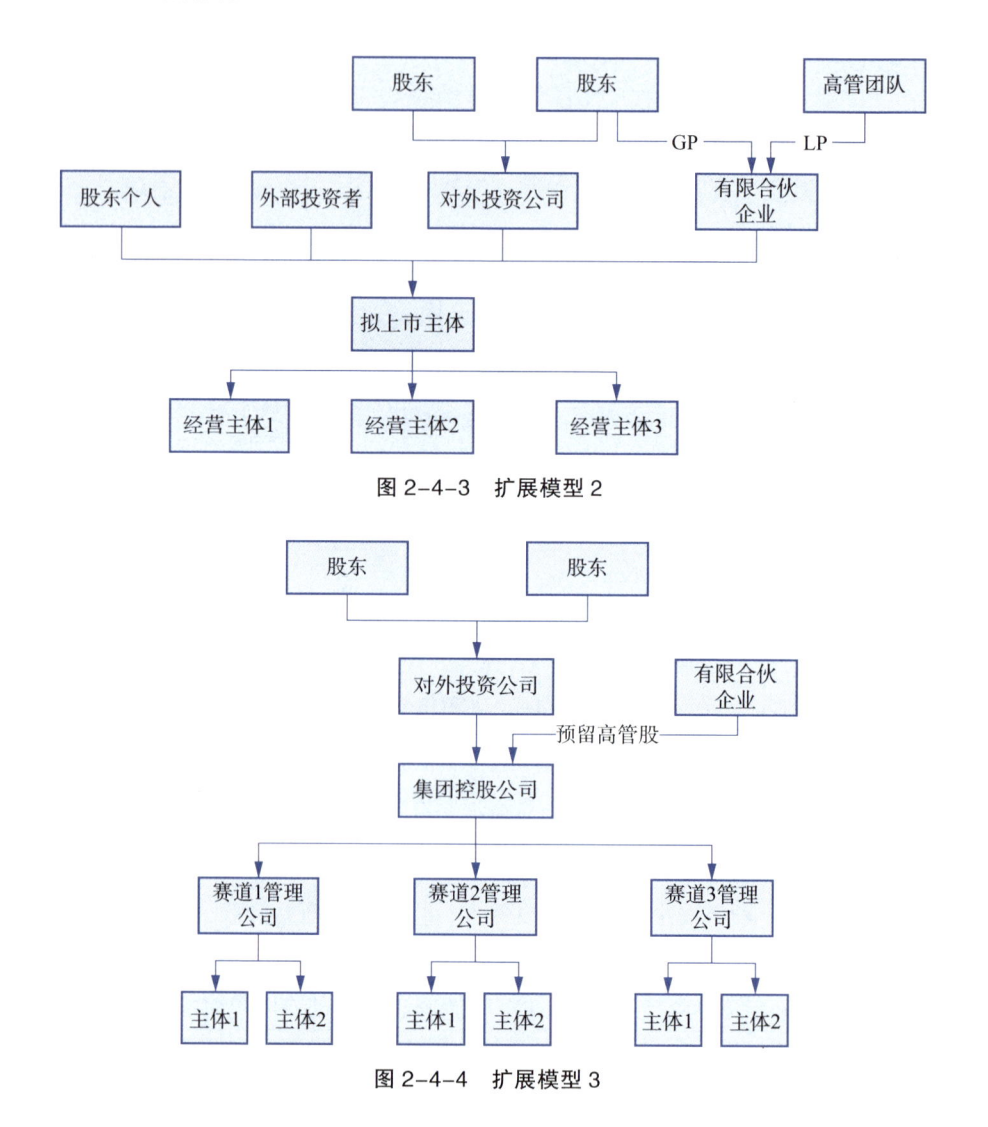

图 2-4-4　扩展模型 3

中国香港地区公司，再由中国香港地区公司投资控股业务所在国公司。这样设计的好处是境外各主体的利润分红最后可以合法回到境内主体。

境外常用注册公司地有：

英属维尔京群岛：优点是注册简单、保密性高、维护成本低、外汇管制宽松、没有什么税费。

开曼群岛：监管相对严厉，在上市方面认可度更高，是海外基金和银行的常用注册地。

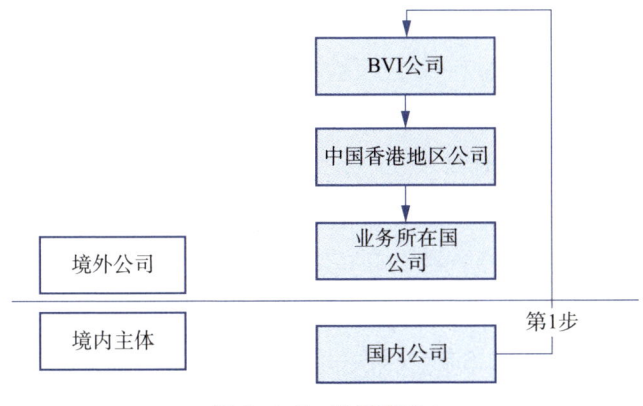

图 2-4-5　扩展模型 4

2.4.6　扩展模型 5

这种模型适合拟在境外如香港联交所、纽约证券交易所、纳斯达克交易所等上市的企业。若在境外上市，一般创始股东等会将部分资金留在境外，在境外成立家族信托，然后由这个信托持有 BVI 主体，再由 BVI 主体控股开曼公司，如果后续有股权转让等计划，还可以由开曼公司控股一层 BVI 公司，然后再向下控股中国香港地区公司，这样的模式简称红筹架构，见图 2-4-6。

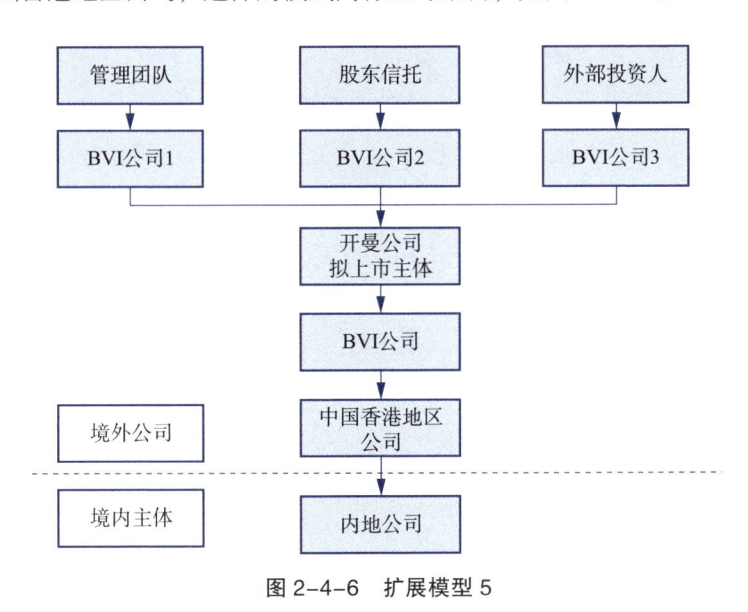

图 2-4-6　扩展模型 5

多层级的结构设计主要是出于税务筹划、法规合规以及资本运作、外汇管制的灵活性考虑。总结来讲：

税务优势：BVI 公司和开曼公司基本没有税收成本，有低成本转让股份的优势。当然，这几年，随着国际反避税的推进，我国陆续发布了《国家税务总局关于非居民企业间接转让财产企业所得税若干问题的公告》(国家税务总局公告 2015 年第 7 号)、《国家税务总局关于非居民企业股权转让适用特殊性税务处理有关问题的公告》(国家税务总局公告 2013 年第 72 号)、《国家税务总局关于非居民企业所得税源泉扣缴有关问题的公告》(国家税务总局公告 2017 年第 37 号)，加强了非居民企业股权转让的备案管理，对不具有合理商业目的的间接转让中国居民企业股权等财产的涉税业务，采取重新定性的措施，从而加强了国际反避税的力度，为此，许多外国私募股权公司间接转让中国公司股权的行为被追缴企业所得税。中国香港地区公司与内地公司之间为避免双重征税签订了税收协定减免，享受最优化税收成本。

资产转让便利性：通过中间层 BVI 公司或开曼公司持有中国香港地区公司，未来如需转让境内资产，只需转让 BVI 公司或开曼公司的股权，这样操作起来更为便利，并且可以避免印花税等额外成本。

法规合规性：中国香港作为一个国际金融中心，法律体系完善，适合作为最终控股内地主体或进行国际交易的平台。开曼公司则因其良好的金融法规环境，通常被视作上市实体或国际投资平台。

资本运作灵活性：这种层级结构方便了股权操作和分拆上市，使得资本运作更加灵活，有助于企业根据不同阶段的发展需要进行调整和融资。

2.4.7 企业股权架构应用案例

（1）国内股权架构案例

55 岁的李总创业多年积累了一些财富，但原有的经营主体存在一些历史遗留税务问题，他不想再用这一主体继续扩张发展。最近他打算布局 AI 类业务，新起主体。技术团队已经找好并谈妥以技术入股，持股 25%，且不参与日常经营。政府承诺公司产值达到 3 亿元时可以低价补贴一栋办公楼，产业投资基金的入股条件是只要公司达到盈亏平衡马上入资。公司规划 5 年后挂牌上市。

李总需求：希望以上市公司为目标设计股权架构，同时做好他个人与公司的风险隔离，制订个人财富规划（最好能用到杠杆），考虑二代安全传承财富。

我在着手设计股权架构前与李总进行了深入交流，以了解他所有的战略布局、业务规划、团队激励、资产投资、二代是否接班、已有财富配置与需求等详尽的想法。李总特别在意风险管理，希望能够防患于未然，提前准备好方案应对各种可能出现的风险，比如万一企业经营不善破产了，怎么提前做好家庭保障？如果突然意外离世，后续怎么安排？万一子女婚姻变动，怎么更好地进行财富的再次分配？其实李总提出的这些风险是很多经营者的共性问题，只是他很理性地提出并提前做预案管理而已。

我根据李总的个性化需求设计了一个三层的股权架构图，设计思路是：驱动团队全体协力发展壮大→水到渠成上市→李总实现财富自由把钱装入家族信托。具体做法如下：

在规划个人层面：由李总个人直接持有拟上市公司一部分股权，主要是考虑未来公司上市成功后个人出售原始股的税收成本只涉及个人所得税，同时李总能持有一部分现金作财富安排。

李总的收入来源比较多样化，包括每月工资、原有公司的分红、新公司的分红以及未来可能的原始股出售。此外，他已经拥有多处房产和多种金融投资产品，如基金、股票和多份保险。为了更有效地管理和保护这些资产，我提出了两种信托方案供李总选择：保险金信托和家族信托。

这里讲的信托是专业从事信托业务的服务机构作为信托受托人，为信托委托人和受益人提供信托设立和信托资产托管服务。

保险金信托：在这种安排中，投保人作为委托人与信托公司签订信托合同，并指定信托公司为保险金的受领人。当保险公司支付保险金时，信托公司将代为受领这些资金，并根据信托合同的规定管理和使用这些资金。

委托人在信托条款中灵活设定未来领取的人选与条件，比如可以约定只有孩子可以领取，每个月/季度/年度可以从信托里面领取多少金额用于家庭日常，或是硕士、博士毕业分别可以领取的奖励额，在人生重要时刻如结婚、购置房产时能额外得到的补贴款等。灵活的条款设置在一定程度上实现了保险理赔金与孩子个人资产、夫妻共同资产的隔离，消除了婚姻风险导致的理赔金分割风险。

保险金信托作为一种门槛较低的财富管理和传承工具，在国内已经得到了广泛的应用和发展，其提供了一种保障和增值相结合的金融服务方式。

家族信托：家族信托是一种长期的财富管理工具，用于跨越多代人传承和管理家族资产。通过建立家族信托，李总可以将自己的资产转移给信托公司，由信托公司管理并为家族成员的利益服务。这有助于保护资产、减少遗产税负担、避免遗产纠纷，并确保资产的有序传承。但家族信托设立的起点较高，以国内家族信托为例，600万元起步（具体关注市场当下最新调整数）且需要夫妇双方签字同意才能设立。海外信托没有硬性门槛，但是设立费用一般也要小几万美元，管理费是每年千分之几，费用视资产类别而定。

需要提醒的是，装入信托的钱必须是合法收入，这样才能达到规避风险等合法目的，信托公司也会对资金进行来源审查。未来即使产生各种债务风险，债权人也不能以各种理由要求用这笔款偿债（信托是相对保密的，原则上不对外公开信息），最后建议李总考虑提前写好相关遗产遗嘱以防后续兄弟姐妹间一些不必要的财产争议，真正做到无后顾之忧。

规划好个人的财富管理方案后，接下来进入公司股权架构三层设计：

第一层是由李总及其儿子两人作为个人股东共同持有一家对外投资公司，这家投资公司类似李总家的资金蓄水池，一是可以用于向下投资其他居民企业，方便日后因所分红利而获得免征企业所得税的好处，还可以再用这笔分红在本地对外投资其他新主体，实现资金效率、利益最大化。二是即使李总儿子日后不接班经营实体，也可以继续持有这家公司的股份，长期享有控股主体的红利分配。至于两个人的持股比例问题，原则上由一方控股较好。

第二层是由这家投资公司向下投资拟上市实际运营主体，同时成立团队持股平台如有限合伙企业，这家合伙企业的GP由李总及其儿子的对外投资公司主体担任，另外预留了外部投资人份额。未来向政府购入办公楼后由拟上市主体购入持有。

第三层根据业务规划、人才激励以及税收筹划的需要，由第二层拟上市主体向下控股成立配套的软件、销售、制图公司。对各公司进行精细化定位，使每个公司都有各自的"小而美"使命，特点是对人才的专业深度要求高、管理宽度要求低，真正让团队专注于各自擅长的领域，实现经营效率最大化。其他招人、制度、流程、体系等全部执行拟上市公司标准。

该股权架构如图2-4-7所示。

（2）国内企业到海外上市案例

王总的公司属于前期研发周期长、投入大，后期利润爆发增长的成长型科技企业。目前产品在国外市场占有率位于前三，企业已经完成两轮融资，3年后计划在中国香港地区挂牌上市。王总妻子蔡总也有自己经营的公司，王总希

图 2-4-7 股权架构案例 1

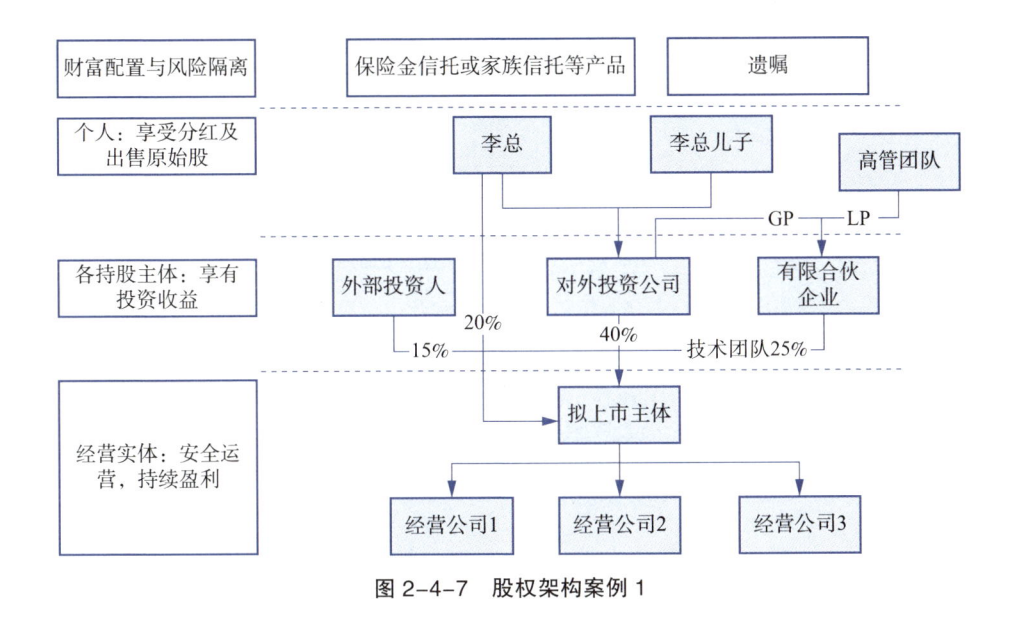

望自己经营的公司上市后能留一部分钱在海外用于子女教育及购置房产，同时希望与妻子各自成立家族信托，最大化做好风险管理。

与王总及蔡总充分交流详细信息并确认需求后，我设计了五层股权架构，总体思路如下：双家族信托隔离风险→在税收地成立主体→控股中国香港地区拟上市公司→控制内地各主体。这种设计思路最后经营主体的利润是分配到境外主体的。具体做法如下：

首先成立王总与蔡总各自的家族信托并确定信托公司受托主体。分开设立信托的好处是可以防范后续因为婚姻变动在做股权分割时可能带来的高额税收成本，同时也规避了对上市公司的后续影响。

第一层由家族信托的受托公司全资控股 BVI 公司，这样方便后续分红回到信托受托主体。之所以成立两个 BVI 公司，主要是考虑到我国外汇管理制度，当任何一个创始人持股发生变化时，所有创始人都要办理变更登记，成立两个公司就可以避开这些细节。

第二层由 BVI 公司投资成立开曼公司，这里监管相对严厉，资本市场的认可度更高。

第三层由开曼公司投资设立中国香港地区公司，再以中国香港地区公司控股内地企业。

第四层、第五层是内地运营主体。

该股权架构如图 2-4-8 所示。

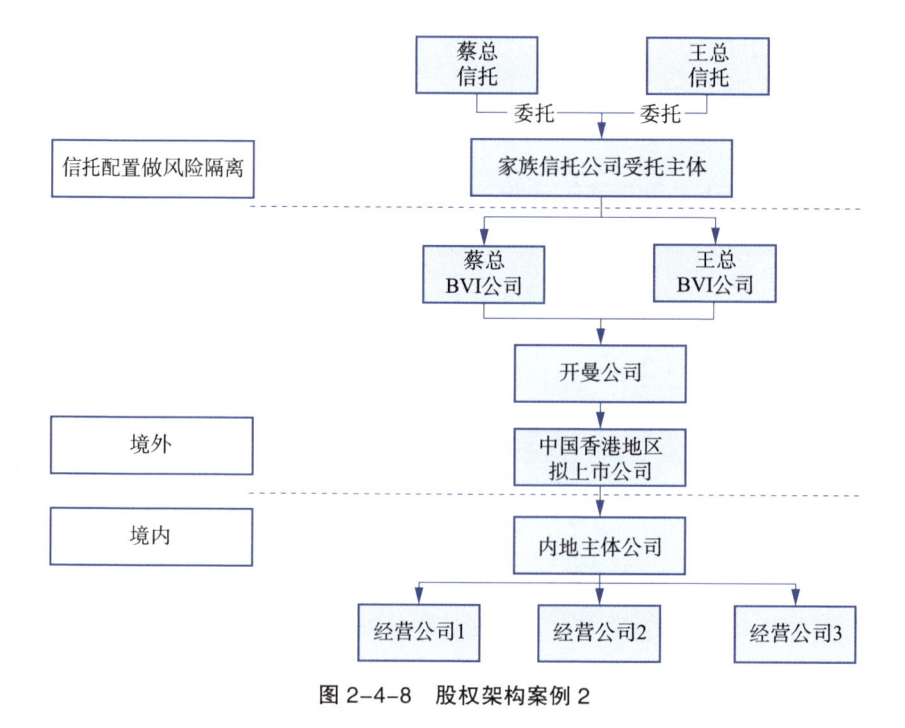

图 2-4-8　股权架构案例 2

需要特别注意的是，海外红筹架构涉及各国法律监管、税收成本，设立过程可能会涉及商务部、中国证监会、国务院证券监督管理机构的各种审批手续，如果加入信托，还需要了解信托法等。这种设计要求的知识综合性强、专业度高，一定要提前与专业人士进行沟通。

2.5　股权架构搭建要注意 3 点事项

2.5.1　关于股权代持

在实际经营中出于各种原因难免存在股权代持的情况。股权代持双方，即名义股东与实际股东都存在风险。

如果公司债权人以股东未履行出资义务为由提起诉讼，名义出资人可能会被要求承担补充赔偿责任；对于实际股东而言，由于股权登记在名义股东名下，存在因对方的原因导致股权被处分或被冻结的风险。比如，如果名义出资人遇到财务问题，其代持的股权可能会被用于清偿其债务。当名义股东出现变故时，如意外身亡或丧失行为能力，股权的交接可能会变得复杂和困难。更有可能出现当企业做大做强时，名义股东不承认代持一事的情况。

如果股权代持是不可避免的，那么双方要签订无条件同意恢复股东身份承诺书、股权代持协议，将暗股登记在股东名册里，便于后续主张权利。

签订股权代持协议时，至少要在协议中明确约定以下信息：

双方身份信息：协议中应详细列出实际出资人和名义股东的基本信息，包括姓名、身份证号码、联系方式等，以及他们在股权代持关系中各自的角色、权利和义务。

股权性质及份额：明确指出实际出资人持有的股份比例以及相应的权益。

出资款的性质及支付方式：在协议中应当明确出资款项的性质和支付方式，确保实际出资人已经按照约定履行了出资义务。

股权的行使方式：包括如何行使表决权、分红权等股东权利，以及这些权利如何在代持人和实际出资人之间分配。

信息披露和保密条款：规定双方在信息披露方面的义务，尤其是对实际出资人的保密要求。

违约责任：任何一方违反协议条款，都应当承担相应的违约责任。

争议解决方式：约定出现纠纷时的解决方式，包括选择的仲裁机构或者法院等。

协议的变更和终止条件：明确在什么情况下变更或终止代持协议，以及相应的程序。

2.5.2 要选择信用好的股东合作

如果公司股东中有人被列入黑名单，将会给公司经营带来不利的影响，如果公司想要贷款或需要续贷，银行和其他金融机构会对公司进行风险评估，从而限制或拒绝提供贷款和其他金融服务。而且，潜在的投资者可能会因为股东的黑名单状态而拒绝投资该公司，影响公司的资本扩张和增长计划。在个别行业，公司甚至可能由于行业属性规定等失去市场业务参与权。所以建议在双方合作前，访问"被执行人信息网"查询个人相关信息，这样可以有效避免以上情况的产生。

2.5.3 动态的股权架构思路

公司在经营过程中会有很多变动，股东间的合作与分离是一种常态，所以股权是一种相对动态的存在方式，即"人在股在，人退股换"（除非对方有重大贡献，一开始就约定好了不退股），或遵循人股合一的共识并且事前约定好不同情景下股份退出的处理方式与转让价格等细节事项。

对于资源型股东、技术类股东、高管团队，建议一开始都放在有限合伙企业里持股，不直接作为经营主体。资源型股东股权比例最好不要超过 5%，确实有重大贡献的，可以在利益上给予回报。技术类团队股权比例建议在 25% 以下，外部投资人股权比例建议在 30% 以下，当然具体还是要根据公司实际情况而定。

2.6 股权转让时要注意的 4 点事项

在企业经营过程中，股权转让是常有的事，也是很容易出错的事。

股权转让是指公司股东按照法律规定，把自己持有的股份转让给他人，让他人成为公司新股东的法律行为。具体来说，股权转让可以分为两种情况：一种是内部转让，即股东将股份转让给公司现有的其他股东；另一种是外部转让，即股东将股份转让给公司外部人士。但无论是哪种转让，都必须遵循一定的法律程序和规则。

2.6.1 股权转让的程序

公司内部股东之间进行股权转让时，以章程具体约定为准。如果章程没有特别约定，通常内部转让不需要取得其他股东的同意。然而，为了维护公司治理的透明度和保障其他股东的知情权，转让方有义务将股权转让的相关事宜以书面形式通知其他股东。

当股权转让给外部股东时，按照新公司法和相关章程的规定，此类转让通常需要经过股东会决议，并且必须获得其他股东过半数的同意。在此过程中，内部股东在同等条件下享有优先购买权，这是他们的一项法定权利。如果内部股东明确表示放弃优先购买权，或者在收到相关股权转让文件后的 30 天内未作任何回复，视为同意转让。其他股东半数以上不同意转让的，不同意的股东应该购买要转让的股权，不购买则视为同意转让。这样的规定旨在保护现有股东的合法权益，为他们提供优先购买的机会，又确保了公司治理结构的稳定性和经营的连续性。

2.6.2 股权转让计税价格的确定

税法中明确规定，股权转让价格低于转让时对应的被投资企业净资产的份额则被视为明显偏低，言下之意就是股权转让价不得低于净资产价格。如果被投资企业拥有土地使用权、房屋、房地产企业未销售房产、知识产权、探矿权、采矿权、股权等资产，且这些资产账面价值超过企业总资产的20%，申报的股权转让收入不得低于股权对应的净资产公允价值。

可以简单理解为：虽然双方可以自行约定股权转让的价格，但是向税务局纳税申报时的股权转让价格一般情况下要遵循不得低于净资产的规定。净资产中包含了"一实一虚"的金额，"一实"是指在资产负债表右下方直接看到的所有者权益实际数，"一虚"是指如果被投资企业拥有以上提到的各种资产类占比超过总资产的20%，还需要聘请有资质的专业机构进行评估，确认其是否增值，增值额计入净资产份额一起计税。

案例分析：

张总要将股权转让给外部股东李总，公司资产负债表总资产为1亿元，其中房产为5000万元，占总资产额的50%，这时就需要请评估机构评估房产最新的市场价，如果高于5000万元，高出部分要计入计税金额。如果不遵循这个规定，事后税务局发现了则可以参照当下市场情况核定补税，同时加收滞纳金。

股权转让的难点在于计税金额的确定，建议在转让前先向专业人士进行确认，避免后续高额的补税成本。

现在很多地方相关部门在办理股权转让引起的股东变更登记事项时，会要求企业提供完税证明。

2.6.3 股权转让时的转款细节

如果在股权转让时，原股东已经根据公司章程或股东协议完全履行了出资义务，那么新股东应将股权转让款直接支付给原股东。在转款时，要在转账备注中明确指出该款项为支付给转让人的股权转让款。

若在股权转让时，原股东尚未完全履行出资义务，即资本金未全部到账，则新股东需要根据协议履行后续出资义务。

如果股权转让产生了溢价，即转让价格高于原股东实际出资的金额，则溢价部分通常被视为股权转让收益，一般需要按税法相关规定缴纳税费。

如果个人股权转让溢价部分需要缴纳个人所得税（如果是合伙企业，适用合伙企业规定），以股权转让方为纳税人，以受让方为扣缴义务人，扣缴义务人应于股权转让相关协议签订后5个工作日内，将股权转让相关情况报告给税务机关。同时，双方要记得履行缴纳印花税的相关义务。

个人转让股权缴纳个人所得税的纳税时间为股权转让合同履行完毕、股权已作变更登记且已经收到股权转让款。以下3种情况下股权转让可以不缴税。

（1）企业亏损状态

股东进行股权转让时，若公司资产负债表上的累计利润是亏损状态且资产等也没有增值，股权转让一般是不需要缴税的。

（2）直系亲属之间转让

股东将股权转让给配偶、父母、子女、祖父母、外祖父母、孙子女、外孙子女、兄弟姐妹以及对转让人承担直接抚养或者赡养义务的抚养人或者赡养人时，一般不需要缴税。但建议转让前咨询当地税务部门确认。

（3）因国家政策调整而低价转让股权

如果股权转让是因为国家政策调整而低价进行的，也可能不需要缴税。例如，国家为了鼓励某些行业的发展，可能会出台相关政策，允许低价转让这些行业的股权。在这种情况下，如果转让方能够证明其低价转让股权是符合国家政策要求的，就可以免税。

2.6.4 股权转让的生效时间

一般来说，股权转让合同在双方签字盖章后即具有法律效力，但股权转让的完成还需要履行合同中约定的付款、股东名册变更、工商变更登记等相关手续。这些手续的履行是确保股权转让过程完整、合法且有效的重要环节。因此，虽然合同签订是股权转让生效的起点，但只有完成所有约定手续后，股权转让才能被视为最终完成。

需要特别注意的是，2024年7月1日起实施的《中华人民共和国公司法》

第八十八条规定，当股东将其尚未完全缴资的股权转让给他人时，受让人需要承担缴清剩余出资的义务。如果受让人未能按期足额缴纳出资，原股东需对此承担补充责任。这一点提醒股权转让方要慎重选择诚信的受让对象，避免后续可能产生的连带责任。

对一个创业者或经营者而言，成立公司初期搭建好股权架构就像建房子前打好地基一样，地基牢固，房子才安全。本章旨在帮助大家从零开始学会搭建股权架构，学会系统化地对公司定位、业务规划、团队激励、资产布局、个人财富等进行统筹思考，梳理出需求，根据需求进行股权架构设计并落地。股权架构涉及全盘税收规划、关联企业交易设计、商业模式设计、财富通道设计等各项工作，所以股权架构搭建是一个对专业性、综合能力要求都很高的工作，一定要予以重视，聘请专业人士指导落地。好的股权架构能实现公司与个人风险隔离、分红成本最低、合理合法拿钱的双赢局面。

2

第 2 部分

财税升级篇——助力企业提升经营效率

第 3 章 搭建内部控制体系，提升企业运营效率

"彭老师，您会不会做那种把一件事情分步骤做好的很细的书面文件？每个人都按这份标准来执行，而不是每个人按自己的理解去做事情，花样百出、五花八门的，还天天吵架！"这是广西一个客户给我发来的微信问题。

这不就是内部控制中的作业流程吗？它是内部控制体系的一部分。

内部控制体系是企业为实现经营目标，确保资产安全，提供真实的财务数据，并促进各部门高效协调而建立的一系列制度、流程和措施。这个体系像一张网，覆盖了企业运营的方方面面，从风险管理、内部监督、信息沟通到具体的控制活动，无所不包。它就像城市的"红绿灯"系统，让一切有序安全运转。

简单理解，内部控制体系是一套做事情的规则、标准，保证单位经营活动的效益性、财务报告的可靠性和法律法规的遵循性。

内部控制体系包含哪些内容？又该如何成功搭建呢？

3.1 搭建内部控制体系的 5 个核心要点

自 2009 年 7 月 1 日起，我国在上市公司范围内施行《企业内部控制基本规范》（以下简称《基本规范》），上市公司需要聘请有证券、期货业务资格的会计师事务所对内部控制的有效性进行审计并出具审计报告，同时鼓励非上市的大中型企业提前执行。

2010 年 4 月 26 日，为了配合《企业内部控制基本规范》的实施，财政部等五部委发布了《企业内部控制配套指引》，包括 18 项《企业内部控制应用指引》、《企业内部控制评价指引》（供企业自我评价使用）和《企业内部控制审

计指引》(供外部审计使用),并规定自2012年1月1日起在上海证券交易所、深圳证券交易所主板上市公司施行。

《企业内部控制应用指引》可以划分为内部环境类指引、控制活动类指引、控制手段类指引3类,基本涵盖了企业资金流、物流、人流和信息流等具体业务活动,表3-1-1所示的18项内容可作为参考。

表3-1-1 《企业内部控制应用指引》内容

序号	类别	财政部等颁布的应用指引	序号	类别	财政部等颁布的应用指引
1	内部环境	组织架构	10	控制活动	研究与开发
2		发展战略	11		工程项目
3		人力资源	12		担保业务
4		社会责任	13		业务外包
5		企业文化	14		财务报告
6	控制活动	资金活动	15	控制手段	全面预算
7		采购业务	16		合同管理
8		资产管理	17		内部信息传递
9		销售业务	18		信息系统

不仅上市公司、大中型企业,中小企业也很有必要搭建内部控制体系。只是不同类型、不同规模、不同阶段人员配置的企业,可以选择匹配的内部控制内容,不用全面一次性搭建完成。

与经营活动最直接相关的内部控制环节是各类企业均可优先启动的内容。这些控制活动涉及企业经营过程中的关键业务和具体事项,包括资金活动、资产管理、采购业务、销售业务等。本章将主要围绕这些控制活动的具体内容展开深入探讨。

内部控制与企业经营的关系见图3-1-1。

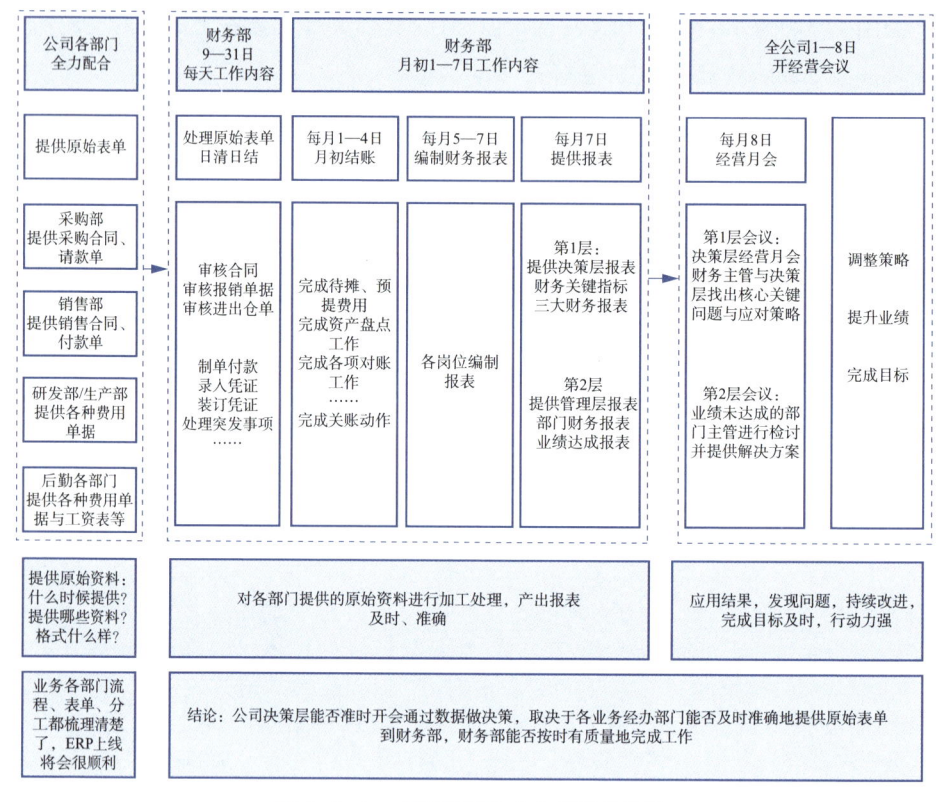

公司各部门 全力配合	财务部 9—31日 每天工作内容	财务部 月初1—7日工作内容			全公司1—8日 开经营会议	
提供原始表单	处理原始表单 日清日结	每月1—4日 月初结账	每月5—7日 编制财务报表	每月7日 提供报表	每月8日 经营月会	
采购部 提供采购合同、 请款单	审核合同 审核报销单据 审核进出仓单	完成待摊、预 提费用 完成资产盘点 工作 完成各项对账 工作 ……	各岗位编制 报表	第1层： 提供决策层报表 财务关键指标 三大财务报表	第1层会议： 决策层经营月会 财务主管与决策 层找出核心关键 问题与应对策略	调整策略 提升业绩 完成目标
销售部 提供销售合同、 付款单	制单付款 录入凭证 装订凭证 处理突发事项					
研发部/生产部 提供各种费用 单据				第2层： 提供管理层报表 部门财务报表 业绩达成报表	第2层会议： 业绩未达成的部 门主管进行检讨 并提供解决方案	
后勤各部门 提供各种费用单 据与工资表等		完成关账动作				
提供原始资料： 什么时候提供？ 提供哪些资料？ 格式什么样？	对各部门提供的原始资料进行加工处理，产出报表 及时、准确				应用结果，发现问题，持续改进， 完成目标及时，行动力强	
业务各部门流 程、表单、分 工都梳理清楚 了，ERP上线 将会很顺利	结论：公司决策层能否准时开会通过数据做决策，取决于各业务经办部门能否及时准确地提供原始表单 到财务部，财务部能否按时有质量地完成工作					

图 3-1-1 内部控制与企业经营的关系

从图 3-1-1 中可以看到，公司每月及时开经营月会，需要财务部门及时准确地提供财务报表等相关资料，而财务部能否按时有质量地完成资料提供则取决于各业务部门能否及时、准确地提供相关表单。所以，业务与财务之间是高度有序的紧密协作关系，也是因和果的关系，只有前端各业务部门有一套清晰的作业流程与制度，企业才可能实现高效运营。企业要成功搭建内部控制体系，需要做好 5 个核心要点。

3.1.1 评估内外部风险

企业应全面识别和分析运营过程中可能遇到的各种内外部风险，比如市场风险、财务风险、法律风险等。市场风险包括市场动态和消费者需求变化，宏观经济指标如利率、汇率、通货膨胀等的变动；财务风险主要涉及资金流动性、信贷风险、利率风险和汇率风险等；法律风险主要来源于合同纠纷、知识产权侵权、劳动法问题等方面。通过对这些风险的准确评估，有针对性地制定相应的控制措施，从而有效地预防管理，达到规避或降低风险的目的。

3.1.2 明确企业各部门职责

基于企业整体的发展战略和长短期目标，详尽地界定每个部门的工作职责和任务范围。在这一基础上，各部门应进一步根据自身的职能定位，为员工分配具体的工作岗位和详尽的工作任务，确保每位员工清楚自己的工作内容与责任边界。通过这样的分工与协作，不仅能够实现资源合理分配、优化工作流程，还能确保企业内部的每个成员都能各司其职、各负其责，共同推动企业高效发展。这种精细化、系统化的管理方式，将有助于更好地实现企业的战略愿景和目标。

3.1.3 设计内控流程要简单有重点

控制活动涵盖的流程和制度包括但不限于审批、授权、核对和调节等步骤，在制定这些制度流程时，为了提升执行效率和员工的接受度，建议遵循"简单有重点"的设计理念。简洁明了的流程和制度更易于被大家理解和接受，也方便员工记忆和实际操作。只有当员工能够轻松掌握和遵循这些流程时，才可能实现高效的团队协作，从而逐渐将这些流程和制度内化为企业的日常习惯和规范体系。

3.1.4 进行沟通和培训

企业在构建内部控制活动之前，应由财务部牵头，主动与各部门进行深入交流，全面了解当前工作流程中存在的难题及潜在的改进空间。在充分搜集并分析这些信息后，企业结合实际情况，有针对性地制定内部控制流程和制度。一旦内部控制流程、制度及相应表单制定完成并正式生效，企业应立即组织相关部门培训，以确保所有员工对新制度有充分的理解和一致的认识，从而达到明确执行标准和提升员工操作熟练度的目的。此外，企业必须建立一套高效的内部沟通机制，以保障各部门之间以及上下级之间能够实现信息的无障碍传递，从而在面对问题时能够迅速做出反应并有效解决。

3.1.5 授权与监督双轨并行

在内部控制制度的坚实支撑下，企业可以进行适度的内部授权，从而推动业务的高效运转。然而，权力的下放必须伴随相应的监督机制，唯有如此，才能确保企业经营的安全与稳定。为此，企业应设立专门的内部审计机构或委派专业人员对各项关键业务进行定期审查。通过强有力的内部监督，能够及时发现并纠正内部控制体系中存在的问题与漏洞，确保其持续、有效地运行，为企业的长远发展保驾护航。

总之，做好以上 5 项核心工作是内部控制体系顺畅运行的重要保证。

3.2　内部控制体系 8 个经营环节解析

内部控制体系的 8 个经营环节包含研发内控、采购与付款内控、固定资产内控、存货内控、生产内控、销售及收款内控、资金内控、会计税务内控（见图 3-2-1）。它们是企业运营过程中的关键环节，相互关联、相互影响，共同构成了企业经营的完整链条。

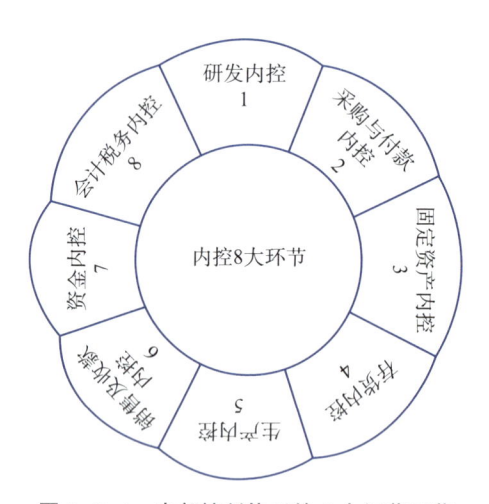

图 3-2-1　内部控制体系的 8 个经营环节

3.2.1　研发内控

研发主要涉及新产品的研发、试验以及成果转化等环节。企业应建立创新机制，鼓励研发人员积极参与新产品的研发和创新。同时，通过严格的试验流程和知识产权保护机制，确保研发成果的安全性和有效性。

研发部门的工作性质有别于其他部门，是一种智力成果的展现。应该让研发人员有充分的施展空间并且自由发挥，所以首要任务是构建创新激励机制，通过奖励措施鼓励员工积极参与新产品的研发和创新，充分挖掘内部创新潜力。必须制定严格的试验流程和规范，确保试验数据的准确性和可靠性，为研发决策提供有力支持。此外，对研发成果要进行知识产权保护，建立完善的知识产权保护机制，包括专利申请、保密管理以及侵权应对等措施，确保企业的研发成果免受侵害，最终实现研发成果的成功转化和应用。

研发内控主要是从立项、过程管理、成果验收、知识产权保护到风险管理等各个环节的全面把控和监督。

3.2.2　采购与付款内控

这个环节主要涉及原材料的采购、验收、入库以及付款等。企业应建立严格的供应商评估机制，确保采购的原材料质量可靠、价格合理。同时，通过合理的付款流程和审批机制，确保资金的安全支付。

采购工作从选择供应商开始，要提前制定好供应商合作策略、购货折扣与折让政策，防止供应商与采购人员的私下利益关联。

采购环节要把控采购订单的合理性，及时与销售部做好衔接，贴近市场最新需求预测，防止造成库存短缺或积压，导致生产停滞或资源浪费；采购产品入库时要由专门的机构进行验收并出具检验报告；对于验收过程中出现的异常情况，应当及时查明原因并进行处理，将损失降到最低。

采购部要对采购物料价格进行管控，特别是一些特殊商品，由于受到天气变化、经济形势、政策调控等因素影响，需要做好期货管理，比如农产品中的大豆、小麦、玉米，金属中的铜、铝、锌，能源中的原油、天然气，等等。避免由于价格过高或采购不到断货而带来利润损失。

采购的任何一个环节都关乎成本高低，每一个细节都需要管控到位。

3.2.3　固定资产内控

这个环节主要涉及固定资产的购置、验收、使用、处置、转移等。企业应建立完善的固定资产管理制度，建立固定资产编号、卡号并且责任到人。通过定期的资产清查和评估工作，及时发现并处理资产管理中的问题。

固定资产购置包含更新改造以及新购入部分，以年度预算数据作为采购依据。固定资产应该分类归口管理，比如电脑类资产由 IT 部门统一管理，根据各部门特点制定相应的配置规格、安排维修，进行升级更换等；机器等生产设备由生产部门统一管理，实行岗前操作培训和岗位许可制度，平时要严格遵守操作流程，确保设备安全运转。同时要重视设备技术升级和定期地更新、维修、改造，不断提升设备使用性能，使之处于良好的运行状态。

对固定资产进行投保，防患于未然。固定资产入库需要办理验收手续，进行必要的测试与检测，确保正常无误。固定资产出于各种原因需要转移时，需要转入方、转出方分别签字才能生效。如果需要变卖、报废，办理申请报批手续后方可执行。固定资产要定期盘点，确保账实相符。

3.2.4 存货内控

这个环节主要涉及原材料、半成品、产成品的入库、出库、储存等环节。企业应建立完善的存货管理制度，确保存货的安全、完整和准确。通过定期的存货盘点和清查，及时发现并处理存货管理中的问题。

存货比较突出的问题是库存积压导致流动资金占用过多，产品技术更新过快造成存货淘汰，这些会给企业经营活动造成极大的障碍。要管理好存货，首先是把控好采购订单关，确保订单的合理性；其次，合理的出库顺序不仅能优化库存管理，还能确保存货的保管效率和安全性，对于容易过期的物料，可以采用先进先出法确保先采购的原料先领用。

存货要按类别分类存放，分开自有与代管区域，并做好防水防火措施，同时存货的进、出、存放位置要充分利用信息系统进行管理，及时准确地做好出入库登记等相关工作。

存货的保管人每天要进行自盘，财务部每月要进行随机抽样盘点，半年度或年底进行全盘，确保账实相符、账账相符。存货如果发生损失，要找出原因并追究相关责任人责任。仓库管理员和出纳要实行岗位不相容原则，保证专人专责管好物品。

3.2.5 生产内控

这个环节主要涉及生产计划的制订、生产过程的控制以及产品质量的检验等环节。企业应建立科学的生产计划管理体系，确保生产活动有序进行。同时，通过严格的质量控制流程，确保产品的质量符合相关标准和客户要求。

为确保生产计划的准确性，企业必须双向把控销售订单与采购物料，实现精准的需求预测与库存管理，既要预防生产过量导致的库存积压，又要防止生产不足引起的断货。

在生产过程中，要实施严格的物料控制，以防止原材料和辅料的超量消耗，尤其是要重点防范人为操作失误或管理不善导致的超耗现象。同时，对于产品质量的检验与控制也是至关重要的环节，企业应建立一套完善的质量检测体系，确保每一件出厂产品都符合质量标准与客户要求。

3.2.6 销售及收款内控

这个环节主要涉及产品的销售、货款的回收以及客户关系的管理。企业应建立完善的销售流程，包括客户信用评估、订单处理、发货控制以及收款管理等环节。通过明确各环节的职责和权限，确保销售活动的合法合规和货款的安全回收。

企业要制定销售回款政策、让利政策、退货政策等。其中，对于给予账期信用额度的客户，要建立应收账款管理制度，明确客户画像与信用评估体系、欠款周期、报价体系、逾期款催收、对账等一系列细节，确保销售人员有一套清晰可执行的做事规则。

销售合同的签订是销售过程中很重要的内部控制资料，双方要明确生效时间、开票时间、开票种类、回款周期、信用额度等事项。这是财务部、销售部共同执行的文件标准，也是日后万一打官司要用到的重要文件资料，要妥善保管双方签字盖章生效的原件。

产品发货销售后要跟踪收回客户签字盖章的签收单，同时要与客户定期对账并收回盖章签字的对账单，确保债权的准确性与有效性。合同、发货签收单、对账单都是日后催讨款项、打官司的重要证据。

企业日常要加强应收款项的管理，每周定期更新客户欠款明细表并进行分析，对产生逾期未收回款项的客户要第一时间反馈给销售人员查明原因，及时采取措施，避免损失的发生。销售人员的薪酬要与应收账款回款挂钩，这样做的原因一是加强销售人员的责任心，引起其对应收账款管理的重视；二是规避一旦产生坏账全部由企业买单的不合理性。

3.2.7 资金内控

这个环节主要涉及资金的筹集与日常经营活动中发生的资金收付、投资支付等关键事项。企业应建立科学的资金管理体系，确保资金的合理使用和及时回流，通过严格的预算控制，降低资金风险并提高资金使用效率。

企业在对年度全面预算进行深入分析后，能够准确识别资金缺口及其出现的时间节点。基于这些关键信息，企业进一步明确筹资的具体目标金额，并以此为依据策划筹资方案。在选择融资方式时，企业通常会考虑银行贷款或债券融资。在这两种融资方式中，利率成本和偿还能力是必须关注的两个核心要素，它们直接关系到融资成本的高低以及企业长期的财务稳健性。

若选择通过发行股票来筹集资金，则需要特别留意与政策相关的风险以及市场价格的波动风险。这些风险因素可能对企业的股价产生显著影响，从而影响筹资效果和股东的利益。

引进外部投资人也是一种有效的筹资方式。在这一过程中，不仅要关注股权分配的比例，以确保控制权的合理配置，还要对投资人的经营理念、价值观和企业观进行全面评估。这种评估是为了降低经营理念不合带来的潜在风险，确保外部投资人的理念与企业的长远发展目标保持一致。通过这些细致入微的考量，企业能够策划出既具成本效益又降低风险的筹资方案。

企业最常用的融资方式是向银行贷款。为了确保筹资策略的稳健性与灵活性，建议企业在四大国有银行和股份制银行中各选一家进行合作，这样可以实现资金来源的多样化，降低对单一金融机构的依赖，并提高资金运用的灵活性。同时，这种搭配还能更好地应对不同银行政策和贷款条件的变化。

在筹集到资金后，企业必须严格按照预定的用途使用这些资金，严防资金被挪用。挪用有专门用途的资金不仅会损害企业的信誉，还可能触犯法律法规。此外，企业需要特别注意避免资金不当使用引发的经营风险。例如，短贷长投——用短期贷款来进行长期投资——就是一种常见的资金用途改变带来的潜在风险。这种做法可能导致企业在贷款到期时面临巨大的还款压力，如果企业的盈利能力下降、经营活动现金流匮乏，就会使资金周转发生困难，从而造成流动比率下降，甚至可能因资金链断裂而陷入困境。因此，企业必须合理规划资金的使用，确保每一笔资金都能用在刀刃上，以满足当前的运营需求，进而保障企业的长远发展。

对于日常经营活动发生的资金收付，一是在收款方面要杜绝个人向客户收款的现象，规避可能产生的不必要损失和账外资金循环；二是制定一套应收账款管理体系，确保应收账款如期收回，将风险降到最低。在付款方面，要以公司预算作为支付依据，加强债务偿还和股利支付的时间管理，防止发生过期违约风险，同时制定详细清晰的支付权限表，明确人员、事项的审核规则。另外，对出纳的Ukey实行制单和复核功能的分离管理，定期与不定期对资金进行盘点核查，确保账实相符。

投资事项可分为对内增加资产投入与对外投资事项。对内增加资产投入首要考虑的是扩张的产业是否符合国家鼓励的方向，其次要测算预算收益能否如期收回。对外投资分为投资新公司和收购市场上已有的老公司两种情形。对新公司的投资要有具体的财务测算方案作为参考决策依据，选择并购方式时要对被并购对象进行充分的风险评估，特别要重点关注可能存在的隐性债务，比如对外担保、承诺事项等，最后进行客观合理定价，确保收购工作顺利完成。企业要有专人负责投资事项的跟踪管理，建立定期复盘制度。

企业要对资金进行全闭环的管理，管住收、支两个端口，做好统筹协调，确保经营过程中各部门的合理资金需求得到满足，做好采购、生产、销售等各环节的综合平衡与效率最大化，最终实现资金营运的良性循环。

3.2.8 会计税务内控

这个环节主要涉及会计核算、税务申报以及财务分析等事项。企业应建立完善的会计核算体系和税务管理制度，确保财务数据的真实性和准确性。同时，通过合理的税务筹划和财务分析工作，为企业决策提供有力支持。

业务部门发生的物、钱进出的每一个动作都对应着财务的每一笔会计核算。首先，财务应在会计核算方面建立一套相关的会计准则和规章，同时匹配行业特性，兼顾管理需要搭建起会计核算体系。这包括但不限于日常账务的记录，凭证的编制和审核，成本的计算以及资产的折旧计提等。此外，财务岗位间的不相容法则和定期的内部审计也是必不可少的，可以及时发现并纠正可能存在的错误或疏漏。

其次，需要对税务申报环节给予充分的重视。企业应确保所有的税务申报都符合税法和相关政策的规定，避免因为对税法的误解或疏忽而导致的税务风险。所有对外申报的报表都需要设置二次复核环节，通过双重把关确保数据的准确性。同时，企业可以聘请专业的税务顾问，或者对内部的税务人员进行持续培训，以保证其对税法的理解始终保持在行业前列。

最后，财务分析是会计税务控制中不可或缺的一环。企业不仅要对财务数据进行定期的总结和分析，还要能够根据这些数据洞察企业的经营状况、财务风险以及市场趋势。这需要财务人员具备较高的专业素养和分析能力，能够运用各种财务工具和模型，从数据中提炼出有价值的信息，进而为企业的战略规划和日常运营提供有力的数据支持。

以上8个经营环节相互衔接、相互影响，共同构成了企业内部控制体系的完整框架。通过搭建并优化这些环节的管理流程和控制措施，企业可以进一步提高运营效率并降低运营风险。

3.3　5个关键业务流程的内控设计与实施

本节从8个内部控制经营环节中选取采购、生产、存货、销售、资金管理5个关键业务流程进行内部控制设计与实施，它们是企业运营的核心环节，对于确保企业高效运转、防范风险具有重要意义。

3.3.1　采购业务流程的内部控制设计与实施

采购环节的内部控制目标是确保采购业务流程的规范性、透明性和效率性，降低采购成本，提高采购质量，保证货品及时到货，防范舞弊风险。

采购业务流程（以制造业为例）（见图3-3-1）的内控设计思路与实施要点如下。

（1）供应商的评估与选择

在选择供应商时，应当构建一个涵盖多个关键维度的综合全面的评估体系，包括供货质量、价格竞争力、交货期的准确性、售后服务的质量以及技术创新能力。在合作进程中，必须详尽而准确地记录供应商的合作细节，如供货周期的及时性、产品质量的稳定性等。基于这些实际合作情况，对供应商进行动态评级，划分为A、B、C三个等级。依据不同等级，提供相应的账期优惠和订单资源分配策略。企业通过这一机制能够更有效地管理供应商，确保供应链的稳定和高效。

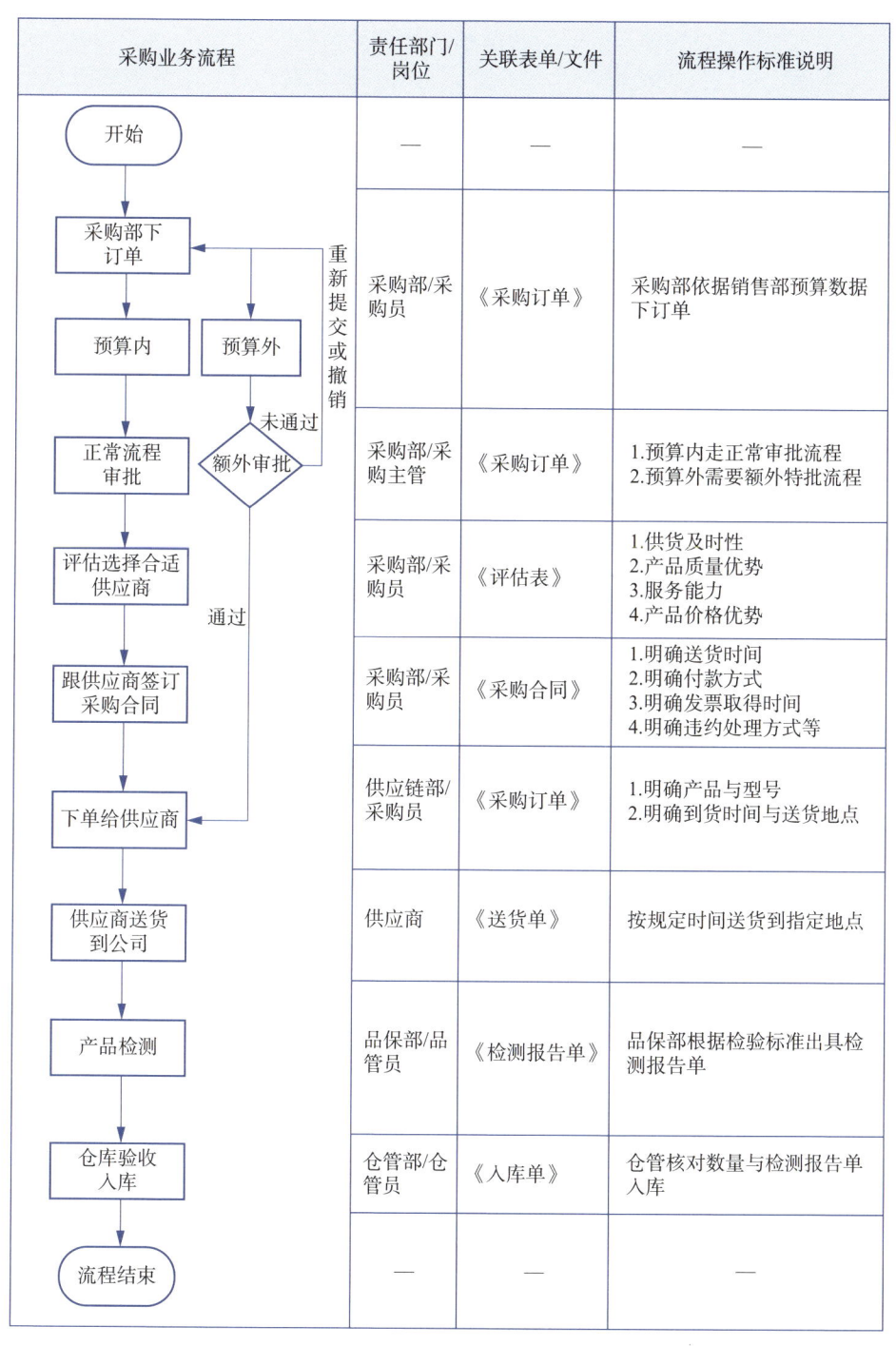

采购业务流程	责任部门/岗位	关联表单/文件	流程操作标准说明
开始	—	—	—
采购部下订单 → 预算内/预算外	采购部/采购员	《采购订单》	采购部依据销售部预算数据下订单
正常流程审批 / 额外审批（未通过则重新提交或撤销）	采购部/采购主管	《采购订单》	1.预算内走正常审批流程 2.预算外需要额外特批流程
评估选择合适供应商	采购部/采购员	《评估表》	1.供货及时性 2.产品质量优势 3.服务能力 4.产品价格优势
跟供应商签订采购合同	采购部/采购员	《采购合同》	1.明确送货时间 2.明确付款方式 3.明确发票取得时间 4.明确违约处理方式等
下单给供应商	供应链部/采购员	《采购订单》	1.明确产品与型号 2.明确到货时间与送货地点
供应商送货到公司	供应商	《送货单》	按规定时间送货到指定地点
产品检测	品保部/品管员	《检测报告单》	品保部根据检验标准出具检测报告单
仓库验收入库	仓管部/仓管员	《入库单》	仓管核对数量与检测报告单入库
流程结束	—	—	—

图 3-3-1 采购业务流程（以制造业为例）

(2) 采购方式选择

在确定物资采购策略时，首先要决定是选择 2 家还是 3 家供应商进行合作，以确保供应链的稳定性和竞争性。接下来，应根据所需采购的物品或服务的具体性质和涉及金额选择合适的采购方式，如招投标、询价比较、定向采购或直接采买等。特别需要注意的是，即使采购量不大，也应尽量采取集中采购的策略，以减少采购分散导致的采购人员工作量增加和采购成本上升。通过集中采购，可以更有效地控制成本，提高工作效率，确保采购活动的整体效益。

(3) 采购申请与采购合同签订

明确申请流程：所有采购订单必须严格基于销售部门提供的预算数据进行申请。在采购部门下单之前，每一条采购需求都必须经过公司内部的相关审批流程，确保采购活动的合规性和有效性。通过这样的流程，可以更好地控制成本，提高采购效率，并确保公司资源的合理分配。

多级审批制度：为了有效防范内部舞弊行为并确保采购活动的合理性，应设立多级审批环节。对于预算内的采购项目，按照既定的标准审批流程操作即可；若涉及预算外的采购需求，则必须遵循特殊的审批流程，经过额外审查和批准后方可执行。这样的制度安排旨在保障公司资金使用的透明度和合规性，同时提高采购决策的科学性和有效性。

采购合同签订：与供应商签订合同时，必须严格遵守财务部制定的采购付款政策，并在合同中明确约定发票的取得时间。按照原则，在支付全款之前应确保已获得全额发票。要将发票作为申请付款的必要依据，这样做旨在避免付款后发票未回导致的催票困境，从而确保财务管理效率和资金流的稳定性。

(4) 验收入库与付款程序

货品验收：到货时，必须对供应商的送货单与采购订单进行仔细核对，以确保所采购的物资数量完全吻合。若发现供应商额外赠送的产品，应进行相应的入库操作处理。同时，品质保障部门需对到货产品进行严格的质量检测，详细记录检测结果，并将此记录作为付款流程的重要附件之一。这样的流程旨在确保采购物资的准确性和产品质量，为公司的正常运营提供有力保障。

对账与付款：每月月初，财务部应主动发起与供应商的对账工作。根据供应商的级别和供货频率，对账周期可以灵活设定为月、季或年。完成对账后，双方应在对账单上加盖公章，以此作为后续请款和付款的重要法律依据。采购部门需根据合同条款以及实际的到货和入库情况，及时发起请款流程。付款申请将按照公司的报销权限和既定流程进行审批。在整个过程中，财务部需严格把关，确保付款的准确性和及时性，从而维护公司的良好信誉和财务健康。

（5）采购内控监督与反馈

公司应定期开展内部审计工作，深入检查采购流程的合规性与高效性，确保各项操作严格遵循公司政策及行业法规。同时，应建立一套完善的供应商反馈机制，通过不断收集和分析供应商的反馈信息，对供应商管理和采购流程进行持续优化。此外，为了提升采购相关部门员工的专业素养和合规意识，公司应定期组织培训和考核活动，确保员工能够熟练掌握采购知识和技能，并在实际工作中严格遵守合规要求。

3.3.2　生产业务流程的内部控制设计与实施

生产的内部控制目标是确保生产业务流程的顺畅、高效，并严格控制成本、质量及安全风险，实现生产资源的合理配置和优化利用。

生产业务流程（见图3-3-2）的内部控制设计思路与实施要点如下。

（1）生产计划与领料

生产计划制订：根据市场调研及需求预测，制订详尽且合理的生产计划。为确保各环节的高效协调，建议每周召开由采购、生产和销售三方参与的产销协调会议。在会议上，销售部门需确认具体市场订单数量，以便为生产和采购提供准确的需求数据；采购部门应根据销售预测，及时安排原材料的采购工作，确保所需物料能够准时到货，为生产线的连续运作提供保障；生产部门则需综合考虑现有设备状况、人员配备等资源情况，进行精细化的生产排程，从而确保整个生产流程能够有序、高效地进行。通过这样的协调机制，最大化地提升生产效率和产品质量，以满足市场需求。

BOM（物料清单）的录入和维护：研发部门提供BOM，负责确定产品所需的原材料、零部件以及相应的数量和规格。生产部门对研发人员提供的BOM进行审核与录入，确保清单的准确性和可行性。

及时领料出库：物料部门根据BOM进行物料的库存管理、采购信息的设置以及物料的发放等工作。确保所需物料的供应及时、稳定，以满足生产需求。

生产业务流程	责任部门/岗位	关联表单/文件	流程操作标准说明
开始	—	—	—
生产计划制订与审批	生产部/计划员	《生产订单》	根据市场需求、销售计划以及库存情况，制订生产计划。这里默认为预算内按正常流程下单
物料需求计划制订	生产部/计划员	《物料需求表》	根据生产计划，计算出所需物料的种类和数量
物料采购与入库（回收处理二次利用）	采购部/仓管部	《采购订单》《物料检验单》《入库单》	1.根据物料需求计划，进行物料采购 2.物料到货后进行质量检查，合格的物料办理入库手续 3.不合格的退回供应商或协调处理
生产排程与任务分配	生产部/计划员	《生产计划表》	根据生产计划和物料到货情况，进行生产排程
生产领料与发料	生产部/领料员	《领料单》	1.生产部门根据生产任务，从仓库领取所需物料 2.仓库根据领料单发料，并更新库存信息
生产过程控制与记录	生产部/各组长	《生产异常记录表》	1.生产过程中，严格按照工艺流程和作业指导书进行操作 2.对生产过程中的关键参数进行实时监控和记录，确保产品质量
产品检验（合格/不合格）	品保部/品管员	《检验单》	1.对生产过程中的半成品和成品进行质量检验 2.不合格品进行返工或报废处理
合格入库 / 不合格报废或返工处理	品保部/品管员	《检验报告单》	1.合格的成品办理入库手续，并更新库存信息 2.不合格产品报废或返工处理
流程结束	—	—	—

图 3-3-2 生产业务流程

（2）生产过程监控

安全规定：制定全面且详尽的安全生产操作规程，明确各项安全标准和操作要求。为确保每位员工都能深刻理解并严格遵守这些规程，组织定期的安全生产培训，通过理论与实践相结合的方式，提升员工的安全意识和操作技能。同时，建立定期的安全生产检查机制，对生产过程中可能存在的安全隐患进行全面排查。一旦发现问题，立即采取措施整改，确保生产环境的安全稳定。通过这样的安全管理策略，构建一个安全、高效、有序的生产环境，为企业的可持续发展提供坚实保障。

质量控制：在生产过程中，必须设立严格的质量检测环节，通过这一环节确保所生产的每一件产品的质量都符合既定的标准。为此，要配备专业的质量检测设备和人员，对产品进行全面细致的检查。一旦发现质量不合格的产品，立即启动二次回收流程，避免其流入市场。同时，为确保回收产品得到妥善处理与再利用，需要制定详细的回收使用标准细则，明确回收产品的分类、处理方法以及再利用的标准。这样不仅能有效提升产品质量控制水平，还能实现资源的最大化利用，降低生产成本，从而进一步推动企业的可持续发展。

成本监控：进行实时监控，密切关注生产过程中的物料消耗、人工费用以及其他相关成本，确保这些成本要素均处于严格的控制之下。通过引入先进的生产管理系统，实时追踪物料的使用情况和人工投入的效率，从而及时调整生产策略，优化资源配置。此外，还需要定期分析实际生产成本与预算之间的差异，找出成本超支或节约的具体原因，并采取相应的改进措施。这些举措有助于将生产成本严格控制在预算范围内，提高企业的盈利能力和市场竞争力。

（3）产品交付入库

交付流程：建立一套明确且高效的产品入库管理流程。在产品生产完成后，生产部门需与仓库管理部门进行紧密协调，按照既定的入库交接标准操作程序进行产品交接，包括确认产品数量、检查产品质量，并详细记录入库产品信息。要通过严格的入库交接手续，确保产品的准确入库，为后续的产品存储、管理和出库提供坚实基础。同时，这一流程也有助于更好地追踪产品流向，加强库存控制，提高企业的物流管理水平。

生产内部控制的监督与反馈：定期对生产业务流程进行内部审计和评估，确保流程的合规性、稳定性和高效性。建立员工反馈机制，及时收集并处理员工的建议和意见。根据审计、评估及员工反馈结果，持续优化生产业务流程，提高企业的生产效率和竞争力。

3.3.3 存货业务流程的内部控制设计与实施

存货的内部控制目标是确保存货业务流程的规范性、准确性和高效性，实现存货的合理储备、有效管理和快速周转，以支持企业生产和销售活动的顺利进行。

存货业务流程的内部控制设计思路与实施要点如下。

（1）存货日常仓储管理

仓储布局：对仓库布局进行合理规划，确保存货能够按照类别有序存放。为了实现高效管理和便捷操作，物料要采用明确的分类标准并根据分类结果存放。同时，要建立完善的存货标识系统，通过设置清晰的标签和指示牌，使得查找和取货过程更为迅速和准确。此外，需要定期对仓库进行优化调整，以适应存货量的变化和存储需求，确保仓库空间的合理利用。通过这些措施，打造一个高效、有序的仓储环境，为企业的物流运作提供有力支持。

库存盘点：为确保库存数据的准确性，企业要实施综合的盘点制度。在日常工作中，仓库管理员需每天自行盘点库存，核对实物与记录是否一致，并及时更新库存数据。月底时，财务部门进行不定期的抽查盘点，以验证仓库管理员的盘点结果。此外，在半年度和年底组织全面的库存盘点，由多个部门共同参与，确保库存数据的真实性和准确性。在盘点过程中，若发现任何差异或问题，立即启动调查程序，找出差异原因，并及时采取相应措施进行处理。存货盘点业务流程见图3-3-3。

这一系列盘点流程，可以有效确保库存数据账实相符，提高企业的资产管理效率和风险控制能力。

安全防护：建立完善的仓库安全防护体系，采取多项措施确保存货的安全。首先，加强仓库的物理安全防护，安装监控摄像头、报警系统等设备，以防止存货被盗。其次，建立完善的存货管理制度，包括定期检查存货状态，防止环境因素导致的损坏，如潮湿、高温等。同时，对于有特殊存储要求的存货，如需要冷藏或避光的物品，要设置专门的存储区域，并配备相应的设施。此外，需要实施严格的存货效期管理，定期检查存货的保质期，确保在存货过期前及时处理，防止过期情况的发生。通过这些综合措施，为存货提供全方位的安全保障，确保企业资产的安全与完整。

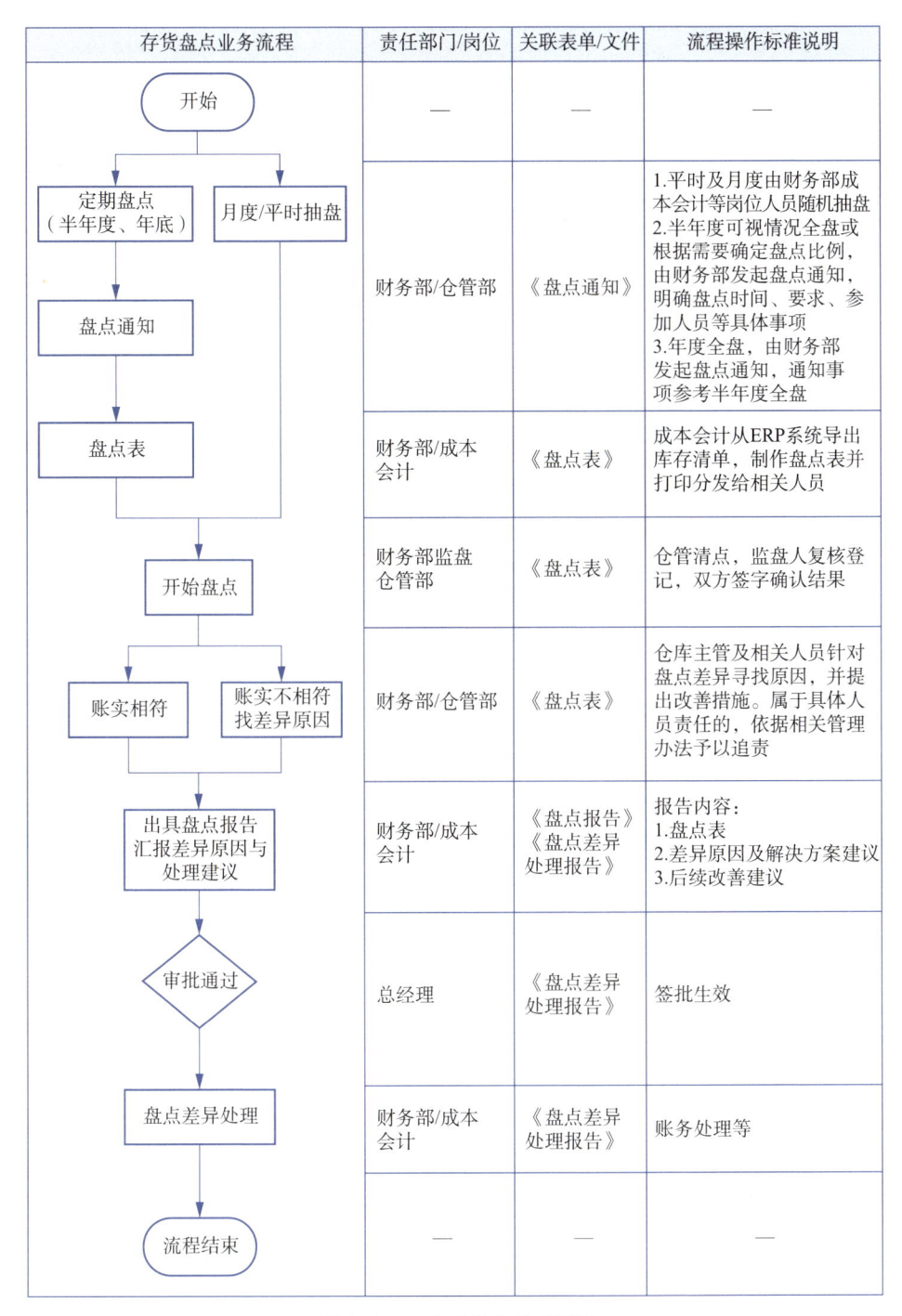

存货盘点业务流程	责任部门/岗位	关联表单/文件	流程操作标准说明
开始	—	—	—
定期盘点（半年度、年底）／月度/平时抽盘 → 盘点通知	财务部/仓管部	《盘点通知》	1.平时及月度由财务部成本会计等岗位人员随机抽盘 2.半年度可视情况全盘或根据需要确定盘点比例，由财务部发起盘点通知，明确盘点时间、要求、参加人员等具体事项 3.年度全盘，由财务部发起盘点通知，通知事项参考半年度全盘
盘点表	财务部/成本会计	《盘点表》	成本会计从ERP系统导出库存清单，制作盘点表并打印分发给相关人员
开始盘点	财务部监盘 仓管部	《盘点表》	仓管清点，监盘人复核登记，双方签字确认结果
账实相符／账实不相符找差异原因	财务部/仓管部	《盘点表》	仓库主管及相关人员针对盘点差异寻找原因，并提出改善措施。属于具体人员责任的，依据相关管理办法予以追责
出具盘点报告 汇报差异原因与处理建议	财务部/成本会计	《盘点报告》《盘点差异处理报告》	报告内容： 1.盘点表 2.差异原因及解决方案建议 3.后续改善建议
审批通过	总经理	《盘点差异处理报告》	签批生效
盘点差异处理	财务部/成本会计	《盘点差异处理报告》	账务处理等
流程结束	—	—	—

图 3-3-3　存货盘点业务流程

存货进出库管理：原料类物资入库，必须附有品保部门出具的质量检测报告，以确认原料符合质量标准；成品入库时，则需提供抽检合格报告，确保产品达到出库标准；在领用出库环节，必须凭有效且经相关人员签字确认的出库单发货，确保出库流程的规范性和可追溯性。

设立专门的退货处理流程处理客户退货。首先，对退货产品进行仔细挑拣，区分可再利用和不可再利用的产品，并进行详细记录。其次，按照既定流程办理入仓手续，对于不可再利用的产品，及时申请报废处理，确保仓库中存储的物资均为合格且可再利用的产品。

通过这些措施，确保进出库作业的规范性、及时性和准确性，提高企业的物流管理水平，降低潜在的风险和成本。

（2）滞销与废旧存货处理

滞销存货管理：定期对滞销存货进行深入分析，并根据分析结果采取相应的处理措施。针对不同类型的滞销存货制定具体的销售策略，如降价促销、捆绑销售等，以刺激市场需求并减少库存积压。同时，积极与供应商协商退货政策，以便将部分滞销存货退回，从而进一步优化库存结构。

此外，要建立一套完善的废旧存货处理流程。该流程应明确废旧存货的判定标准、处理程序以及责任人，确保废旧存货能够得到及时、合理的处置。在处理过程中，要注重环保和资源的循环利用，力求在降低库存成本的同时，达到环保效益。通过这些措施，可以有效减少库存积压，提高存货周转率，进而降低企业的运营成本。

存货监督与反馈：定期对存货业务流程进行内部审计和评估，确保流程的合规和高效。持续优化存货业务流程，提高企业的存货管理水平和效率。

3.3.4 销售业务流程的内部控制设计与实施

销售的内部控制目标是确保销售业务流程的顺畅性、透明性和规范性，实现销售目标的达成、客户满意度的提升和风险的最小化。

销售业务流程的内部控制设计思路与实施要点如下。

（1）销售计划与目标管理

目标设定与分配：结合企业的整体战略规划及当前市场动态，制定详尽的年度销售预算。为确保预算的实施与便于监控，进一步将年度目标分解为每月切实可行的销售目标，并根据各销售区域的实际情况和销售人员的具体能力，将这些目标合理分配至各个销售区域及销售人员。这样的分配方式旨在确保销售目标的合理性与可实现性，同时也有助于激发销售团队的积极性和工作动力。通过这一系列细致入微的规划与分配，让每个人清楚销售业绩稳步增长的目标，从而助力企业整体战略目标的实现。

（2）客户开发与关系管理

建立一套全面的客户评估体系，筛选出具有潜力的优质客户并进行开发。在这一体系下，对所有客户进行细致的分类管理，以便更有效地满足不同类型客户的需求。

针对享有信用账期的客户绘制精准的画像，以充分了解他们的经营状况、支付能力和信用记录。在此基础上，制定合理的赊销政策，明确赊销期限、额度和还款方式，确保销售活动的稳健进行。

为了有效管理应收账款，要制定严格的应收账款管理办法。该办法应包括定期的账单核对、催收流程以及逾期账款的处理措施，旨在确保应收账款的及时回收，从而将潜在的财务风险降到最低。

这些措施不仅能够优化客户管理，提升销售效率，还能有效控制财务风险，为企业的稳健发展提供有力保障。

（3）销售订单与合同管理

订单审核：建立一套完善的销售订单审核流程，旨在确保所有订单信息的准确无误与合规。该流程涵盖订单的接收、验证、审批及归档等各个环节，确保每一份订单都经过严格的核查。通过多级审核制度，及时发现并纠正订单中的任何错误或不合规之处，从而保障交易的有效性和企业的利益。

合同管理：企业要制定一系列标准化的销售合同模板（有时候客户也有自己的合同样式要求），清晰界定合同双方的权利与义务，从而有效降低潜在的合同风险。这些模板需要详细规定发票的具体开具时间、明确的回款条件以及严格的违规处理措施等重要条款。采用这些标准化合同模板，旨在确保每一笔交易都遵循明确的规则和条款，为双方提供清晰的权益保障，并进一步降低因合同条款不明确或遗漏而引发的纠纷风险。这将有助于提升业务的运营效率，同时也将为客户带来更优质的合作体验。

（4）销售发货与收款

发货控制：在接收到经过严格审核并确认无误的销售订单后，依据订单中明确的时间、质量标准以及数量要求，精准发货，并在发货后进行物流跟踪，确保货物按时送达。客户在收到货物后，经过仔细检查并确认货品完好无损后，签署收货确认单。企业要回收并妥善保管这些签收的确认单据，以确保交易过程的透明和可追溯。销售发货流程见图 3-3-4。

退货处理：如遇客户退货情况，首先应仔细分析退货原因。若因产品质量

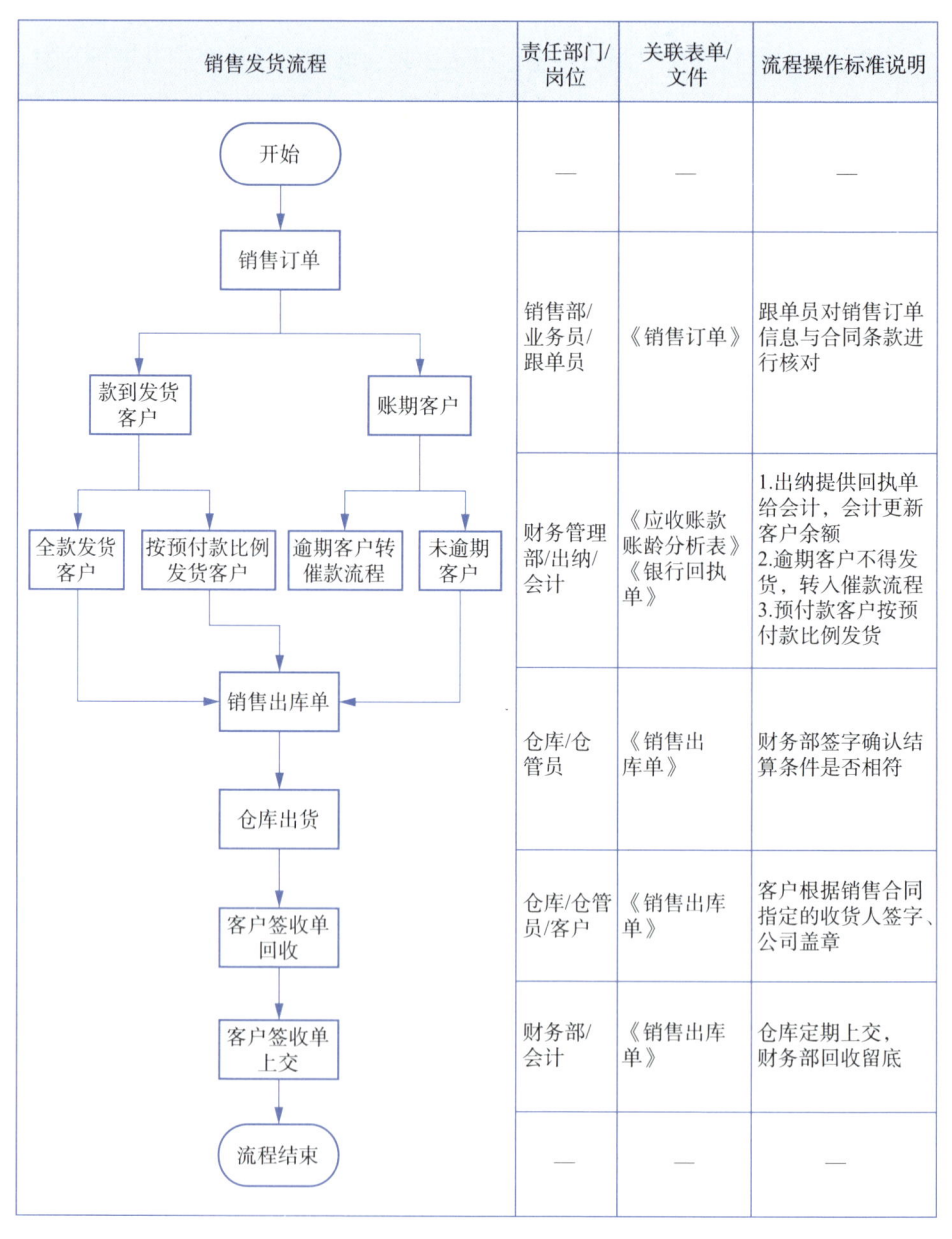

销售发货流程	责任部门/岗位	关联表单/文件	流程操作标准说明
开始	—	—	—
销售订单	销售部/业务员/跟单员	《销售订单》	跟单员对销售订单信息与合同条款进行核对
款到发货客户 / 账期客户 / 全款发货客户 / 按预付款比例发货客户 / 逾期客户转催款流程 / 未逾期客户	财务管理部/出纳/会计	《应收账款账龄分析表》《银行回执单》	1.出纳提供回执单给会计，会计更新客户余额 2.逾期客户不得发货，转入催款流程 3.预付款客户按预付款比例发货
销售出库单	仓库/仓管员	《销售出库单》	财务部签字确认结算条件是否相符
仓库出货 / 客户签收单回收	仓库/仓管员/客户	《销售出库单》	客户根据销售合同指定的收货人签字、公司盖章
客户签收单上交	财务部/会计	《销售出库单》	仓库定期上交，财务部回收留底
流程结束	—	—	—

图 3-3-4　销售发货流程

问题导致退货，要立即启动质量检查流程，对退货产品进行全面检测，并根据检测结果及时采取纠正措施，以确保类似问题不再发生。同时，要为客户提供满意的解决方案，如更换新品或全额退款等。若退货原因非质量问题，例如客户误购或需求变更等，要与客户充分沟通，了解其具体需求，并提供灵活的退换货政策或相应的补偿措施。在整个退货处理过程中，要保持高度的专业性和服务意识，以确保客户的权益得到最大保障，并努力提升客户满意度。

收款管理：根据合同条款的明确规定，制定相应的收款管理规程，以确保销售款项能够按时回笼，从而有效降低坏账产生的风险。针对应收账款客户，实施严格的欠款管理，具体措施包括每周更新欠款明细表，并安排专人负责及时跟进和催款，确保款项回收的及时性和有效性。此外，对于超过赊销额度的客户，立即停止发货，并及时与客户沟通，寻求解决方案并跟进后续处理。通过这些措施最大限度地保护公司的财务安全，同时维护良好的客户关系。

客户对账：建立定期对账制度，明确对账周期和流程。在每次对账完成后，需确保对账单准确无误，并由客户签字与盖章确认。财务部门应对账单进行归档留底，作为交易记录和解决纠纷的依据。这一制度的实施旨在保障双方财务数据的准确性和一致性，以便及时发现并解决潜在的问题，为企业的财务管理提供有力支持。

数据分析：定期深入剖析销售数据，从多个维度（如时间、地区、客户群体、产品类型等）综合探究销售增长点和潜在趋势。通过对这些数据的细致分析，发现新的销售增长机会，为销售策略的优化和调整提供坚实的数据支撑，从而更精准地提升销售业绩。

（5）销售内部审计与评估

定期对销售业务流程进行内部审计和评估，确保流程的合规和高效。根据审计、评估及员工反馈结果，持续优化销售业务流程，提高企业的销售能力和市场竞争力。

3.3.5 资金管理业务流程的内部控制设计与实施

资金的内部控制目标：确保资金的安全性，预防资金被盗窃、诈骗或挪用，同时防止私设"小金库"等违法行为；维护资金的合法性，资金的取得和使用必须符合国家的财经法规，并确保相关手续齐备，以保证资金运作的合法合规；实现资金的效益性，通过合理调度和使用资金，使其发挥最大的经济效益，提高其使用效率，为企业创造更多价值。

资金管理业务流程的内部控制设计思路与实施要点如下。

从制度、风险和信息化三个方面入手，确保资金管理的规范性、安全性和高效性。

（1）建立健全的财务内部管理制度

明确岗位职责与分工：严格划分出纳、会计、财务主管等不同岗位的职责，确保各岗位之间互相制衡，避免权力过于集中。建立轮岗制度，建议2~3年轮岗一次。

制定规范的审批流程：建立完善的资金审批流程，该流程应涵盖资金申请、审批、复核及支付等核心环节。确保每一笔资金都经过严格且细致的审核，以保障资金使用的合理性与安全性。此外，企业可采用收支分离的管理模式，即对收入和支出采用不同的流程管理，以实现资金的集中管控。通过实施这种管理模式，可以更有效地追踪资金流向，提高资金的使用效率，并为企业的稳健运营提供有力保障。

严格规范银行开户管理流程：制定详细的开户申请表和审批流程，确保所有开户请求都经过适当的审查和批准。同时，为了保持账户的精简和高效，实施定期的银行账户清理工作，及时发现并注销不再使用或无效的银行账户。这一举措旨在降低账户管理成本，减少潜在的金融风险，并提高财务管理的效率和透明度。

强化票据与印章的管理体系：要设立详尽的票据登记簿，对所有票据的收发、使用情况进行严格记录，以确保票据的可追溯性和安全性。在印章管理方面，财务专用章必须由财务主管亲自保管，并确保其安全；法定代表人人名章应由法定代表人本人保管，或在特定情况下，由其明确授权的可信人员保管。这些措施旨在保障公司财务和法务操作的安全与合规，降低潜在风险。

（2）强化资金流动的监控与风险管理

实施资金预算控制：通过制定详尽的资金预算，以及实施月度滚动预算制度，来精准预测和控制资金的流入与流出。这一机制的建立，旨在确保企业资金能够在合理的范围内高效、安全地运作。

建立风险预警机制：基于企业的历史数据、行业标准和风险评估，设定明确的资金流动风险预警值。一旦实际资金流动出现异常，例如超出预设的阈值或与常规模式不符，预警机制将立即启动。在预警机制被触发后，要迅速采取预定的风险应对措施，包括但不限于紧急资金调配、暂停异常资金流动、进行详细的资金流动分析和风险评估，并及时与相关人员进行沟通，以确保风险得到及时有效的控制和管理。

定期对账与核查：定期开展对账与核查工作，确保财务管理的准确性和透明度。具体来说，每月都要进行银行账户、现金等资产的对账，通过详细的记录和比对，验证账目与实际资产是否一致。另外，要进行定期的盘点工作，对各项资产进行全面清查，以确保账实相符。在对账和盘点过程中，一旦发现任何异常或问题，立即进行深入分析，并及时采取纠正措施，以保障企业资产的安全与完整。

费用报销流程如图3-3-5所示。

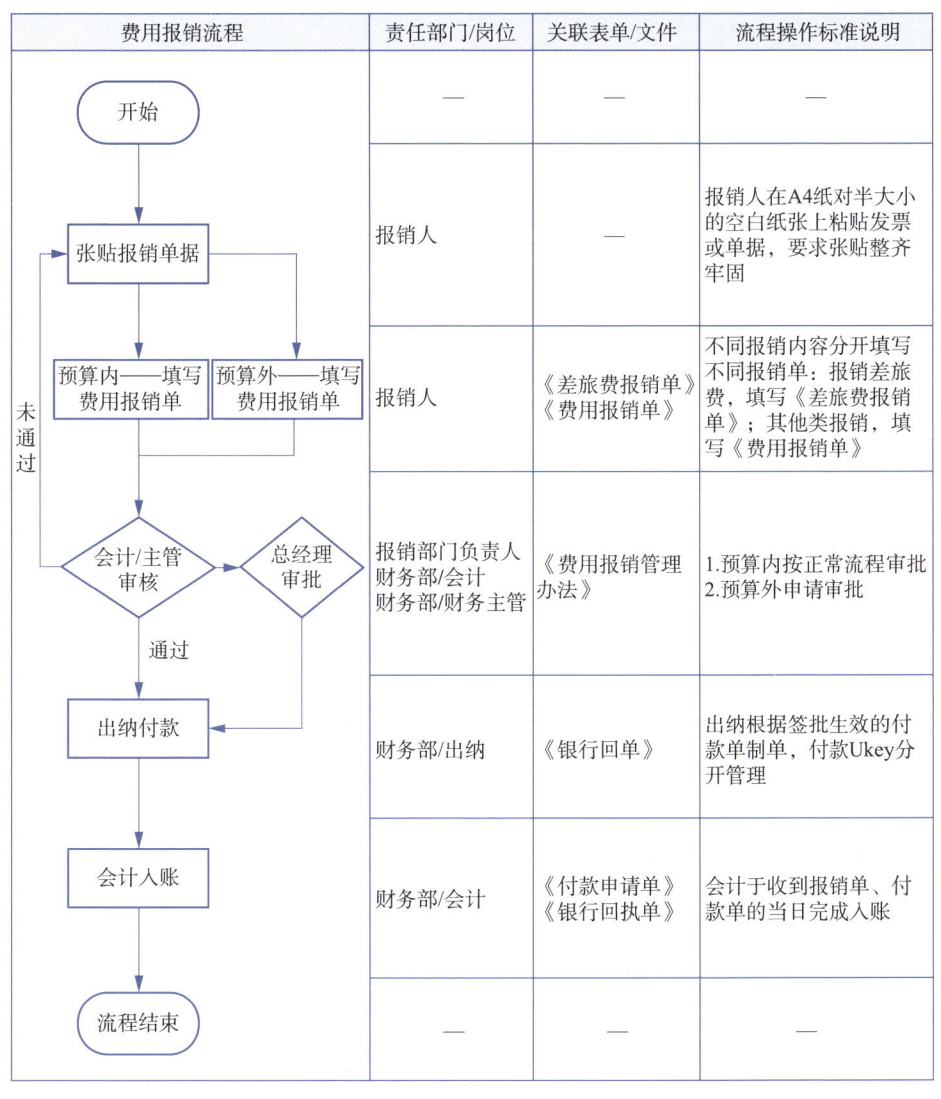

费用报销流程	责任部门/岗位	关联表单/文件	流程操作标准说明
开始	—	—	—
张贴报销单据	报销人	—	报销人在A4纸对半大小的空白纸张上粘贴发票或单据，要求张贴整齐牢固
预算内——填写费用报销单 / 预算外——填写费用报销单	报销人	《差旅费报销单》《费用报销单》	不同报销内容分开填写不同报销单：报销差旅费，填写《差旅费报销单》；其他类报销，填写《费用报销单》
会计/主管审核 / 总经理审批	报销部门负责人 财务部/会计 财务部/财务主管	《费用报销管理办法》	1.预算内按正常流程审批 2.预算外申请审批
出纳付款	财务部/出纳	《银行回单》	出纳根据签批生效的付款单制单，付款Ukey分开管理
会计入账	财务部/会计	《付款申请单》《银行回执单》	会计于收到报销单、付款单的当日完成入账
流程结束	—	—	—

图3-3-5　费用报销流程

（3）提升信息化管理水平，提高管理效率

引入先进的资金管理系统：采用ERP或专业的资金管理软件，实现资金流动的实时监控和数据分析，提高管理效率。

利用信息化手段优化审批流程：采用电子审批系统，减少纸质流转环节，加快审批速度，同时留下可追溯的审批记录。

加强信息安全防护：建立完善的信息安全体系，确保资金管理系统的数据安全、网络安全和信息安全，防止信息泄露和非法入侵。

3.4 内部授权、监督与风险评估机制构建

"彭老师，有没有办法帮我从每天签批大量报销单据的苦海中解脱出来啊？"经常有老板跟我提出这样的迫切要求。

有啊，向下授权！要想让内部决策流程更高效、一把手工作更轻松，进行适当的授权是有效的方式。

3.4.1 内部授权应遵循以下原则

（1）制定岗位说明书

为了明确企业内部管理结构，应做好责任分配，确保权责明晰，明确每个岗位的工作职责，并建立各职级的签批权限清单，以便员工能够清晰地了解自己的工作内容和权力范围。

（2）建立完善的授权审批流程

区分日常经营事项和重大决策事项，对日常经营事项进行合理授权，以提高工作效率；在涉及经营方向调整、股东分红政策制定、大额资产采购等关键性重大事项时，仍需股东会或董事会进行最终决策。这种将日常经营事项与重大决策事项分开的层级授权机制，旨在实现工作效率与权力制衡的双重目标。它既能确保日常工作的顺利进行，提高运营效率，又能防止权力过度集中，确保重大决策的科学性和公正性。

在授权过程中，必须细致考察被授权人的能力与所授权任务之间的匹配度，严格防范能力不足导致的执行不力，或过度授权引发的潜在风险。精准匹配被授权人的能力与授权事项，可以确保授权决策的高效执行，进而保障企业的稳

定运营和持续发展。

授权主要分为事前授权和事后授权两种。事前授权是指在实施某项工作或决策之前，需向上级申请并经过层级审批，待审批通过，方可执行。这种授权方式有助于提前识别和控制潜在风险，确保行动的合规性和正确性。事后授权则是指在完成某项工作后，需按照既定的层级进行签批，以确认工作的完成情况和结果。若已获得事前权限，对于权限范围内的事项，事后签批流程可大大简化，多数情况下仅需财务部审核即可完成，不仅简化了审批流程，也实现了风险的前置管理。这样的授权机制能够更有效地平衡工作效率与风险管理。以下给出了两种类型企业的授权权限表（见表3-4-1、表3-4-2）供参考。

表3-4-1　小企业授权参考表

费用项目与审核金额		经办部门提交与审核		财务部审核		审批（根据公司情况设置）			付款
项目类别	金额标准	提交人	部门主管	会计	财务主管	总经理	执行董事	股东会	出纳
费用报销	500元以内（含）	提交	审核	复核	核准	审批			支付
	500元以上	提交	审核	复核	核准		审批		支付
借款支出	1000元以内（含）	提交	审核	复核	核准	审批			支付
	1000元以上	提交	审核	复核	核准		审批		支付
材料采购支出	1000元以内（含）	提交	审核	复核	核准	审批			支付
	1000元以上	提交	审核	复核	核准		审批		支付
其他采购支出	500元以内（含）	提交	审核	复核	核准	审批			支付
	500元以上	提交	审核	复核	核准		审批		支付
工程项目付款		提交	审核	复核	核准		审批		支付
资金往来借款		提交	审核	复核	核准		审批		支付
销售合同	50000元以内（含）	提交	审核	复核	核准	审批			支付
	50000元以上	提交	审核	复核	核准		审批		支付
采购合同	1000元以内（含）	提交	审核	复核	核准	审批			支付
	1000元以上	提交	审核	复核	核准		审批		支付

续表

费用项目与审核金额		经办部门提交与审核		财务部审核		审批（根据公司情况设置）			付款
项目类别	金额标准	提交人	部门主管	会计	财务主管	总经理	执行董事	股东会	出纳
外部融资		提交	审核		审核	核准	审批		支付
外部投资		提交	审核		审核	核准	审批		支付

表 3-4-2　中大型企业事前事后权限参考表

类别	内容	金额标准	事务核决权限（做事前，先申请）						核决相关表单	支出核决权限（执行后，支出在申请内或预算内）					附件
			经办	审核		审批				经办	审核		审批		
			经办人	部门主管	会计	财务主管	总经理	董事长	股东会		经办人	部门主管	会计	财务主管	总经理	董事长	
工程类	电梯、中央空调、消防、高压电等	不管金额大小	△	▲	▲	▲	▲	★		预算表/申请表	△	▲	▲	★			请款单/合同/发票
信息办公	办公电脑、网络设施设备、网络通信费等																
市场类	DM（传单） 电视广告、报纸杂志广告 促销陈架等促销用品	不管金额大小	△	▲	▲	▲	★			预算表/申请表	△	▲	▲	★			请款单/合同/发票/验收单
资产类	办公用品及一次性耗材 原物料采购 包装物 工作服																
	购置新车	不管金额大小	△	▲	▲	▲	▲	★		预算表/申请表	△	▲	▲	★			请款单/合同/发票/验收单

续表

类别	内容	金额标准	事务核决权限（做事前，先申请）					核决相关表单	支出核决权限（执行后，支出在申请内或预算内）					附件
			经办	审核		审批			经办	审核		审批	
			经办人	部门主管	会计	财务主管	总经理	董事长	股东会		经办人	部门主管	会计	财务主管	总经理	董事长
租金	房租、店租、物业费	不管金额大小	△	▲	▲	▲	★		预算表/申请表	△	▲	▲	★			请款单/合同/发票
汽车费用	正常行驶油费	不管金额大小	△	▲	▲	▲	★		预算表/申请表	△	▲	▲	★			请款单/发票
	维修、维护费用															
	各项保险、年检费用															
	更换部件费用															
	过路、过桥费用															
	货物运输费															
	快递费															
	装卸、搬运费															
合同类	采购合同签订	不管金额大小	△	▲	▲	▲	★		预算表/申请表							
	销售合同签订	不管金额大小														
	租赁合同签订	不管金额大小														
其他类	客户定价申请	不管金额大小	△	▲	▲	▲	★		定价申请表							
	印章使用申请	不管金额大小								印章使用申请表							请款单/股东会决议
	银行账户开立、注销		△			▲	★			申请单							
	股东注资、撤资、分红					△		★		股东会决议	△	▲	▲	★			请款单/股东会决议

· 79 ·

续表

类别	内容	金额标准	事务核决权限（做事前，先申请）					核决相关表单	支出核决权限（执行后，支出在申请内或预算内）				附件
			经办	审核		审批			经办	审核	审批		
			经办人	部门主管	会计	财务主管	总经理	董事长	股东会		经办人	部门主管	会计	财务主管	总经理	董事长	
经营费用	差旅费	不管金额大小	△	▲	▲	▲	★			预算表/申请表	△	▲	▲	★		请款单/发票
	请客送礼	500元以内（含）														
	请客送礼	500元以上	△	▲	▲	▲		★								
	培训支出	10000元以下（含）	△	▲	▲	▲	★									
	培训支出	10000元以上	△	▲	▲	▲		★								
	财产保险费	不管金额大小	△	▲	▲	▲	★									
	员工意外险															
	雇主责任险															
	审计费															
	策划费	不管金额大小	△	▲	▲	▲	▲	★		预算表/申请表	△	▲	▲	★		请款单/发票
	设计费															
	法律顾问费															
	软件费															
	咨询费															
	贷款利息															
	缴税金															
	税务罚款															
	其他罚款支出															
	盘点损失															
	应收账款呆账损失															
	捐赠支出															
	罚款支出															
	资产报废															

续表

| 类别 | 内容 | 金额标准 | 事务核决权限（做事前，先申请） ||||| 核决相关表单 | 支出核决权限（执行后，支出在申请内或预算内） |||||附件 |
			经办:经办人	审核:部门主管	审核:会计	审批:财务主管	审批:总经理 / 董事长 / 股东会		经办:经办人	审核:部门主管	审核:会计	审批:财务主管	审批:总经理 / 董事长	
用人费用	工资	不管金额大小	△	▲	▲	▲	★	人事制度	△	▲	▲	★		请款单／工资表
	养老保险费													
	医疗保险费													
	失业保险费													请款单
	工伤保险费													
	生育保险费													
	住房公积金													
	职工教育经费													
	职工福利费													
	工会经费													
	商业保险费	不管金额大小	△	▲	▲	▲	★							请款单／保险合同
	离职补偿费													请款单／离职合同

注：△表示经办，▲表示审核，★表示核决。

设立合理的分层授权机制，将大大减少决策者的日常事务签单时间，使其能够将时间用在更有价值的事项上。

3.4.2　内部监督与风险评估

有授权就要有监督，监督机制是确保内部控制体系有效运行的关键环节。企业内部控制既要保证效率，也要控制风险。

（1）关键业务流程的监督

在采购、销售、生产等流程中的每一个关键节点设定明确的监控指标。例如，在采购流程中，可以监督供应商的选择过程是否公正透明、采购价格是否合理等，为了确保监督的有效性，可以利用信息化系统，实时跟踪流程进展，及时发现并纠正任何偏离预定流程或标准的情况；在销售过程中，监控销售达成进度、回款率、应收账款回款等指标；在生产过程中，监控生产订单完成情况、产品质量等指标。

（2）内部监督细致严格

资金管理监督着重于融资与日常资金应用方面，税务处理监督着重于税率的合理性、税收筹划的合法性方面，法律合规监督着重于合同管理、知识产权、用工风险等事项。

任何小的疏忽都可能引发重大的财务风险或法律问题。要通过培训增强员工的风险意识，确保每个员工都能在日常工作中识别和规避潜在的风险。对于已经发生的风险事件，要及时进行调查和处理，总结经验教训，防止类似事件的再次发生。

（3）内部监督不可或缺

对于公司重大事项，如重大投资、并购、重组等事项往往涉及巨额资金流动和复杂的法律关系，稍有不慎就可能导致公司遭受重大损失。因此，在重大事项的执行过程中，要建立专门的监督小组，对项目的进展、资金使用情况、合同履行情况等进行全程跟踪和监督，还要与外部审计机构保持密切沟通，确保项目的合规性和透明度。在项目实施完成后，还要进行项目后评估，对项目的执行效果进行全面评价，以便为未来类似项目提供借鉴和参考。

（4）设立专门的内部审计部门或岗位

负责对企业内部控制的执行情况进行定期或不定期的检查和评价并出具审计报告，提出问题和改善建议。内部审计部门应保持独立性和客观性，直接向高层管理者报告监督结果。

为了确保内部审计的有效性，审计团队应由经验丰富、专业技能扎实的审计人员组成，这些人员应熟悉企业的业务流程和内部控制标准，能够准确识别控制弱点并提出针对性的改进意见。

在实际操作中，内部审计部门应制订详细的审计计划，明确审计目标和范围，合理安排审计时间和资源。在审计过程中，要注重数据的分析和对比，通过查阅相关文件、账目、凭证等资料以及实地观察和询问员工，全面了解内部控制的实际运行情况。同时，内部审计部门应与外部审计机构保持良好的沟通与协作，共同提升企业的内部控制水平。

审计报告应详细记录审计时发现的问题、潜在的风险以及改进建议。报告要实事求是，既要肯定成绩，也要揭露问题，为高层管理者提供决策依据。高层管理者应高度重视内部审计报告，及时组织相关部门对审计发现进行整改，并跟踪整改效果，确保内部控制体系不断完善和优化。

（5）建立举报机制

举报机制应设计得简单易用，方便员工随时反映所发现的问题或违规行为，如设立专门的举报热线、电子邮箱或内部网站平台等。同时，企业应明确举报的受理流程，确保每一条举报都能得到及时、公正的处理。

为了提升员工的参与度和积极性，企业可以设立奖励制度，给予提供重要线索或协助揭露重大问题的员工一定的物质奖励或表彰。这不仅能够激励员工主动关注企业内部的运营问题，还能帮助企业及时发现并解决潜在的风险。

（6）建立风险评估机制

企业应定期进行全面风险评估，识别和分析可能对经营目标产生不利影响的风险因素。风险评估应涵盖市场风险、运营风险、财务风险等各个方面。

在评估市场风险时，企业需要密切关注市场动态和宏观经济环境的变化。市场风险主要源于市场需求波动、竞争加剧、政策法规调整等。为了有效应对这些风险，企业应建立一套完善的市场信息收集与分析机制，定期监测主要客户和竞争对手的动态，及时调整市场策略。有条件的企业还可以考虑利用金融衍生品等工具进行风险对冲，以降低市场价格波动带来的损失。通过这些措施，企业能够在激烈的市场竞争中保持敏锐的洞察力和灵活的应变能力。

运营风险评估主要关注企业内部管理流程、生产安全和供应链稳定性等方面。企业应通过内部审计和流程优化来降低运营风险。例如，定期对生产线进行检查和维护，确保生产安全；加强供应链管理，多元化选择供应商，以降低供应链中断的风险。同时，企业应关注员工培训和激励机制的完善，提高员工的工作效率，增强员工的责任心，从而降低人为因素导致的运营风险。通过这些措施的实施，企业能够确保运营流程的高效和稳定，为企业的持续发展提供有力保障。

财务风险评估要求企业深入分析财务报表，识别潜在的财务风险点。这些风险点可能包括应收账款坏账、存货跌价、资金链断裂等。为了防止这些风险发生，企业应建立完善的财务预警系统，实时监控关键财务指标的变化。此外，企业还需加强资金管理，优化债务结构，确保充足的现金流以应对可能的财务风险。通过定期的财务审查和风险评估，企业能够及时发现并解决潜在的财务问题，保障财务安全。

在实务操作中，风险评估可以通过问卷调查、访谈、数据分析等方式进行。评估结果应形成书面报告，明确风险点、风险大小和应对措施。针对识别的风险，企业应制订详细的风险管理计划，包括风险降低、风险转移等策略，并定期监控风险变化情况，及时调整风险管理措施。同时，风险评估结果应作为内部控制体系改进的重要依据，推动企业不断完善内部控制流程。

3.5 持续优化与提升内部控制体系的有效性

企业的经营是动态的，随着企业规模的不断扩大和市场环境的不断变化，内部控制体系也需要持续优化与提升，以确保其始终能够为企业的发展提供有力的保障。企业要建立定期评估机制和加强内部沟通与协作，以达到持续优化与提升的目的。

3.5.1 建立定期评估机制

企业应设定明确的评估周期，如每季度或每年进行一次全面的内部控制体系评估。在评估过程中，要综合运用问卷调查、访谈、流程测试等多种方法，深入了解内部控制体系的实际运行情况。针对评估中发现的问题和不足，企业要及时制定改进措施，并明确责任人和完成时间，确保问题得到有效解决。通过定期评估，企业可以及时发现内部控制体系的薄弱环节，不断完善和提升内部控制效果，从而为企业的发展提供更为坚实的保障。

3.5.2 加强内部沟通与协作

企业要打破部门壁垒，建立起跨部门、跨层级的沟通机制。通过定期的部门联席会议、工作小组讨论等形式，促进不同部门和岗位之间的信息交流与共享。同时，借助企业内部通信工具或信息平台，提高信息传递的效率和准确性。在沟通与协作中，要鼓励员工积极提出改进内部控制体系的建议，充分发挥集体智慧。此外，企业还应加强内部控制相关知识的培训，提升全员内部控制的意识和能力，确保内部控制措施得到有效执行。通过加强内部沟通与协作，企业能够形成合力，持续推动内部控制体系的优化和提升。

内部控制体系构成了企业运营过程中的基础准则与操作标准，它不仅为全体员工提供了明确的行为指南，而且优化了运营流程，确保经营风险可控。

企业可以根据自身的发展阶段和实际情况，分阶段构建内部控制体系。可以先从最基础且核心的关键业务流程着手，这是保障企业稳定运作的基石。

在实际运行内部控制体系的过程中，合理的内部授权与有效的监督机制应相辅相成。合理的授权能够激发员工的积极性和创造力，有效的监督则能确保这些权力在规定的框架内行使，两者共同保证内部控制体系的顺畅运行。

此外，企业应定期对内部控制体系进行全面评估，检验其可行性、有效性和完整性。在评估过程中，应特别关注关键业务流程中的潜在风险点，并确认相应的控制措施是否得到切实执行。通过多渠道收集员工反馈、深入分析业务流程数据以及开展内部审计等，企业可以全方位掌握内部控制体系的实际运行状况，及时发现体系中的漏洞和不足，并采取有效措施进行整改和优化。

第 4 章　读懂并用好财务报表，助力企业获得经营利润

"在场的老板每个月有阅读财务报表习惯的请举手！"

稀稀拉拉举起的几只手在空中半耷拉着。

这是我每一场中小企业老板线下财务课程都会问的一个问题，每一次举手者比例都不到全体参课人数的 10%。

紧接着我会再追问：为什么不看报表？

"有专业财务人员把关，我放心！"

"看不懂财务报表，太专业了！"

答案多如是。

通过这些答案不难看出，很多企业的老板要么不重视财务报表，要么看不懂财务报表，就更谈不上如何用财务报表助力企业经营了。

作为老板为什么一定要阅读财务报表呢？

阅读财务报表就像查看公司的"体检报告"，它能清楚地反映公司的挣钱能力、花钱情况和整体的财务健康状况。

曹德旺先生在他的自传《心若菩提》中提出，他是一名经营者，是会计让他懂得"如何透过各种数字分析企业的实际经营状况，了解市场的动态和未来的走向"，同时让他掌握了经营的语言。这段话道出了他经营福耀玻璃的成功秘籍之一。

无独有偶，经营之神稻盛和夫先生也提出了"经营者需要的是活生生的数字"的观点。

所以，经营者不仅要阅读财务报表，更要读懂并应用好财务报表。

那么，经营者要阅读哪些财务报表？又如何能快速读懂财务报表呢？

本章从非上市公众公司的视角解读三大基础财务报表（资产负债表、利润表、现金流量表），为报表阅读者提炼出"3 看 4 挖 5 对策"（1 看报表关系，2

看报表结构，3 看报表明细，4 挖掘异常数据背后的业务原因，5 找到解决问题的对策）的高效三步财务报表阅读法，使读者不仅能读懂报表，而且可以自如地应用财务报表提升企业日常管理水平。在此基础上，进一步延伸至日常工作中实用的一些财务报表分析方法，并应用财务方法找到企业利润的提升路径。本章的阅读导引线路为：财务报表基础阅读—财务报表分析方法—通过财务报表找到利润路径。

4.1　财务报表的 4 点基础知识

财务报表是财务部对原始数据进行审核、加工、处理后的企业经营结果的呈现，它有编制的基础条件、使用的会计方法，这些调整变动都可能会影响报表的结果。所以建议在阅读财务报表前了解以下基础知识，以便更客观地了解数据全貌。

4.1.1　清楚财务报表编制主体

只要是在市场监督管理局注册成立的公司，不管当月是否发生业务交易，一般均需要编制会计报表、纳税申报表上交至税务局。也就是说，有法律效力的主体都要编制财务报表，如果是同一集团控股的多家子公司，除了各主体的报表外，集团还需要编制合并报表，通过合并报表了解集团财务全貌。

4.1.2　清楚报表所属期

国际会计准则、国际财务报告准则（International Financial Reporting Standards，IFRS）、我国企业会计准则规定的对外公布的会计报表期一般为 12 个月，即一个完整的会计年度，通常与自然年度保持一致，从每年 1 月 1 日开始到 12 月 31 日结束。不过，企业可以根据自身的经营和管理需要，选择不同的会计年度起始和结束日期。例如，企业可能会选择从每年的 5 月 1 日开始，到次年的 4 月 30 日结束。

4.1.3　掌握报表编制方法

在编制报表过程中，资产负债表、利润表采用权责发生制方法，现金流量表采用收付实现制方法。

所谓权责发生制,就是当月已经确认的销售收入不论款项是否已收,与之对应支出的成本、费用款项是否已付,都列支在当期报表上,真实地反映企业的经营成果。举个例子帮助大家理解:

A 公司是一家生产并销售馒头的企业,每天早上 5 点前将当天生产出来的馒头从工厂配送到城市各角落的早餐小铺子。合同约定不允许退货,当月各早餐小铺子总销售馒头款 100 万元于次月初再行结算。A 公司每月生产馒头用的面粉款 50 万元跟供应商约定 60 天一结算(假设无库存),货车配送费用 10 万元每 30 天一结算,当月支付场地费、员工工资等有 30 万元。A 公司财务部在次月初编制财务报表时,所有的货款还没有收到,对应的成本、费用也没有支付,但根据权责发生制的定义,这些收入与支出都归属当月真实发生的业务,所以全部要入账,最终得出经营利润 10 万元。这 10 万元是本期账上还未收回的利润。当月简易利润表如表 4-1-1 所示。

表 4-1-1　当月简易利润表——权责发生制

单位:万元

项目	金额	备注
各早餐小铺销售馒头应付工厂总收入	100	未回款
公司向供应商采购面粉款	50	未付款
车辆配送费用支出	10	未付款
公司各种运营费用支出	30	未付款
当月盈利	10	此盈利是未收款状态

权责发生制的特点是"真实且完整地反映当月经营情况",这样有利于经营者精准地了解运营的全貌。

所谓收付实现制,是报表所属期间的收入、支出均以实际收到款、付出款作为编制口径。

还是以生产销售馒头的 A 公司为例:

店铺预付保证金 5 万元给 A 公司,同时 A 公司收到上个月部分馒头款 50 万元,支付供应商 30 万元、货车司机 5 万元,公司当月场地费、员工工资等其他支出共 30 万元,那么当月收付实现制下的现金余额为 -10 万元。当月现金流量表如表 4-1-2 所示。

表 4-1-2　当月现金流量表——收付实现制

单位：万元

项目	金额	备注
收店铺保证金	5	
收上月收入款	50	
支付供应商面粉款	30	
支付货车配送费	5	
支付各种费用	30	
现金结余	−10	

收付实现制能够简单直观地反映企业当期的款项收支与结余情况，让经营者清楚地知道"我账上有多少钱可以花"。

通过上面的案例可知，企业账上的资金余额不一定是企业的利润结余，两者并不总会相等。当账上的资金余额大于当期的盈利数额时，多出的部分有可能是收回的以前的货款，也有可能是客户的预付款，或是收到的客户的保证金。当企业要用这部分款项时，应详细地分析与判断合理性，防止出现资金短缺的风险。所以老板只关心公司账上的资金余额而忽略了到底赚钱与否是危险的做法，很有可能存在表面上"你有钱，但你却不能花"的情况。

4.1.4　了解账务核算口径

财务核算口径是指财务部门在做账时采用的具体核算规则、方法。不同核算标准对财务结果影响巨大，若核算方法改变，很有可能完全扭转盈亏结果。下面给大家介绍最常用的"魔术"般影响利润结果的资产折旧方法、费用核算方法。

（1）资产折旧方法

资产折旧方法的选择会影响利润高低：在企业购入的固定资产预计使用期间内，企业会通过计提折旧的方式，逐年逐月分摊这些资产成本。折旧方法有平均年限法（也称直线法）、加速折旧法等。

年限平均法。这是将固定资产的应计提折旧额均衡地分摊到固定资产预计使用寿命内的一种方法。公式如下：

年折旧率 =（1− 预计净残值率）/ 预计使用年限 ×100%

这个方法假定资产的价值均匀地随时间减少，每个会计年度内折旧金额相等，所以每期对利润的影响一样，大部分企业选择此方法进行核算。

加速折旧法。顾名思义，这是在资产使用的前几年内分配更多的折旧费用作为成本费用，这意味着不是按照其预计的使用寿命均匀地分配折旧，而是前期折旧额度大，后期逐渐减小。加速折旧常见方法有两种，即双倍余额递减法、年数总和法。加速折旧法适用于那些预计在使用寿命早期会有更多收益或更快流失价值的资产，例如高科技设备、计算机或者其他快速过时的物品。

双倍余额递减法。这是在不考虑固定资产净残值的情况下，根据每期期初固定资产原价减去累计折旧后的金额（固定资产净值）和双倍的直线法折旧率计算折旧的一种方法。双倍余额递减法的公式：

年折旧率 =2/ 预计使用年限 ×100%

固定资产年折旧额 = 固定资产期初净值 × 年折旧率

=（固定资产原值 – 累计折旧）× 年折旧率

在倒数第二年改为年限平均法。采用双倍余额递减法计提折旧时，除了最后两年，是不需要考虑预计净残值的。

最后两年每年的折旧额 =（固定资产原值 – 预计净残值 – 以前年度累计折旧）/2

案例分析：

假设一个固定资产的原值为 10000 元，预计使用年限为 5 年，预计残值为 1000 元。那么，每年的折旧额可以这样计算：

年折旧率 =2/5×100%=40%

第 1 年：折旧额 =（10000–0）×40%=4000（元）

第 2 年：折旧额 =（10000–4000）×40%=2400（元）

第 3 年：折旧额 =（10000–4000–2400）×40%=1440（元）

从第 4 年起改按年限平均法计提折旧：

第 4 年和第 5 年：折旧额 =（10000–4000–2400–1440–1000）÷2=580（元）

年数总和法。又称年限合计法，是用固定资产原价减去预计净残值的余额乘以变动的年折旧率。年数总和法的公式：

年折旧率 = 尚可使用寿命 / 预计使用寿命的年数总和 ×100%

年折旧额 =（固定资产原价 – 预计净残值）× 年折旧率

案例分析：

假设一个固定资产的原值为 10000 元，预计使用年限为 5 年，预计残值为

1000元。那么，可以按照以下步骤计算每年的折旧额：

如果预计使用年限为5年，那么逐年数字总和就是1+2+3+4+5=15。计算每年的折旧率：

第1年：5/15（因为尚可使用年限为5年）；

第2年：4/15（因为尚可使用年限为4年）；

第3年：3/15（因为尚可使用年限为3年）；

第4年：2/15（因为尚可使用年限为2年）；

第5年：1/15。

使用上述折旧率计算每年的折旧额：

第1年：折旧额=（10000−1000）×（5/15）=3000（元）

第2年：折旧额=（10000−1000）×（4/15）=2400（元）

第3年：折旧额=（10000−1000）×（3/15）=1800（元）

第4年：折旧额=（10000−1000）×（2/15）=1200（元）

第5年：折旧额=（10000−1000）×（1/15）=600（元）

再举一个例子：

现已知生产馒头的A公司有50万元固定资产设备，预计净残值为0，分别用平均年限法和双倍余额递减法计算年折旧额并做比较，见表4-1-3。

表4-1-3　年折旧额对比表　　　　　　　　　　　　　　　单位：元

项目	平均年限法折旧额	双倍余额递减法折旧额
第1年	50000	100000
第2年	50000	80000
第3年	50000	64000
第4年	50000	51200
第5年	50000	40960
第6年	50000	32768
第7年	50000	26214.40
第8年	50000	20971.52
第9年	50000	41943.04
第10年	50000	41943.04

从表4-1-3中可以看出，采用年限平均法提取的折旧对公司各期利润的影响是一样的，而采用双倍余额递减法时，前4年的折旧额明显高于采用平均年限法得出的金额，直接导致公司前期的利润少缴企业所得税，直到第5年折旧开始低于采用平均年限法得出的金额。所以，对报表使用者来说，了解资产折旧核算口径对未来利润额的判断有重要意义。

对于企业经营者来说，选择折旧方法时既要考虑所处行业的特点，也要基于企业的实际运营状况，还要预估未来各期的经营利润大小。在确保选择的方法符合资产特性及行业特点的前提下，亏损企业可能倾向于选用平均年限法，因为这种方法提供了稳定的折旧费用分配。那些前期盈利较多的企业，则可能选择加速折旧法来达到降低早期利润从而少缴企业所得税的目的。需要注意的是，一旦确定了折旧方法，便应遵守其连贯性原则，不宜随意更改。

（2）费用核算方法

工资核算：企业每月工资支出可以采用两种方式核算。实际发放法：工资费用按照当月实际支付给员工的金额入账，这意味着会计记录与现金流出一致。预提法：在发放工资之前，根据预计的工资费用进行预提入账，发放工资时，再调整实际发放额与预提额之间的差额。二者对利润的影响在于，实际发放法将实际费用计入当月利润，无须调整差额，如实反映经营成果，而预提法存在差额调整，这部分差额也是利润影响额。

案例分析：

A设计公司人事部每月8日核算完工资表，15日发放工资，但财务结账时间是每月6日，所以工资采用预提法先入账，等发放时再进行差额调整。6日财务部入账预提工资薪金支出110万元，15日实际发放额为100万元，对3月报表的利润影响额为多计支出10万元。

广告费用核算：广告费用支出也是企业经常发生的项目，账务上可以有两种处理方式。一次性计入法：在广告服务实施的当期一次性计入费用，对当期利润影响较大，但不影响后期利润。受益期均摊法：将广告费用分摊至受益期的每个会计期间，广告费用的核算与其产生的经济利益期间相一致。采用这种方法，费用分摊延伸到未来期间，对各期利润均有影响。

案例分析：

D餐饮公司在1月花费12万元进行了一年期的广告宣传活动。如果采用一次性计入法，公司在1月将全部12万元作为广告费用计入，会导致1月的利润减少 12 万元。如果采用受益期均摊法，公司将 12 万元分摊到未来的 12 个月中，每月计 1 万元的广告费用，这样，1 月的利润减少 1 万元，跟采用一次性计入法利润相差 11 万元，接下来的每个月，利润也会相应减少 1 万元。两种方法到年底对利润的影响是一致的。

除了广告费用外，装修费、维修费等大项费用都是类似的道理。很多企业的财务报表从表面上看是盈利的，但仔细一了解实则不然，因为仓库积压的存货与未收回的应收账款存在着很多的不确定性，会对利润产生一定程度的影响。从谨慎性角度出发，一般会根据实际情况预提坏账准备和存货跌价准备。

坏账准备：企业经营过程中，对于可能无法收回的客户欠款，在会计期间内需要计提坏账准备，以反映应收账款的实际价值。这样做是出于谨慎性原则，避免未来突发坏账对利润的巨大影响。

案例分析：

ABC 公司在会计年度结束时，其账面上显示应收账款总额为 100 万元。经过评估，ABC 公司预测其中有 5% 的应收账款可能无法收回，因此，公司根据谨慎性原则，计提了 5 万元（100 万元的 5%）作为坏账准备。这意味着公司在利润表上将增加 5 万元的费用，相应减少 5 万元利润，并在资产负债表上相应减少 5 万元的应收账款。这样，在未来如果确实有客户未能如期还款，ABC 公司的利润就不会因为突发的坏账支出而受到影响，因为坏账损失已经在之前通过坏账准备得到了体现。

存货跌价准备：如果仓库内的存货可能因滞销、损坏或过时而发生损失，应计提相应的跌价准备。这既符合实际情况，也有助于反映真实利润。

案例分析：

D 电子零件分销公司的仓库内有一批价值 50 万元的智能手机屏幕，由于新型号手机的发布，这些屏幕的可售价格跌至 30 万元。为了反映存货的真实价值并符合谨慎性原则，公司决定对这批存货计提 20 万元的跌价准备。这样，在财务报表上会体现为存货的减值损失，公司当期利润减少了 20 万元，同时，存货价值在资产负债表上也相应地从 50 万元调整为 30 万元。这项计提不仅反映了存货的市场价值变动，而且可以使公司未来的利润不会因为销售这些存货而出现过大波动。

除了以上几类费用外，日常小额费用支出如差旅费、办公费、会议费、快递费等一般都是当月发生当月入账。只有全部费用如实录入，才能确保当月经营数据的真实性、准确性、及时性，报表才具有参考性、指导性。

通过以上的事项分析可以看到，报表的利润结果随时可能受核算方法改变的影响，如同"戏法"般瞬间变脸。所以只有先弄清楚这些规则，再读报表，才能知道报表中的"水分"是还能"挤一挤"，还是已经如实地反映了经营成果，真正做到"心中有数"。

4.2　高效阅读财务报表 3 步法

大部分非专业人员拿到财务报表后，看到上面密密麻麻的数字、横七竖八的表格会感到无所适从。对此，我从多年咨询工作看过上万份报表积累下来的经验中总结出了一套快速且有逻辑的阅读报表 3 步法（即"3 看"）。

"3 看"是指看报表之间的关系、看报表中的结构、看报表中的明细。

"第 1 看"看关系：拿到报表后，先看资产负债表、利润表、现金流量表 3 张表之间的关系，从中找出经营关键信息。

"第 2 看"看结构：看 3 张表内的数据结构是否合理，找到关注重点。

"第 3 看"看明细：看 3 张表内各科目明细金额与管理重点。

假设你拿到了 3 张财务报表（仅展示报表的基本格式）。

第一张：资产负债表（见表 4-2-1）。

表 4-2-1　资产负债表

编制时间：　　　　　　　　　　　　　　　　　　　　　　　　　　　　会企 01 表
编制单位：　　　　　　　　　　　　　　　　　　　　　　　　　　　　　单位：元

资产	期末余额	期初余额	负债和所有者权益（或股东权益）	期末余额	期初余额
流动资产：			流动负债：		
货币资金			短期借款		
交易性金融资产			交易性金融负债		
衍生金融资产			衍生金融负债		
应收票据			应付票据		
应收账款			应付账款		
应收账款融资			预收款项		

续表

资产	期末余额	期初余额	负债和所有者权益（或股东权益）	期末余额	期初余额
预付款项			合同负债		
其他应收款			应付职工薪酬		
存货			应缴税费		
合同资产			其他应付款		
持有待售资产			持有待售负债		
一年内到期的非流动资产			一年内到期的非流动负债		
其他流动资产			其他流动负债		
流动资产合计			流动负债合计		
非流动资产：			非流动负债：		
债权投资			长期借款		
其他债权投资			应付债券		
长期应收款			其中：优先股		
长期股权投资			永续债		
其他权益工具投资			租赁负债		
其他非流动金融资产			长期应付款		
投资性房地产			预计负债		
固定资产			递延收益		
在建工程			递延所得税负债		
生产性生物资产			其他非流动负债		
油气资产			非流动负债合计		
使用权资产			负债合计		
无形资产			所有者权益（或股东权益）：		
开发支出			实收资本（股本）		
商誉			其他权益工具		
长期待摊费用			其中：优先股		
递延所得税资产			永续债		
其他非流动资产			资本公积		
非流动资产合计			减：库存股		
			其他综合收益		

续表

资产	期末余额	期初余额	负债和所有者权益（或股东权益）	期末余额	期初余额
			专项储备		
			盈余公积		
			未分配利润		
			所有者权益（或股东权益）合计		
资产总计			负债和所有者权益（或股东权益）总计		

资产负债表是企业月末、季末、年末某一个具体时点的报表。它表达的意思是当下企业拥有多少资产，这些资产中有多少是外部举债的、有多少是企业股东自有的。核心思想在于资产、负债、所有者权益三者之间的关系，核心公式为：资产 = 负债 + 所有者权益。

第二张：利润表（见表 4-2-2）。

表 4-2-2 利润表

编制时间： 会企 02 表
编制单位： 单位：元

项目名称	本期金额	上期金额
一、营业收入		
减：营业成本		
税金及附加		
销售费用		
管理费用		
研发费用		
财务费用		
其中：利息费用		
利息收入		
加：其他收益		
投资收益（损失以"-"号填列）		
其中：对联营企业和合营企业的投资收益		

续表

项目名称	本期金额	上期金额
以摊余成本计量的金融资产终止确认收益（损失以"-"号填列）		
净敞口套期收益（损失以"-"号填列）		
公允价值变动收益（损失以"-"号填列）		
信用减值损失		
资产减值损失		
资产处置收益（损失以"-"号填列）		
二、营业利润（亏损以"-"号填列）		
加：营业外收入		
减：营业外支出		
三、利润总额（亏损总额以"-"号填列）		
减：所得税费用		
四、净利润（净亏损以"-"号填列）		
（一）持续经营净利润（净亏损以"-"号填列）		
（二）终止经营净利润（净亏损以"-"号填列）		
五、其他综合收益的税后净额		
（一）不能重分类进损益的其他综合收益		
1.重新计量设定受益计划变动额		
2.权益法下不能转损益的其他综合收益		
3.其他权益工具投资公允价值变动		
4.企业自身信用风险公允价值变动		
……		
（二）将重分类进损益的其他综合收益		
1.权益法下可转损益的其他综合收益		
2.其他债权投资公允价值变动		
3.金额资产重分类计入其他综合收益的金额		
4.其他债权投资信用减值准备		
5.现金流量套期储备		
6.外币财务报表折算差额		

续表

项目名称	本期金额	上期金额
……		
六、综合收益总额		
七、每股收益		
（一）基本每股收益		
（二）稀释每股收益		

利润表反映企业一个期间（月度、季度、年度）的经营成果。它表达的总体意思是企业收入、成本、费用全部相抵后赚钱还是亏钱。核心思想是企业赚钱的结构是什么样的，核心公式为：利润 = 收入 – 成本 – 费用。

第三张：现金流量表（见表4-2-3）。

表4-2-3 现金流量表

编制时间：　　　　　　　　　　　　　　　　　　　　　　　会企03表
编制单位：　　　　　　　　　　　　　　　　　　　　　　　单位：元

项目名称	本期金额	本年金额
一、经营活动产生的现金流量：		
销售商品、提供劳务收到的现金		
收到的税费返还		
收到其他与经营活动有关的现金		
经营活动现金流入小计		
购买商品、接受劳务支付的现金		
支付给职工以及为职工支付的现金		
支付的各项税费		
支付其他与经营活动有关的现金		
经营活动现金流出小计		
经营活动产生的现金流量净额		
二、投资活动产生的现金流量：		
收回投资收到的现金		
取得投资收益收到的现金		
处置固定资产、无形资产和其他长期资产收回的现金净额		

续表

项目名称	本期金额	本年金额
处置子公司及其他营业单位收到的现金净额		
收到其他与投资活动有关的现金		
投资活动现金流入小计		
购建固定资产、无形资产和其他长期资产支付的现金		
投资支付的现金		
取得子公司及其他营业单位支付的现金净额		
支付其他与投资活动有关的现金		
投资活动现金流出小计		
投资活动产生的现金流量净额		
三、筹资活动产生的现金流量：		
吸收投资收到的现金		
取得借款收到的现金		
收到其他与筹资活动有关的现金		
筹资活动现金流入小计		
偿还债务支付的现金		
分配股利、利润或偿付利息支付的现金		
支付其他与筹资活动有关的现金		
筹资活动现金流出小计		
筹资活动产生的现金流量净额		
四、汇率变动对现金及现金等价物的影响		
五、现金及现金等价物净增加额		
加：期初现金及现金等价物余额		
六、期末现金及现金等价物余额		

现金流量表反映企业一个期间（月度、季度、年度）总体现金流入与流出情况。它表达的总体意思是企业有没有足够的现金流进行运营，以及企业是通过自身的经营活动、投资活动还是融资活动来获取资金；核心思想是追踪资金的来源和去向，即资金是如何被获取和使用的，核心公式为：企业有没有钱

花 = 经营是否剩钱 + 投资是否赚钱 + 是否对外借钱。

当你拿到这 3 张财务报表后，建议先看利润表。这 3 张表可以按以下方式阅读。

4.2.1 看关系

利润表直观地反映企业经营成果，表明了企业正式运营后由销售引起的整体资产、负债、利润、现金流入流出的变化。利润表不仅与资产负债表、现金流量表有着密切的关系，也影响着后两者之间的关系。

首先，看利润表当期赚钱或亏损的金额是否与资产负债表右下方的"未分配利润"期末与期初的差额相等（在不考虑其他因素的情况下）；其次，关注企业当期赚的钱到哪里去了，是体现在资产负债表左上方客户新增的欠款，还是已经收回计入银行账户上的资金余额，抑或是已经快速变成新增的资产进入运营中……

除了关心是否赚钱、钱在哪里，还要关心现在有多少钱。现金流量表中的当期现金及现金等价物净增加额应等于资产负债表期末现金及现金等价物期末余额减去期初余额，即现有账上的"真金白银"数。

赚的钱在哪里（资产负债表）= 左上方新增货款资金 + 客户新欠款 + 直接拿去购入资产 / 存货 + 内外部借款（这几项是经营中的主要去向）

当期收到的与销售有关的回款（3 张表结合）= 现金流量表当期直接回款的含税销售款 +（客户开具的商业或银行承兑汇票期初余额 – 期末账面余额 – 本期已贴现票据）+（客户欠款期初数 – 期末账面余额）+（预收客户款期末余额 – 期初账面余额）+ 收回核销的坏账 – 非现金抵账

3 张表的关系如图 4-2-1 所示。

第2部分 / 财税升级篇——助力企业提升经营效率

资产负债表

项目	期末金额	期初金额	项目	期末金额	期初金额
应收账款					
			短期负债		
			长期负债		
			负债小计		
			实收资本		
			未分配利润		
			所有者权益		
资产总额			负债和所有者权益		

当期收入新增欠款=当期销售额-当月已收款

在没有调账的前提下，当月净利润=未分配利润期末数-期初数

利润表

项目	本期金额
收入	
成本	
费用	
净利润	

当期已收款=总收款-收回以前欠款-预收货款

本月赚多少钱

现金流量表

项目	本期
一、经营活动产生的现金流量	
销售商品、提供劳务收到的现金	
经营活动现金流入小计	
经营活动现金流出小计	
经营活动产生的现金流量净额	
二、投资活动产生的现金流量:	
投资活动现金流入小计	
投资活动现金流出小计	
投资活动产生的现金流量净额	
三、筹资活动产生的现金流量:	
筹资活动现金流入小计	
筹资活动现金流出小计	
筹资活动产生的现金流量净额	
四、汇率变动对现金及现金等价物的影响	
五、现金及现金等价物净增加额	
加: 期初现金及现金等价物余额	
六、期末现金及现金等价物余额	

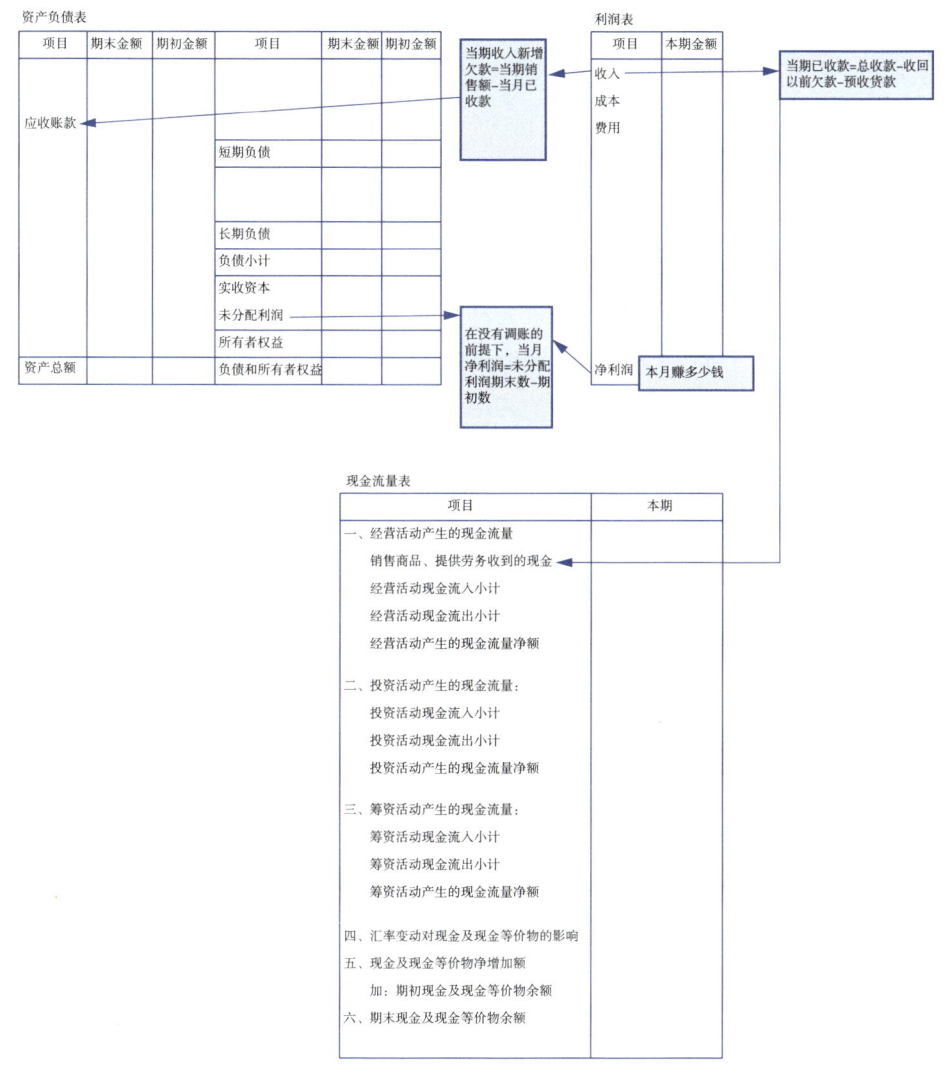

图 4-2-1　3 张表的关系

这 3 张表从逻辑上理清了经营成果与资金、资产之间的关系，抓住主要核心思想，且可以相互验证数据的准确性。

4.2.2　看结构

(1) 利润表

利润表的结构呈上、中、下分布。核心公式为：利润＝收入－成本－费用。表上方为收入与毛利；中间是三大费用、对外投资收益与日常经营中可能产生

的一些损失，如预估收不回来的欠款预提或已经真实发生的坏账、仓库存货损失或根据行业特性预估计提的损失（非上市公司根据企业管理需求而定）及处理固定资产的损失；下方是经营结果净利润。

利润表阅读的重点：上看当期收入达成率、毛利率是否符合行业特性与公司预期；中间看费用占比是否控制在目标值内；下看净利润是否达到预期，净利润率是否达到行业总体平均水平。

此外，要特别关注表中与经营不直接相关的营业外收支，比如收到政府的补贴款、卖废品款，以及市场监督管理局、税务局、海关等政府部门相关罚款支出金额的必要性、合理性，并且要追究原因，落实到责任人并采取相关管理措施。

利润表中的3个重要指标是企业健康方向标，分别是毛利率（标准利润表格式没有毛利率这一栏，在实际工作中我会在报表上新增一行）、费用率、利润率。健康、可持续发展的企业一定有相对稳定、合理的毛利率，愿意对未来投入的费用率，符合股东回报诉求、逐步积累支撑企业做大的利润率。

毛利率的高低代表企业"有没有钱花"，决定了企业费用支出空间的大小。行业不同，毛利率差别也比较大，比如高精特新（指从事高附加值的创新技术、高端产品或高质量服务的企业）等科技含量较高企业的毛利率远在40%之上（科技行业、生物医药行业、新能源行业会更高些），但传统制造业企业的毛利率大多低于40%，如果是代工型企业，毛利率甚至低至10%以下。

费用率是双重矛盾体，不能不花，也不能花太多，所以合理的费用控制是核心难点。什么费用是合理支出，与行业特性、企业运营模式、创始人的管理风格有关。

如果企业是B端业务模式，那么发生的费用种类相对简单，一般是些常见的差旅费、办公费、维修费等普通类目。但如果是C端业务，为了扩大品牌知名度，除了日常运营费用，还会有广告费、超市堆头费等支出，而广告支出这类费用并不见得必有回报。另外，管理风格也会影响费用支出大小，对于精简务实的创业者，所有支出都围绕"实用主义"，把"钱花到刀刃上"，反之，则可能有一些"花里胡哨"的面子工程支出，导致更高的费用。

所以，费用支出与费用监控要做到规范，这就要求公司建立费用管控体系，即建立一套预算管理模式（用预算做管理，将实际支出与预算做对比），在执行过程中要跟进评估、对比、反馈，同时尽可能杜绝各部门随意的支付请求，事后要评估费用支出是否达到效果。

比如 A 公司计划聘请一位年薪 60 万元的品牌总监，人事部需在年底将此岗位纳入人员预算编制，并与领导沟通，明确其职责。同时，市场部需要编制品牌广告与部门费用预算，年度预算额总计 560 万元（品牌总监归属市场部，预算中含品牌总监薪酬）。在执行过程中，市场部还要构建品牌投入产出评估反馈体系，用于评估费用投入产出比效益。这可以从四个角度进行评估管控：通过市场调研或问卷了解消费者对品牌的记忆情况，以此来判断品牌知名度；分析销售、收入增长率及利润率等数据来衡量广告回报；监测市场份额变化来评估广告效果；计算广告费用与收益的比率，判断投资回报率。

合理的**利润率**一是保证股东得到应有的回报，二是持续积累企业后续发展所需的资本，三是给予团队信心并实现利益共享。

利润率多少是合理呢？以我 2024 年之前所服务过企业的实际情况作为参考：传统行业利润率在 3%～10%，高科技类企业利润率在 15%～30%。

利润指标是企业发展的核心，一家企业要想长期经营下去必须要有利润与现金流作支撑，所以企业应该倡导一种"人人都是利润创造者"的理念，即每个员工都通过增加收入或是控制成本的方式参与创造利润。前端市场和销售部门应专注于扩大收入来源，推动收入增长的同时控制费用支出；后端的运营或服务部门应致力于提供高效服务，压缩开支，控制成本。通过前后端的共同努力，实现利润的最大化。

简化的利润表结构如表 4-2-4 所示。

表 4-2-4　简化的利润表结构

项目名称	单位
收入与成本	元
毛利率	%
费用与损失	元
费用率	%
利润额	元
利润率	%

利润表结构拆分如表4-2-5所示。

表4-2-5 利润表结构拆分

单位：元

	项目名称	本期金额
上	一、营业收入	关注销售达成率 关注毛利能否支撑费用支出
	减：营业成本	
	毛利额	
中	税金及附加	关注费用有没有花在刀刃上
	销售费用	
	管理费用	
	研发费用	
	财务费用	
	加：其他收益	
	投资收益（损失以"-"号填列）	关注产生损失的原因与责任人
	公允价值变动收益（损失以"-"号填列）	
	信用减值损失	
	资产减值损失	
	资产处置收益（损失以"-"号填列）	
下	二、营业利润（亏损以"-"号填列）	关注赚钱的能力
	加：营业外收入	
	减：营业外支出	
	三、利润总额（亏损总额以"-"号填列）	
	减：所得税费用	
	四、净利润（净亏损以"-"号填列）	

（2）资产负债表

对利润表的赚钱结构了解完毕，接下来关心资产结构。资产负债表是T字形结构，分为左右、上下结构（见表4-2-6）。

表 4-2-6　资产负债表

单位：元

资产	期末余额	期初余额	负债和所有者权益（或股东权益）	期末余额	期初余额
流动资产：			流动负债：		
货币资金			短期借款		
交易性金融资产			交易性金融负债		
衍生金融资产			衍生金融负债		
应收票据			应付票据		
应收账款			应付账款		
应收账款融资			预收款项		
预付款项			合同负债		
其他应收款			应付职工薪酬		
存货			应缴税费		
合同资产			其他应付款		
持有待售资产			持有待售负债		
一年内到期的非流动资产			一年内到期的非流动负债		
其他流动资产			其他流动负债		
			流动负债合计		
			非流动负债：		
流动资产合计			长期借款		
非流动资产：			应付债券		
债权投资			租赁负债		
其他债权投资			长期应付款		
长期应收款			长期应付职工薪酬		
长期股权投资			预计负债		
其他权益工具投资			递延收益		
其他非流动金融资产			递延所得税负债		
投资性房地产			其他非流动负债		

续表

资产	期末余额	期初余额	负债和所有者权益（或股东权益）	期末余额	期初余额
固定资产			非流动负债合计		
在建工程			负债合计		
生产性生物资产			所有者权益（或股东权益）：		
油气资产			实收资本（或股本）		
使用权资产			其他权益工具		
无形资产			资本公积		
开发支出			减：库存股		
商誉			其他综合收益		
长期待摊费用			专项储备		
递延所得税资产			盈余公积		
其他非流动资产			未分配利润		
非流动资产合计			所有者权益（或股东权益）合计		
资产总计			负债和所有者权益（或股东权益）总计		

左边为"左下"，右边为"右上"和"右下"。

左右结构对应的黄金公式：左边资产 = 右上方负债 + 右下方所有者权益。

左边总资产额由右边3部分组成——短期负债、长期负债、所有者权益。第一部分是报表右上方短期负债，即向银行贷入的一年期借款、预收客户的货款、未付供应商的货款、向其他人借入的资金等外部资金；第二部分是长期负债，即一年期以上的银行借款；第三部分是公司成立时股东投入的原始资本金及公司成立后累积的利润等。

资产负债表左右结构关注两个重要指标：资产负债率、流动比率。

在看资产负债表时，首要关注公司整体负债安全性，因为这反映了公司利用外债经营的程度。对于大多数企业，资产负债率维持在50%以下是相对健康的财务标准，能确保债务水平处于可控状态。然而，某些行业，如早期的房地产行业通常会有更高的负债率。

资产负债率的适宜水平应考虑行业惯例、企业规模、资金需求、市场状况以及企业的发展阶段。例如，成长期的企业可能会为了扩张而采取更高的负债率，而成熟期的企业则可能更注重降低负债率以稳定经营。

除了资产负债率，流动比率即流动资产与流动负债之间的平衡同样关键，这能够反映企业是否有足够的流动资产来覆盖短期内到期的债务。流动比率低于1，代表企业的流动资产不足以清偿所有的流动负债，即企业可能无法按时偿还短期内到期的债务。这一比率的适宜值也会根据不同行业和企业的具体状况有所变化。

资产负债表的上下结构按其资产变现快慢、负债时间短长排序：报表左边资产额按资产变现快慢排序，即企业缺钱时能最快变成现金的资产排在最前面，如现金、银行存款，之后是股票、债券、基金等可以快速出售的交易性金融资产，之后是客户应还的货款即银行汇票的承兑或转账回款，之后是预付给供应商的货款、内部员工借款或外部往来借款、可变卖的仓库货物等。以上这些都是一年内可变现的流动资产；接下来是一年以上的资产，如对外的债权投资、长期投资、企业的固定资产投入、已经预先支付需要在未来几个会计期间内分摊的大额费用支出等。

对于报表左边的资产，应该辨别哪些是优质资产并加以应用，以提升获利能力。对于银行里的存款，要在保证安全的前提下找到更多方法提高理财收益率；对于呆滞资产，需要加速处置防止损失，如加紧客户欠款的催讨、跟踪仓库呆滞存货的处置等。总之，要让资产带来收益。

报表右上方的短期负债中分别是欠银行的短期借款、欠供应商的货款、预收客户的货款、还没有付给员工的工资、应交还没交的税金、向股东等借入的款项等一年内到期的债务。在短期负债中，绝对不能拖欠的款项是员工的工资、银行的贷款、应上缴国家的税金，因为这些一旦没有在规定的时间内支付，可能会面临企业被员工投诉、企业失信、企业被税务局列入欠税黑名单的风险，严重影响企业后续的经营。

报表右下方的所有者权益，主要是企业到资的资本金、提取的发展基金、多年经营积累的利润等。这个部分主要关注公司的利润变动情况及是否触及公司章程规定的分红条件。

（3）现金流量表

了解完资产负债表结构，接下来了解现金流量表结构。

现金流量表分为上、中、下结构，分为经营、投资、筹资三大部分，反映企业资金收支结余情况（见表4-2-7）。经营活动部分是现金流量表的关键，反映了企业通过日常业务赚取现金的能力，目标是保持强健的现金流，确保公司运营自给自足并有盈余的资金用于发展。投资活动的目标是追求至少与市场平均水平相当的投资回报，同时保持稳健的分红记录。筹资活动涉及企业资金的融通，目标是在企业需要资金时能够以较低成本获取所需款项来弥补资金缺口，维持财务的灵活性和稳定性。

表4-2-7 现金流量表

单位：元

项目名称	本期金额
一、经营活动产生的现金流量	
销售商品、提供劳务收到的现金	主营收支情况
收到的税费返还	
收到其他与经营活动有关的现金	
经营活动现金流入小计	
购买商品、接受劳务支付的现金	
支付给职工以及为职工支付的现金	
支付的各项税费	
支付其他与经营活动有关的现金	
经营活动现金流出小计	
经营活动产生的现金流量净额	企业能否养活自己
二、投资活动产生的现金流量：	
收回投资收到的现金	投资收付情况
取得投资收益收到的现金	
处置固定资产、无形资产和其他长期资产收回的现金净额	
处置子公司及其他营业单位收到的现金净额	
收到其他与投资活动有关的现金	
投资活动现金流入小计	
购建固定资产、无形资产和其他长期资产支付的现金	

续表

项目名称	本期金额
投资支付的现金	投资收付情况
取得子公司及其他营业单位支付的现金净额	
支付其他与投资活动有关的现金	
投资活动现金流出小计	
投资活动产生的现金流量净额	企业缩小还是扩大投资
三、筹资活动产生的现金流量：	
吸收投资收到的现金	筹资收付情况
取得借款收到的现金	
收到其他与筹资活动有关的现金	
筹资活动现金流入小计	
偿还债务支付的现金	
分配股利、利润或偿付利息支付的现金	
支付其他与筹资活动有关的现金	
筹资活动现金流出小计	
筹资活动产生的现金流量净额	融资还是还钱
四、汇率变动对现金及现金等价物的影响	
五、现金及现金等价物净增加额	
加：期初现金及现金等价物余额	
六、期末现金及现金等价物余额	账上是否有钱花

报表上方反映主营业务销售回款和各种采购成本、费用、税金等各项运营支出明细，收入与费用相抵后的经营净现金余额结果可能出现平衡、结余、收不抵支3种情况。

现金流出现哪种结果，一方面跟企业所处行业有一定关系，因为很多行业形成了自己的交易特点，比如食品类企业一般是客户先转款企业再发货，所以食品类企业账上资金充足，日子过得很是滋润；但建筑工程类企业就没有这么惬意了，因为它们大部分需要先垫资开工，然后每个月根据工程进度开发票与业主结算，而且款项还不一定按期到账……可以说企业选择了什么行业，基本就决定了"日子"是否好过。另一方面跟企业所处阶段有关系，比如初创期的企业支出大于收入是正常现象，而发展中的企业收入大于支出更符合健康增长的逻辑。

另外，就是企业本身对业务模式、财务管控、商务谈判等方面是否精心设计过、是否具备一定的优势让自己保有话语权，比如能否在"买入原料采购付款"和"卖出产成品收款"两端款项结算条款上分别占有优势。

报表中间反映的是企业对外投资变动、资产处置情况，这些业务不一定每月都会发生。这一部分主要评估对外投资的必要性、投资过程的法律合规性以及资产处置的合理性。若展示的资金为正数，则表明企业的对外投资带来了良好回报，或者正在实施紧缩策略以回收投资和变卖资产；为负数则可能表明企业正在进行资本扩张和投资。这些活动的细节要跟利润表上显示的盈利情况相结合。理想情况下，企业应在实现盈利后考虑规模扩张或进一步对外投资，以保持逻辑上的连贯性。

报表下方的筹资事项反映企业向外融资的渠道能力与到期偿还债务的压力。如果筹资活动的净额是正数，表明企业正在通过借新债务来筹集资金，处在对外融资阶段；如果筹资活动的净额是负数，则说明企业正在偿还债务、进行股利分配或支付利息。此部分可以用来评估企业吸引投资者和进行银行融资的能力，并监控企业未来的盈利水平是否足以覆盖利息开支和本金偿还，确保企业不会落入一种借新债偿旧债的财务困境。

通过审视 3 张主要财务报表的结构，能够清楚地把握企业经营活动之间的相互关系及其组成的关键信息。为了深入了解这些信息，需要详细查阅报表中各个科目的具体明细，并识别需要重点关注的部分。如果拿到的是书面报表，建议在分析时用笔在报表上圈出有疑问的数据，这样可以更有针对性地查找原因。

4.2.3 看明细

（1）资产负债表左边的各科目重点关注事项

关注"交易性金融资产"的安全性：本科目主要核算企业以获取短期资本利益为目的而持有的股票、债券、外汇、商品期货和期权等金融资产。这些资产是为了短期买卖、交易或转让而购买的，以赚取短期内的买卖价差、利息或获得资本增值等利益。为了避免损失且能从交易中获利，需要及时了解各种市场动态、政策变化、经济数据等信息，以便作出更明智的投资决策。此外，要关注买卖时机、仓位控制、止损策略等，以确保风险管理和交易目标的实现。这些操作对专业度的要求比较高，需要有较丰富的金融知识。

关注"衍生金融资产"的风险性：本科目主要核算期货、期权等约定未来特定时间、特定价格买进或卖出的事项，这类交易的特点是利用一定的金额放大杠杆效应，存在大好大坏的不确定性，所以要控制好杠杆比例，合理配置资金，以平衡获利与风险之间的关系。要了解交易规则和风险披露要求，建立多样化的投资组合并充分了解该产品的特点、定价机制、交易规则，确保风险可控、利益最大化。

关注"应收票据"的到期时间与占用比例：本科目核算企业销售产品或提供服务后非现金收回的客户从银行开出的承兑汇票或自行开出的商业汇票结算形式。银行承兑汇票有银行做背书，到期支付安全性高，商业汇票完全是企业的一种商业信用，票据到期需要企业有资金才能兑现，存在较大的不确定性。银行汇票和商业汇票都可以流转背书，流转过程中要注意手续的合法性与款项的安全性及成本的合理性，接到票据时，一要验证票据的真假，二要对比票据贴现的贴息成本，计算提前贴现拿到款而损失的金额，判断是否划算。此外，要关注每一张票据的金额和到期日，最重要的是跟进评估客户经营情况，以防出现票据到期兑现不了的风险。

关注客户欠款的"应收账款"的合理性：本科目主要核算产品销售产生的客户欠款、回款相抵后的欠款余额情况。要关注当月有没有异常的大额增减、有没有产生欠款逾期不还的现象、欠款信用是否已经超过规定额度等，这些要结合"应收账款明细表"分析得到。

关注"预付款项"金额合理性：本科目核算提前支付给供应商的款项。要关注销售的应收账款和与之对应的采购预付账款之间是否匹配、提前支付给供应商的款项是否符合合同规定、有没有出现采购部人为提前支付款项行为，这些可以通过合同、支付明细表抽查核对。

关注"其他应收款"借款金额是否过大：本科目核算员工因工作需要出差借款或者日常工作周转必需的备用金及公司因经营需要向外部单位租房、租设备等产生的租赁押金等。要关注是否存在资金被挪作他用的可能，比如是否出现股东或者经营者从公司转款的现象；是否产生欠款到期未追回。这些可以结合"其他应收款"明细表进行分析。

关注仓库"存货"是否异常：本科目一般包含原物料和半成品、产成品。要关注这些货品是否产生临期品或呆滞品、仓库是否有退货未办理入库、是否存在已销售未发货的寄仓现象。本科目结合"存货明细表"具体分析。

关注"合同资产"的价值合理性：本科目核算企业一项契约或合同所涉及的具体资产或权益。合同资产可以是实物资产，如土地、建筑物、设备等，也可以是金融资产，如股票、债券、应收款等。举个例子，企业与一家客户签订了一份销售合同，合同规定客户要向企业支付一定金额的货款，那么这笔货款就是合同资产。再比如，在建筑工程合同中，已完成但尚未得到业主确认的工程进度款可归类为合同资产；在基础设施项目中，根据合同约定未来可收取的维护费用也属于合同资产；在服务合同中，已提供服务但尚未结算的款项同样构成合同资产。本科目要特别注意风险管理，如债务违约、市场变化、法律风险等，合作前要特别注意进行尽职调查并仔细审查合同条款。

关注"持有待售资产"的分类合理性：本科目核算明确计划在短期内出售的资产，比如一年内要出售的设备。需要关注待售资产的详细信息，包括其性质、金额、估计的可出售净收益、出售计划和预计的出售时间等。

关注"债权投资"产生的固定利息收入是否计提：本科目核算企业购买债券或其他类似金融工具，期望以定期收取债券利息或到期收回本金的方式获取固定回报的投资行为。要特别关注债务人的信用风险与偿债能力。

关注"长期应收款"的还款情况：本科目核算企业超过一年的客户欠款或其他金融债权，要特别关注债务人的偿还能力及到期时间。

关注"长期股权投资"所投主体的财务盈亏状况：本科目核算（这里仅指非上市公司）对其他公司的股权投资情况，通过不同投资比例相应获得控制权、重大影响权或共同控制权，这个比例一般以20%作为参考值，并结合是否可以对其被投资企业的经营和财务决策产生控制或重大影响，综合判断是否具有控制权。如果不具有控制权，则采用成本法核算，企业一般无须合并财务报表。成本法核算的要点是实际收到被投资企业分红现金或具备这个权力时才会反映投资收益，而如果具备控制权，则采用权益法核算，同时需要合并报表，并计提企业投资收益，定期评估被投资企业的减值损失，比较客观全面地反映被投资企业情况。

关注"固定资产"的变动情况：固定资产一般是指使用年限一年以上的房

屋建筑物、机器设备、交通工具、技术设备和通信设备等。要具体关注固定资产采用的折旧方法、资产闲置、报废、出售、转移等合理性。

关注"在建工程"的完工进度是否已达到转入固定资产程度：本科目核算正在进行尚未完工的建筑项目。要关注在建总金额、未付金额与预计工程完工时间及已完工未转入固定资产的情况。

关注"生产性生物资产"的生命周期：本科目核算农业、林业和渔业产品的生物资产，比如果树、木材林、鱼池养殖等，它们经过一段时间的生长、养殖或培育后均可以产出产品对外销售。需要关注不同阶段的自然灾害、疾病管理及成本归属的核算情况。

关注"使用权资产"的使用权有效期限：本科目核算企业在特定合同或法律框架下被授予使用权的资产，比如农作物、果树、花卉、森林资源、渔业资源以及饲养的动物等。要关注支付的租金金额与到期期限。

关注"无形资产"的有效期限：本科目一般包括但不限于专利、商标、版权、商誉、软件、域名等。企业应确保必要的专利、商标、版权等知识产权的注册、保护措施及有效期限，且按规定每期摊销相关费用。

关注"开发支出"的投入比例与归属的准确性：本科目是根据"研发支出——资本化支出"科目期末的借方余额直接填列的。这个科目主要反映企业正在进行中的开发项目所产生的支出中符合资本化条件的部分。为了详细核算研发支出，企业应在"研发支出"科目下设置"费用化支出"和"资本化支出"两个二级科目。其中，"费用化支出"明细账期末无余额，余额结转至"管理费用"；只有"资本化支出"明细账有期末借方余额，即"开发支出"反映的是本期和前期发生的未结转至无形资产的研发费用中的资本化支出部分。例如，一家科技公司投入 100 万元用于一项新技术的研究和开发，其中，研究阶段花费 30 万元，这 30 万元直接计入管理费用；开发阶段花费 70 万元，这 70 万元符合资本化条件，先记入"研发支出——资本化支出"，然后在报表中转入"开发支出"。如果后续该开发项目完成，达到预定可使用状态，就从"开发支出"转入"无形资产"。除了关注开发支出的投入比例，更要注意对知识产权的保护，还要注意区分费用支出与研发支出的归属边界。

关注"商誉"金额的合理性：本科目核算企业在商业交易中以超过其净资产价值购买其他企业时的溢价部分。一般被购买企业因为有较好的品牌声誉、产品创新能力而得到相应的溢价。比如 B 企业是一家有着 20 年历史的知名啤酒生产销售企业，被收购当月净资产是 5000 万元，A 企业是一家生产红酒的企业，为了拓宽品类，以 6000 万元购买了 B 企业，则 1000 万元的溢价部分就是商誉。

关注"长期待摊费用"的金额大小与分摊年限：本科目核算企业为了长期经济利益而发生的费用，常见的有专利费、广告费、研发费、培训费等，这些费用的分摊年限根据各自不同的情况而定，比如软件的寿命大约 5 年，那么分摊期限可以以 5 年计。

关注"递延所得税资产"金额大小：本科目反映企业资产、负债的账面价值与其计税基础存在差异，导致未来期间可减少应纳税所得额，从而减少未来纳税义务。比如：A 公司是一家高新技术企业，会计利润为 100 万元，所得税率为 15%，当年 12 月购入一台抽油设备，价值 500 万元，技术部认为次年设备会跌价到 400 万元左右，于是财务部计提了 50 万元的跌价准备。当年真正应该向税务缴纳的企业所得税为（100 万元利润 +50 万元跌价准备）× 15% 的 22.5 万元，而按会计利润 100 万元的口径缴纳 15% 所得税额为 15 万元，22.5 万元与 15 万元的差额 7.5 万元就是未来可抵减的递延所得税资产。

（2）资产负债表右边的各科目关注事项

关注"短期借款"银行一年期贷款的到期日与偿还金额、付息额及支付日，防止产生利息拖欠的现象。

关注"交易性金融负债"市场风险与利率风险：本科目核算企业承担的以交易为目的，通过买卖或交易等方式形成的短期金融负债，比如短期融资券；企业基于风险管理策略进行的金融衍生工具交易，比如期货合约、期权合约、远期合约等。这些是企业资金管理和投资策略的一部分。要动态关注还债过程中的市场风险与利率风险。

关注"衍生金融负债"的价值变动和风险管理策略：本科目核算远期合约、商品期货等，如交易双方约定在特定时间以特定价格购买（卖）大豆、黄金等资产的合约。衍生金融负债的特点是其价值会随着股票价格、利率、汇率、商品价格等因素的变化而变动。为有效管理风险，企业应制定并执行严谨的风险管理策略，如通过风险对冲工具降低风险敞口，为重要的衍生金融负债交易设置合理的止损点，以及建立实时监控机制，及时跟踪市场动态并作出相应调整。

关注"应付票据"的到期金额、需要支付的利息和到期时间：本科目核算企业在购买货物、接受服务等经营活动中签发并承兑的商业汇票，如银行承兑汇票和商业承兑汇票。企业要做好资金的规划与管理，确保有足够的资金按时兑付，防止出现到期无法兑付的风险。

关注"应付账款"的支付金额与支付日期：本科目核算向供应商购入货物应支付的款项，用好供应商账期是企业免息融资的一种方式，但也要管理好企业到期支付的信用。

关注"预收款项"是否存在已经发货但未确认销售的现象：本科目核算企业向客户预收的货款金额，该金额越大，越有利于企业的资金应用，但要特别管理好实际已经发货但未确认收入的税收风险。

关注"合同负债"在约定日期内应支付的金额：本科目核算企业与他人或其他组织签订的合同中，承诺在未来特定时间点或特定条件下履行的义务。比如销售合同负债，企业与客户签订销售合同，按约交付产品或提供服务，并在约定期限内收取相应的款项，在交付产品或服务之前，所收取的款项构成合同负债；再如租赁合同负债，企业作为承租人签订租赁合同，负有在租赁期内支付租金和履行其他相关义务的责任，在租赁开始日至支付租金期间，未支付的租金构成合同负债；又如劳动合同负债，企业与员工签订劳动合同，约定了薪酬支付和劳动关系中的相关义务，在员工提供劳动服务但尚未向员工支付薪酬期间，应支付的薪酬构成合同负债。

关注"应付职工薪酬"的员工社会保险的合法合规和个人所得税的代扣代缴履行义务：本科目核算企业支付给员工的工资、奖金、津贴和补贴、职工福利费、社会保险费、住房公积金、工会经费和职工教育经费、非货币性福利、因解除与职工的劳动关系给予的补偿等。特别要防止高管高薪酬的个人所得税代扣代缴不合规的情况。

关注"应缴税费"金额及公司实际累计税负率与同行业相比是否合理：本科目核算企业按照税法等规定计算缴纳的各种税费。

关注"其他应付款"金额的合理性及到期支付时间：本科目核算企业除应付账款、预收款项、应缴税费等，与日常经营活动有关的其他各项应付、暂收的款项，例如房租租金、物业管理费、各类设备维修费、财产保险费、广告宣传费等。企业需密切关注此类款项应支付的时间，以确保资金安排的合理性和及时性。

关注"持有待售负债"充分披露信息的完整性：本科目核算企业将在一年内出售的且符合持有待售条件的债务。比如拟出售的欠供应商的货款、拟出售的其他与货款无关的各种应付款等。企业进行此类债务的处置，目的通常是优化资产负债结构，改善公司财务状况。

关注"长期借款"的还款计划：本科目核算企业借入的期限在一年以上（不含一年）的各项借款，通常涵盖厂房建设贷款、大型项目开发贷款等非日常经营活动所需的资金。企业务必警惕"长贷短用"的风险，避免将长期贷款运用于日常经营，以防产生高额利息支出和沉重的还款压力，进而影响企业的资金流和财务稳定性。

关注"应付债券"的本金和利息偿还到期日：本科目核算企业或政府对外融资发行的债券，到期需要偿还的面值和利息。企业发行的债券会受到第三方金融机构的评级影响，评级越低，通常意味着企业的偿债能力越弱、违约风险越高，从而导致债务风险越高。因此，企业平时需要注重做好自身信用风险管理。

关注"租赁负债"租金到期支付时间：本科目核算企业租赁资产而产生的应付款义务，比如租赁房屋、机器设备、车辆等而产生的应付租金。

关注"长期应付款"的偿还金额与到期时间：本科目核算除了"长期借款""应付债券"的其他长期借款，比如采用分期付款方式购入的固定资产和无形资产、采用补偿贸易方式引进国外设备发生的应付款项等。要注意到期时间与应还款金额。

关注"预计负债"涉及的项目数量：本科目核算因为过去的一些交易事项而可能产生的潜在或现在的义务。比如未决诉讼、债务担保、产品质量保证等，这些事项可能会带来较大的支出赔偿金额，要注意评估企业的风险大小。

关注"递延收益"的金额大小：本科目核算企业尚待确认的、在未来期间计入损益的政府补助等收益，一般为政府支付给企业的特定用途补助款。例如，政府拨付给企业与资产相关的补助款，应当在相关资产使用寿命内按照合理、系统的方法分期计入损益；与收益相关的补助款，用于补偿企业以后期间的相关成本费用或损失的，确认为递延收益，并在确认相关成本费用或损失的期间，计入当期损益或冲减相关成本。

关注"递延所得税负债"的金额合理性：本科目核算由于会计上资产、负债的账面价值与税法规定的计税基础不一致，当前期间会计利润计算的应纳税所得额小于税法规定的应纳税所得额，从而导致当前期间需要缴纳的所得税比实际应纳税额少而产生的一种负债。比如企业在会计上计提了3000元的广告费，但税法上当年允许扣除的费用是1000元，企业多列支的2000元应该在未来2

年分别列支，由此带来的递延所得税负债额为（3000-1000）×25%=500元。

关注"实收资本（或股本）"是否已经按照章程规定到资：本科目核算股东或投资人实际投入企业的资本金。如果经营过程中涉及资本金的增资、减资，要做好股东会决议、章程等相关手续的办理，并根据需要到市场监督管理局做好实际到资的备案。

关注"资本公积"的金额大小：本科目核算企业收到投资人出资额超出其在注册资本或股本中所占份额的部分。常见的形成资本公积的情况包括投资人投入资本的溢价、可转换债券转换成股票、以权益结算的股份支付、资产重估增值等。需要注意的是，资本公积属于股东共有的权益，符合条件的资本公积可以转增资本。

关注"专项储备"是否足额提取备用：本科目核算高危行业企业按照规定提取的安全生产费等专项费用。企业应严格按照相关法规和财务制度的要求，足额提取专项储备，并确保其用于规定的安全生产等方面的支出，同时接受相关部门的监管和审查。

关注"盈余公积"提取是否符合公司法要求：本科目核算企业从税后利润中提取10%的法定盈余公积，当提取金额达到注册资本的50%时可以不再提取，余下的任意提取比例由企业根据需要自行决定。企业提取预留的盈余公积后续可以用于扩大生产或者弥补亏损、转增资本，起到了"未雨绸缪、留有余地"的作用。

关注"未分配利润"是盈利或亏损，是否如实反映公司经营结果：本科目核算企业自开业以来累计实现的净利润经过利润分配后留存的部分，包括历年累计的盈利或亏损。如果企业盈利，未分配利润数额通常为正数；如果企业出现亏损，该数据则可能为负数。在分析企业的未分配利润时，要留意其与行业现状、企业经营年限以及经营策略等方面的匹配逻辑。例如，一家成立了10年的企业累计亏损500万元，就需要深入探究其原因，是行业特性导致、经营策略失误，还是存在其他特殊情况？当然，也不排除企业确实因经营不善而真实亏损的可能。

（3）利润表各科目明细重点关注事项

关注销售收入是增长还是下降：可从"销售分析表"展开，结合不同维度（分区域、分产品、分渠道等）得到更具体的明细信息。

关注销售成本的变动情况：如果是制造业，成本分为原辅物料、包装物等采购成本及生产端直接人员工资、制造费用等。需要深入挖掘采购成本的区间价格变化、生产费用的高低合理性，从价格差异、生产用量超耗等方面找到成本下降空间。

关注毛利率增减变动情况：对比毛利率是否符合行业特性（每个行业都有特定的毛利率）。可以结合"产品别毛利率表""地区别毛利率表""客户别毛利率表"寻找毛利的提升空间。

关注费用变动情况与费用明细构成情况：费用分固定费用和变动费用。固定费用指的是那些与销售额无关的开支，比如租金、社会保险和医疗保障等，这些费用在业务初期一旦确定，后期通常不会有大的波动，因而它们不是日常管理的重点。相反，变动费用随销售额的大小呈现波动，通常销售额越大，相关的费用越高，例如差旅费、运费、广告费和业务招待费等。为了深入理解费用变化，应结合"销售费用明细表""管理费用明细表"以及"财务费用明细表"进行详细分析。

关注营业外收支情况：营业外收入和支出通常与日常经营活动无直接联系。例如，内部员工被罚款的收入或在资产清点时发现的盘余等都算作营业外收入。在财务管理中，应重视营业外支出的细节，包括各种罚款、报废和其他损失相关的支出。这些支出反映了公司的内部控制和管理能力。正确监控并分析这些非日常性支出对于促进企业风险管理和控制策略的制定和优化至关重要。

（4）现金流量表常用重点科目明细关注事项

关注"销售商品、提供劳务收到的现金"的金额合理性：企业实际收款与销售收入是否一致、是否按时收回了到期的应收账款。

关注"收到的税费返还"的安全性：是否有增值税的先征后返，所得税的税收优惠返还，消费税、关税等其他税费的返还等，确保企业收到的税费返还符合相关税收法规和政策的要求，避免因违规操作而带来潜在的税务风险。

关注"购买商品、接受劳务支付的现金"的合理性：支付给供应商的款项是否遵循了预算以及查验报销费用有无异常的大额支出。

关注"经营活动产生的现金流量净额"是否能产生盈余，这是企业自有资金的关键来源，比账面利润更为重要，因为利润有时仅是账面数，是尚未收回的客户欠款，并不能立即缓解资金紧张的问题。

在对外投资板块，重点关注企业执行对外投资和股东分红时是否遵守了相应的法律程序，包括是否有相关的股东会议决议和正式的批准文件，确保这些重要行为在法律上具有正当性。针对固定资产的报废或出售情况，应确保其合理性及手续的完善合规，以维护企业资产的合法性和有效管理。

关于融资板块，重点关注借款到期的偿债风险。核实银行借款是否严格按照约定的用途使用，避免资金被挪作他用，并评估利息成本的合理性，确保借款成本处于可接受的范围内。同时，关注汇率波动可能引致的经济损失，并采取相应措施进行风险管理。此外，对企业的贷款到期还款能力保持警觉，评估偿债风险，并制定相应的还款策略及应急预案，以保障企业财务的稳健。

以上是 3 张报表中的一些会计科目的关注重点，通过"3 看"法对经营信息做到"心中有数"。接下来最重要的是追溯报表中的异常数据产生的原因并制订解决方案，助力经营提效。

4.3 财务报表经营提效 2 步法

4.3.1 第 1 步：通过报表中的异常数据找问题

就是针对报表中的异常金额，挖掘其数据背后产生的业务原因或存在的问题。接下来举 3 个例子。

（1）资产负债表应用案例

A 公司是一家集设计、生产、销售于一体的女装企业，其 2024 年 5 月的应收账款余额较上月增长了 300 万元。财务人员通过"应收账款明细表"发现这是西北地区经销商王总欠款增加导致的。财务部向销售部了解了情况，原来是因为王总的欠款额度已超过公司设定的信用极限，按正常流程已无法继续发货，销售部为了月底冲刺业绩，未经财务部审核直接指示仓库发货。

此事件反映了公司的仓库管理存在严重问题。仓管人员未按照公司财务制度操作，且缺乏必要的责任心。正常情况下，仓库发货应当基于有效的出货单据，该出货单需由业务处理人员和财务部会计在核实客户信用额度、货款余额后签字确认。当然，不同企业的信息化水平和流程可能有所差异，但必须确保客户发货是在安全的货款范围或授信的信用条件内。仓库管理的工作原则应该是依据有效单据出货，而不是无条件听从指令发货。

另外，从"应收账款明细表"中可以看到，王总名下尚有 100 万元应收账款，超过账期10天仍未收回。经过详细问询了解到，原来是销售部的张经理紧急休产假，没来得及办理工作交接，导致公司与客户对账事宜出现了疏漏，使得财务部无法及时开具发票、结算，并跟进回款工作。这一情况反映了公司人事部在岗位代理和工作交接制度方面的管理存在缺陷，需要修订员工休假期间职责代理的管理流程。

除了应收账款中的超额度发货和逾期未回款的问题，当期存货的数额与销售产品出库成本之间存在不匹配的情况：现有仓库存货量比当期销售成本高出2.5倍。通过查看"存货明细分析表"，识别出其中有价值200万元的布料是3年前购入的旧款存货，这些库存已无法满足当前的产品生产需求，需要进行报废处理。

财务部与采购部、销售部分别进行了沟通，了解到问题的起源是销售经理李朋承接了一个房地产公司的团购订单，订单金额高达1000万元。该房地产公司以大订单为由，要求公司先制作样品提交确认样式，满意后再正式下单。公司迅速响应，制作样衣递交给客户，并得到了客户的认可，随后双方启动了合同签订和盖章的流程。

业务部因为担心这1000万元订单的供货周期短，有可能来不及交货导致违约，所以提前通知采购部进行物料备货入库。不巧的是，合同签订完毕后，在最终付款环节，房地产公司的资金链出现问题，导致这个订单终止，也就出现了呆滞库存。

在"应付账款"部分，有一笔已经到期的58万元布料款项尚未支付。进一步询问后了解到，公司的仓管员在收货和入库的过程中未能及时核对和发现供应商李总所提供的布料款式与公司所下订单不一致，直接办理入库，生产部门在领用布料时发现型号不符反馈给采购部，采购部马上暂停申请付款流程，采购部正与供应商协商是退货还是进行相应款项的扣除。

（2）利润表应用案例

女装公司2024年5月的收入较上年同期提高了8%，这一增长主要是由于新款冬季毛衣上市销售带来的。然而，该月的毛利率相比上月却下降了5%，这主要是由于西安地区的主要经销商李总停止了与公司的合作，李总进的货基本都是高毛利的冬款大衣，而且李总公司的进货量占到了公司整体销售额的10%，因此李总停止进货后，毛利率立刻呈现下降趋势。

李总停止跟公司合作，转而选择跟女装公司的竞争对手合作的原因是对方提供了更具吸引力的条件：对同类商品提供长达 90 天的货款信用账期以及购买 1000 元货品即赠送 300 元抵用券的促销优惠力度。这些条款均优于女装公司向李总提供的条件。

在女装公司本月的销售费用中，业务宣传费用相比上月增加了 20 万元。增加的主要原因是公司投入资金进行了一项新的线上媒体推广活动。财务部将这笔费用一次性入账处理，未按照推广活动的实际受益期进行费用分摊，导致了业务宣传费短期内显著增加。

（3）现金流量表应用案例

2024 年 5 月，女装公司的销售回款额为 2000 万元，然而当月公司需要支付的采购成本和各项费用合计为 2100 万元，出现了支出超过收入的现象。经过分析，当月的销售额和回款额都是正常的，问题主要在于支付环节。由于服装行业需要提前备货，公司不得不预先支付下一季产品的面料采购款项给供应商，并为即将到来的订货会支付宣传广告费用，从而造成当月的实际支付额超过了回款额，导致了现金流短缺的局面。

同时，在融资板块发现公司有一笔 1200 元的银行罚息支出。经查实，这笔罚息是因为公司财务部的出纳未能及时将贷款利息支出足额转入银行账户进行扣款导致的。

4.3.2　针对发现的业务问题提出对应的解决方案

以上例中资产负债表发现的问题对应的解决方案作为应用案例。

女装公司面临的应收账款逾期问题主要由两个部门的行为引起：销售部门为了追求业绩增长，直接通知仓库发货，违反了公司规定；仓库管理部门未严格按照财务制度流程操作，擅自发货。针对此问题，同时为了防止日后同样的事项再次发生，公司可以采取以下措施进行整改：

首先，需要重新明确并强化销售部的职责，确保他们在遵循公司财务政策的前提下，致力于客户开发、业绩目标的达成、协助客户对账以及督促客户及时付款。其次，应对销售部门的薪酬制度和绩效考核制度进行优化：为不同级别的销售人员制定与销售业绩、回款情况和盈利能力相结合的薪酬标准。例如，普通销售员的考核可侧重于业绩和回款；销售主管的考核则在此基础上增加团队业绩目标的完成度；而对于销售总监，还应将公司盈利状况作为其绩效的核心指标。细化考核指标，旨在提升工作产出的有效性，激励团队成员的责任心，并培养每个人对自己的工作全权负责的文化。公司应倡导"事事有回应、人人能担责"的原则，每个人应积极主动地承担起自己的职责，避免使公司承受不必要的损失。

关于此次仓库管理部门违反操作规程的行为，必须实施相应的惩处措施，这些措施应由人力资源部门执行，可能包括罚款、通报批评等。在必要情况下，考虑更换当前岗位负责人员，聘任一位更加负责任的员工担任相应职位。总体而言，重要的是通过这些行动提出警示，确保各部门严格遵守流程和制度，从而正确且高效地完成工作任务。

在工作代理事宜方面，人力资源部应构建一套公司范围内的岗位工作代理体制。例如，当销售经理缺席时，另一位销售主管应自动担任其工作，继续执行相关工作职责。每个部门的每个岗位都应设立明确的代理人机制，以确保员工缺勤时公司的日常运作不会受到影响。

团购订单终止合作导致库存积压，表明公司在产销协作的管理上存在不足。为了防止类似情况发生，采购部门在下达采购订单时，必须确保已有确切的业务合同支撑，并且按照合同规定相应的货款已经到位。关于这次造成的损失，应根据各部门在职责上的失误进行责任分摊，由销售部门、采购部门以及公司高层共同承担。

供应商提供的布料款式与订单不符，公司的仓储管理人员未检查确认订单型号与实际收到的货物型号是否一致，给公司造成损失，这一疏忽构成了工作失职。相应的部门领导也需承担管理不到位等责任。具体责任将按照公司的人力资源管理制度落实到位，给予惩处。

针对客户李总因竞争品牌给予较大扶持力度而决定与公司停止合作的情况，营销部门需要提升对市场趋势的关注与信息收集能力，以便及时作出预警并制定相应的预案。此外，应当为李总量身定制一套有吸引力的合作提案并积极展开沟通，力争恢复双方的合作关系。

面临经营资金紧张的挑战，财务部需与销售部密切协作，共同研究并推出改进的销售回款策略。例如，给客户自由的选择权，如果客户愿意在现有合作基础上缩短支付时间，公司可以向客户提供更优惠的产品定价。通过多样化策略，有效缩短回款周期，增加资金周转率。

关于财务部出纳工作疏忽而造成的银行罚息问题，该费用应由财务部主管和出纳员各自承担一半。财务部主管需承担在监督管理方面的失职责任，而出纳员需承担履职不力的责任。此外，财务部应组织全体成员召开会议，以该事件作为警示，加强内部管理，防止同类事件再次发生。

在资金支付环节，销售部和采购部需有效进行产销对接，通过每月的滚动预测机制动态调整销售预测量，以最大限度减少库存，降低囤货的风险和资金的占用。同时，营销部应对广告和宣传费用的投入产出比进行严格的性价比评估并确保其有效性，同时积极探索创新的市场营销策略，以免简单地依赖高成本投入获取市场效应。

通过深入分析报表中的异常数据，探究其背后的业务原因及问题，并制订相应的解决方案，可以直接改善经营问题。如果每个月都能持续地重复这两个步骤——发现问题、解决问题，公司的管理将得到质的提升，业绩也必然有正向的增长。

4.4　财务报表分析的 3 种方式

财务报表提供了全面且基本的信息，但阅读这些数据需要一定的时间。具备一定财务知识的用户可以采用更为高效的方法来快速掌握企业的财务状况和运营情况，例如通过财务指标分析、关键指标汇总以及图表分析等方式了解重点结果。然后，阅读者再根据自己的角色和需求，选择是否深入采用本书以上章节介绍的财务报表阅读方法。这样的策略为不同层次的报表用户提供了灵活性，并根据具体需要进行定制化的信息摄取。

4.4.1　财务指标分析法

该方法从成长能力、盈利能力、偿债能力、营运能力四个维度分析企业的情况。

（1）成长能力

企业的成长能力是其可持续发展的基础，通常可通过收入、利润和资产三个关键指标来衡量。最常引用的财务指标包括营业收入增长率、营业利润增长率和总资产增长率。

营业收入增长率通常是评价企业成长性的重要指标，它反映了企业产品或服务销售的情况，是企业规模扩大和市场占有率提高的直接体现。可以从市场区域、产品分类、客户排名、销售人员的角度深入分析，找到增长的路径。如果一家企业的营业收入增长率持续正增长，通常意味着企业正在不断壮大，拥有较强的市场竞争力。

营业利润增长率是衡量企业盈利能力增长情况的指标。营业利润是指企业主营业务在扣除了直接成本和间接费用后的盈利情况。营业利润增长率的提高，通常表明企业在控制成本和提高效率方面做得比较好，盈利能力在增强。这个指标的增长也反映了企业内部管理的有效性。

总资产增长率反映了企业资产规模的变化，包括流动资产和固定资产的增长。如果企业的总资产增长率稳定提升，可能意味着企业在不断地投资扩张，例如购买新的设备、投入研发、收购其他公司等，以期望在未来创造更大的收益。

营业收入增长率是评估企业市场表现和销售能力的核心指标。营业利润增长率是衡量企业盈利能力和成本控制效率的关键指标。总资产增长率则反映了企业资产规模扩张的情况，可以从侧面说明企业未来的成长潜力。

这些指标相互关联，一家企业要想持续健康发展，需要保持这些指标的均衡增长。收入的增长可以提供更多的利润空间，利润的增长则可以为资产的投入和扩张提供资金支持，而资产的增长则是企业规模壮大和市场地位提升的体现。不过，也需要注意这些增长率背后的真实情况，例如收入增长是否是通过降价促销实现的、利润增长是否是靠削减重要的长期投入实现的、资产增长是否伴随着过高的负债，等等。只有全面分析，才能真正理解一个公司的健康状况。

（2）盈利能力

企业的盈利能力是其持续成功的基石。在财务指标中，有诸多指标可以用来衡量盈利能力：营业利润率、销售毛利率、净资产收益率、息税前利润（EBIT）等。

营业利润率能够反映企业在其核心业务上产生利润的效率，它排除了非经营性因素的影响，比如利息支出和税项，更能精确地衡量企业主要业务的盈利能力。

销售毛利率能够反映公司在销售商品或服务后，扣除直接成本后的盈利能力。毛利率越高，说明公司核心业务盈利越强。

净资产收益率能够反映公司利用股东投入资金的效率，是衡量公司为股东创造价值能力的重要指标。

息税前利润（EBIT）则是企业在支付利息和税费之前所得到的利润，它代表企业通过经营活动赚得的真实盈利。作为衡量企业盈利能力的一个关键指标，EBIT能够帮助企业理解自己的运营效率和财务健康状况，同时排除了利息和税务开支的干扰，使得投资者和管理者可以更清晰地评估企业的核心盈利表现。

简而言之，这些指标从不同角度揭示了企业盈利的多个层面，通过它们进行综合分析，可以全面评价一个企业的盈利状况和财务实力。

（3）偿债能力

这是经营活动中一个重要的风险因素，要实施持续和动态的风险管理。常用的财务指标包括资产负债率、流动比率、利息保障倍数等，用以衡量和反映企业的风险状况。

资产负债率是衡量企业利用外部债权人资本进行经营活动的能力的指标。高资产负债率表明企业债务水平较高，可能面临较大的财务风险。

流动比率则是评估企业是否有足够的资金偿还短期内到期债务的指标。它表明公司手头有多少能迅速变现的资产来支付即将到期的债务。

利息保障倍数是衡量公司支付利息费用能力的指标。它是用公司税前利润（EBIT）除以它一年的利息费用得到的，这个倍数越高，显示公司支付利息的能力越强，财务状况通常也越健康。相反，如果这个数字很低，说明公司支付利息的能力很弱，公司可能面临财务问题或者资金压力较大。

在分析企业的债务风险时，我们往往会通过资产负债表获得一定的信息。然而，资产负债表并不能反映出所有的潜在风险，如可能导致赔偿的法律诉讼、合同违约条款所带来的风险、为其他公司提供融资担保造成的连带责任风险等。这些隐性风险需要通过深入的问询和调查来评估，以便获取更准确的企业的全面风险状况。

实际上，在我服务的客户案例中，有的企业早期实行并购，在接触被收购对象时忽略了审阅目标公司的财务报表和表外风险这些重要的步骤而草率完成收购动作。这种疏忽直接导致该企业在收购完成后才发现被收购公司承担的债务风险及潜在的其他问题，已追悔莫及。因此，在作出任何收购决策之前，详尽的财务审查和风险评估是至关重要的。

（4）营运能力

营运能力常常通过总资产周转次数、应收账款周转次数、存货周转次数以及它们对应的周转天数来表示。

总资产周转次数体现了企业在一定时期内用资产获得销售收入的能力。次数较多，说明企业用较少的资产实现了较多的销售，反映了较高的资产使用效率和管理效率。

应收账款周转次数度量了企业回收账款、实现销售收入的速度。周转次数高的应收账款表明企业在较短的时间内就能收回销售的款项，有效地保持了现金流的健康状态，同时也降低了应收账款可能带来的信用风险。

存货周转次数反映了企业将存货销售并转化为销售收入的频率。一般而言，存货周转次数越高，企业的存货流动性越好，存货积压的风险越低，表明企业在库存管理上相对高效。

周转天数则是指资产在年内周转一次所需要的平均天数。总资产周转天数、应收账款周转天数、存货周转天数反映了企业资金回笼的快慢以及资产流动性的强弱。理想的周转天数是较短的，因为它表明企业能够迅速通过销售过程回收资金或转换其资产。

综合这些指标，企业可以对运营效率进行全方位的评估。

4个维度中最具代表性的财务指标计算公式及解读如表4-4-1所示。

表4-4-1 财务指标计算公式及解读

关键维度	基本财务指标	计算公式	解读
成长能力	营业收入增长率	（本期营业收入－上期营业收入）/上期营业收入×100%	正增长说明企业要么是在原有存量市场上增长，要么是有新的市场增量，是好的反馈
	营业利润增长率	（上期营业利润－本期营业利润）/上期营业利润×100%	正增长说明企业的盈利能力持续增强，发展"底气"更足
	总资产增长率	（年末资产总额－年初资产总额）/年初资产总额×100%	正增长说明企业扩大了规模、经营效益不错、市场份额有增长。资产增长是企业偿还债务的保障
盈利能力	毛利率	（销售收入－销售成本）/销售收入×100%	毛利率高意味着公司有较大的费用空间用在市场投入运营与用人方面
	营业利润率	（营业利润/营业收入）×100%	本指标可以帮助评估企业每单位销售额中所能保留的利润的比例。营业利润率高，表示企业在销售过程中有更好的获利能力
	总资产报酬率	[净利润/（期初总资产＋期末总资产）/2]×100%	本指标反映企业利用资产创造利润的能力。一般会与行业水平相比，评估自身优劣势

续表

关键维度	基本财务指标	计算公式	财务指标解读
偿债能力	资产负债率	负债总额/资产总额×100%	本指标太高太低都不合适。高于100%已经是资不抵债要破产了，但一分钱不借入全靠自有资金经营又太保守。在企业资产净利润高于借债成本的前提下，企业借用外债可以增加股东收益。本指标除了房地产这一特殊行业外，其他行业建议保持在50%~60%
偿债能力	流动比率	（流动资产/流动负债）×100%	本指标衡量企业流动资产在短期债务到期以前，可以变为现金用于偿还负债的能力。一般来说，流动比率大于1被认为是理想的，因为这意味着流动资产能够覆盖全部的流动负债
偿债能力	利息保障倍数	（利润总额+利息费用）/利息费用	本指标评估企业是否有足够的利润来覆盖其利息费用。本指标至少要等于1，指标大说明到期偿债能力强，指标小说明到期支付利息能力弱
营运能力	应收账款周转次数	（营业收入-销售退回、折让、折扣）/（期初应收账款+期末应收账款）/2	代表了企业一年内将应收账款转化为销售收入的次数/天数。应收账款周转次数越多/周转天数越少，说明企业话语权、管理欠款的水平越高，从而变现回收能力越强，风险越小
营运能力	应收账款周转天数	360/应收账款周转次数	
营运能力	存货周转次数	营业成本/[（期初存货+期末存货）/2]	代表了企业一年内将存货转化为销售的次数。存货周转次数越多/周转天数越少，说明企业管理水平越高，利润会相应增加，占用企业资金更少
营运能力	存货周转天数	360/存货周转天数	
综合性最强	净资产收益率	销售净利润率×总资产周转率×1/（1-资产负债率）本公式可以理解为净资产收益率的高低是由企业效益的好坏、经营效率的高低、向外界借力的大小三者综合而成的结果	企业要么赚高利润效益的钱，要么赚高周转效率的钱，如果两者都好，结果一定很好。不管赚效益的钱还是效率的钱，在能赚钱且高于借息的前提下可以向外融资借力赚取更多的钱

以上是财务指标4个维度的解读，现在列举一个实际应用案例作为参考：A公司是福建省专门从事食品零售行业的连锁企业，有32家门店，年销售规模在3亿元左右。公司决策层希望通过财务报表数据提炼一张汇总的财务指标数据供阅读参考决策用，财务部经过加工整理最终生成的财务指标分析汇总如表4-4-2所示。

表 4-4-2　A 公司财务指标分析汇总

关键维度	基本财务指标	本期数值	同行参考	财务指标解读
成长能力	营业收入增长率	15%	10%	15% 的增长中有公司新品上市带来的贡献，也有老品业绩上升的利好
	营业利润增长率	2%	5%	虽然新品上市费用相对高些，但公司总体仍然做到了正向的营业利润增长
	总资产增长率	3%	5%	收入与利润正向增长，同时实现了资产的增长结果
盈利能力	毛利率	45%	45%	基本接近食品行业毛利率水平
	营业利润率	10%	15%	销售主营业务本身的利润率低于同行水平，主要是新品上市加大投入
	总资产报酬率	12%	15%	本指标能达到 10% 左右便是不错的水平
偿债能力	资产负债率	52%	50%	正常情况下资产负债率不建议超过 60%，公司基本控制在合理范围内
	流动比率	1.8	1.5	正常情况下，本指标大于 1 是比较理想的，债权人的短期利益得到了较好的保障
	利息保障倍数	2.2	1.5	1.5～2 倍算是相对合理的值，公司一定程度上保证了债权人的利益
营运能力	应收账款周转次数	7.5	4	食品行业应收账款平均周转次数合理区间 2～4 倍，周转天数合理区间 15～90 天，企业应收账款管理好于行业水平
	应收账款周转天数	48	35	
	存货周转次数	6.8	5.0	行业存货周转次数合理值为 5～10，存货周转天数合理值约 25 天，企业的管理效率已经超出行业水平
	存货周转天数	53	30	
综合性最强	净资产收益率	11%	12%	行业参考值在 10%～15%，企业运营效果不错

4.4.2　财务关键指标汇总法

该方法综合考虑和汇集经营活动中的主要财务指标，便于快速把握企业运营的整体状况。与上文中的财务指标分析法不同的是，该方法更加注重将专业的财务指标与实际经营过程中的操作指标相结合，从而更加深入地服务于企业的实际管理和决策需求，为经营者提供一份全面而详细的"经营健康体检报告"。

还是以连锁企业 A 公司作为应用案例，其财务关键指标见表 4-4-3。

表 4-4-3　A 公司财务关键指标一览

　　　年　　月

序号	财务指标	单位	本月	本年累计	上年同期累计	增减变动率（%）	序号	财务指标	单位	本月	本年累计	上年同期累计	增减变动率（%）
一	收入指标						四	业务指标					
1	营业收入	万元					1	新增门店数	家				
2	其中：商品销售收入	万元					2	调整门店数	家				
	商品销售收入占比	%					3	营业门店总数	家				
3	营收毛利	万元					五	税务指标					
	营收毛利率	%					1	纳税总额	万元				
二	成本指标						2	税负率	%				
1	商品成本	万元					六	资金指标					
	商品成本率	%					1	货币资金	万元				
2	人工成本	万元					2	经营收款	万元				
	人工成本率	%					3	经营付款	万元				
3	租金成本	万元					4	资金净流入	万元				
	租金成本率	%					5	其中：银行借款	万元				
4	水电费	万元					6	欠供应商款	万元				
	水电费成本率	%					七	效率指标					

续表

序号	财务指标	单位	本月	本年累计	上年同期累计	增减变动率（%）
5	其他成本费用	万元				
	其他成本费用率	%				
6	总成本费用	万元				
	总成本费用率	%				
三	利润指标					
1	净利润	万元				
2	销售净利率	%				
3	投资回报率	%				
4	总资产收益率	%				

序号	财务指标	单位	本月	本年累计	上年同期累计	增减变动率（%）
1	存货周转天数	天				
2	门店人效	元/人/月				
3	门店坪效	元/平方米/月				
八	资产指标		期末数	期初数	上年同期数	
1	资产总额	万元				
2	其中：总库存金额	万元				
3	负债总额	万元				
4	属于股东的资产	万元				
5	资产负债率	%				

4.4.3 数据图表结合分析法

该方法把枯燥的财务数据用直观的图表形式呈现，通过视觉化手段帮助管理者更快地理解和捕捉关键信息。它特别强调财务数据的直观表达，无论是销售、费用、成本还是存货的分析，都可以通过各种图表（如柱状图、折线图、饼状图、雷达图等）来展示，使得分析的结果不仅美观易懂，而且信息传递更为高效。

还是以连锁企业 A 公司为案例，具体分析其车辆物流配送成本情况，结果见图 4-4-1、表 4-4-4。

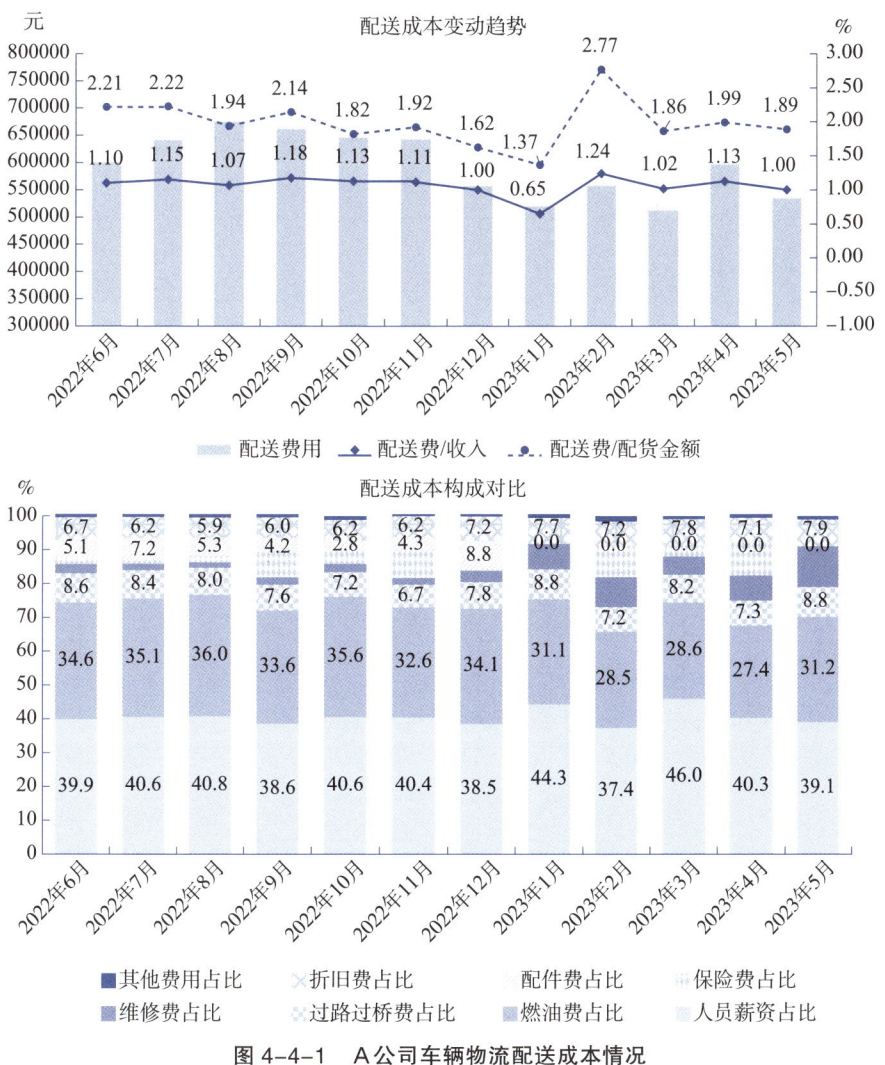

图 4-4-1 A 公司车辆物流配送成本情况

表 4-4-4 A 公司车辆物流配送成本

2022—2023 年度

单位：元

项目	2022年6月	2022年7月	2022年8月	2022年9月	2022年10月	2022年11月	2022年12月	2023年1月	2023年2月	2023年3月	2023年4月	2023年5月
销售收入	54533057	55572704	63188363	56272120	57325161	57730545	55730332	79873409	44982073	50388537	52959887	53368268
期间费用合计	10423836	11001174	12244854	13126444	12269477	12977903	11523800	12650118	10232789	10223970	11961431	12345744
配送费用及关键指标：												
物流配货总额	27115349	28827930	34820872	30905777	35508207	33490842	34336099	38087533	20141753	27535682	29989294	28318305
配送费用	600526	641193	674664	661707	645872	642638	557082	520158	557614	512572	596826	534635
车辆加油数（升）	29483	32555	34843	31598	31276	27654	28281	25509	24029	27376	27514	29276
配送费用/收入（%）	1.10	1.15	1.07	1.18	1.13	1.11	1.00	0.65	1.24	1.02	1.13	1.00
配送费用/配货金额（%）	2.21	2.22	1.94	2.14	1.82	1.92	1.62	1.37	2.77	1.86	1.99	1.89
配送费用明细：												
1. 车队人员薪资福利	239404	260113	275101	255341	261910	259908	214740	230523	208503	235533	240613	208933
2. 车辆燃油费	207535	224819	242734	222116	230204	209588	190218	162022	158975	146353	163337	166594
燃油单价（元/升）	7.95	7.80	7.87	7.94	8.32	8.56	7.60	7.18	7.48	6.04	6.71	6.43
3. 过路过桥费	51773	53604	53707	50087	46696	42818	43379	45689	40165	41851	43643	46860
4. 维修费	16415	12189	10795	14743	15872	13130	18970	38933	49637	27652	44649	64337
5. 保险费	12333	2675	13287	48934	25711	49158	—	—	51394	16458	59156	—
6. 配件费	30635	45853	35910	27726	18109	27746	48944	—	39990	—	—	—
7. 折旧费	39990	39990	39990	39990	39990	39990	39990	39990	39990	39990	42335	42335

· 132 ·

续表

项目	2022年6月	2022年7月	2022年8月	2022年9月	2022年10月	2022年11月	2022年12月	2023年1月	2023年2月	2023年3月	2023年4月	2023年5月
8. 其他费用	2440	1950	3140	2770	7380	300	840	3000	8949	4735	3093	5575
物流部费用	551038	575983	607378	605032	612668	665453	602746	791966	626228	575643	618193	646255
物流+配送费用合计	1155564	1217176	1282042	1266739	1258541	1308092	1159827	1312124	1183842	1088216	1215019	1180889
物流+配送费用占收入比（%）	2.11	2.19	2.03	2.25	2.20	2.27	2.08	1.64	2.63	2.16	2.29	2.21
配送费用明细占比:												
人员薪资占比（%）	39.9	40.6	40.8	38.6	40.6	40.4	38.5	44.3	37.4	46.0	40.3	39.1
燃油费占比（%）	34.6	35.1	36.0	33.6	35.6	32.6	34.1	31.1	28.5	28.6	27.4	31.2
过路过桥费占比（%）	8.6	8.4	8.0	7.6	7.2	6.7	7.8	8.8	7.2	8.2	7.3	8.8
维修费占比（%）	2.7	1.9	1.6	2.2	2.5	2.0	3.4	7.5	8.9	5.4	7.5	12.0
保险费占比（%）	2.1	0.4	2.0	7.4	4.0	7.6	0.0	0.0	9.2	3.2	9.9	0.0
配件费占比（%）	5.1	7.2	5.3	4.2	2.8	4.3	8.8	0.0	0.0	0.0	0.0	0.0
折旧费占比（%）	6.7	6.2	5.9	6.0	6.2	6.2	7.2	7.7	7.2	7.8	7.1	7.9
其他费用占比（%）	0.4	0.3	0.5	0.4	1.1	0.0	0.2	0.6	1.6	0.9	0.5	1.0

4.5 通过 1 个核心财务指标，找到利润提升路径

在探寻企业利润增长之路时，选择一个能够提供全面视角的财务指标是至关重要的。这个指标最好能简洁而周全地向投资者、决策层、管理层或外部展示企业将股东资金转化为盈利的能力。所以这个指标不仅要考虑企业的盈利能力，还包括了对外举债、股东自身投入资金对财务结构的影响，而且要能用这个数据与同行业的竞争对手或者不同行业的企业进行比较，做到"知己知彼"，优化资源，缩小、调整差距。

那么这个指标到底是什么呢？通常采用的是净资产收益率（Return on Equity，ROE），因其是由美国杜邦公司销售人员法兰克·布朗于 1912 年为了更全面地评估企业财务绩效而提出的，故而也称杜邦分析法。

标准公式为：

净资产收益率 = 税后利润 / 权益总额

= 税后利润 / 销售收入 × 销售收入 / 资产总额 × 资产总额 / 权益总额

简化公式为：

净资产收益率 = 净利润率 × 资产周转率 × 权益乘数

净资产收益率 = 净利润率 × 资产周转率 × 1/（1– 资产负债率）

上述公式可以理解为：

企业投入的钱能赚多少取决于销售端赚钱的能力、内部资产管理周转的效率、企业用好外债杠杆的能力。

用图 4-5-1 拆解细分，销售端赚钱的能力指的是企业通过卖产品或服务获得的利润有多少，通常用净利润率来衡量，公式为"净利润 / 销售收入"，即每卖出一块钱的东西实际上能挣多少钱。一般会跟同行类比以评估自身的获利水平高低。

比如 A 服装公司 2023 年的净利润率为 5%，意味着其每 100 元销售收入会有 5 元的净利润。

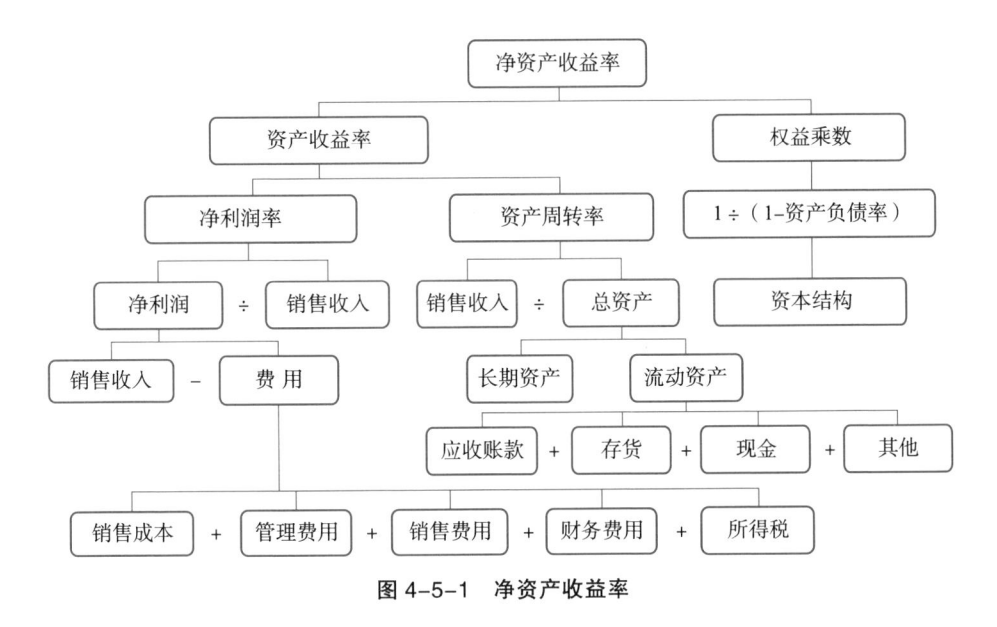

```
                    净资产收益率
                   /            \
          资产收益率              权益乘数
         /         \                |
      净利润率    资产周转率     1÷（1-资产负债率）
      /    \      /      \            |
   净利润 ÷ 销售收入   销售收入 ÷ 总资产   资本结构
    /    \              /        \
 销售收入 - 费用      长期资产   流动资产
                              /    |    \    \
                          应收账款 + 存货 + 现金 + 其他
    /        +        +         +       \
 销售成本  管理费用  销售费用  财务费用  所得税
```

图 4-5-1　净资产收益率

内部资产管理周转率衡量公司在一定时期（通常是一年）内，其持有的总资产（包括现金、存货、建筑物、机器设备等）支撑实现了多少倍的销售收入。常用的度量指标是总资产周转率，用"销售收入/总资产"计算得到，它表明了公司在一年内用总资产赚钱的次数。总资产中包含存货、应收账款、固定资产、无形资产等，所以内部资产管理周转率一般会细分为存货周转率、应收账款周转率、固定资产周转率等。

比如，一个公司的总资产是100万元，一年内销售收入是200万元，那么这个公司的资产周转率就是2。这意味着平均每1元的资产帮助公司产生了2元的销售收入。

存货周转率=销售收入/平均存货成本（期初与期末之和/2），简单理解就是用多长时间能把仓库里的东西卖掉，一年内能卖几次。

仍以A服装公司为例，假设2023年初其存货为100万件衣服，每件衣服的成本是50元，每件衣服的平均售价定为100元。

情景一：假设公司在半年内（6个月）卖完了所有存货，总销售收入达到100万件×100元/件=1亿元。这表明公司6个月的存货周转率是1次。

情景二：如果公司需要整整一年才卖完所有存货，这时的年度销售收入仍旧是1亿元。年度存货周转率计算公式仍然相同，但是因为销售周期是一整年，所以计算结果是1次/年，即年度存货周转率为1次。

因此，在情景一中，公司的资产利用效率更高，因为它在半年内就实现了全部存货的一次完整周转；而情景二的资产利用效率下降，因为它需要一年才能达到同样的销售额。

应收账款周转率 = 销售收入 / 平均应收账款余额（期初应收账款余额与期末应收账款余额的平均数），可以理解为公司一年内把东西卖出去转换成现金的次数。比如你的饭店去年总共赊账给顾客10万元，但一整年下来你累计收到了这些顾客的还款20万元。那应收账款周转率就是2次。简单说，就是平均每半年，你把赊账的钱收回来一次。

固定资产周转率 = 销售收入 / 平均固定资产净值（期初固定资产净值与期末固定资产净值的平均值），说明了固定资产价值在一年内能产生多少销售额。

案例分析：

有一家制造玩具车的公司，它在一年中的销售收入是200万元，所有的固定资产（如工厂、机械设备）的平均净值是50万元。那么，该公司这一年的固定资产周转率就是4。这意味着每1元的固定资产帮助公司产生了4元的销售额，这家公司很有效率地使用它的固定资产来产生销售收入。

权益乘数是衡量一个公司是依靠借债还是以自有资金来运营的指标。计算公式为：权益乘数 = 总资产 / 所有者权益，它说明了企业利用外部资金放大倍数的杠杆能力。总资产是公司拥有的一切物品的价值总和，包括现金、设备、库存等。所有者权益是指偿还所有负债后，公司剩余资产的净值，也就是归属于股东的那部分资产。可以更简单地理解为你用了多少自有资金以及借入了多少外部资金来进行运营和投资。

案例分析：

假设你自己开了一家小店，你拿出自己积蓄的10元（相当于股东权益），然后向朋友借了20元（相当于债务），这样你手里就有30元可以用来经营店铺了（相当于总资产）。这时候，你的权益乘数就是3。简单来说，权益乘数就是衡量你的小店一共运用了几倍于你自己真正拿出来的钱来做生意。

既然净资产收益率（ROE）的高低是由净利润率、资产周转率、权益乘数的高低来决定的，那么得到更好的净资产收益率的最理想方式是提高净利润率、增加总资产周转率、使用健康高效的财务杠杆。

4.5.1 净利润率

净利润率是由净利润和销售收入决定的,净利润越高,净利润率越高,而决定净利润的因素是收入、成本、费用。由此可见,提高销售收入、控制成本和费用是其关键所在。

（1）提高销售收入

中小公司走产品差异化之路：通过研发,赋予产品独特的功能或设计,将其与竞争对手的产品区分开来,提供给消费者更多的选择理由。例如,餐厅可能引进有机或者农场直供的食材,推出健康饮食菜单,吸引注重饮食健康的消费者。我的餐饮客户黄总公司的差异化产品是熟成猪肉,力求用更好的口感与品质做性价比超高的"烤肉王"来赢得消费者的喜欢,从而达到高复购率。

对现有的销售管理进行优化：改进销售团队的培训与激励措施,提高销售人员的工作效率和业绩。比如给予销售团队更高的提成,以及针对高绩效人员发放额外奖励,激发销售团队的积极性,从而带来更高的销售收入。

以黄总为例,为了激励销售团队,提高销售收入,他组织全员培训,引导员工有效利用CRM（客户管理系统）工具追踪潜在客户；调整销售提成,针对新店,在原有的激励机制基础上,每销售1000元再给予50元提成；优化奖励计划,引入季度销售奖励,每个季度销售额达到目标的销售人员,不仅能获得业绩提升后的提成,还能额外获得500元的现金奖励,季度销售冠军则额外获得3000元的奖金。这一系列调整落地实操一个季度后,个别销售人员的业绩提升幅度超过40%,团队整体销售增长了25%。

真正重视并加强客户关系管理：得客户者得天下,建立稳固的客户关系,可实现高客户留存率和重复购买率。可以建立客户忠诚计划、为客户提供优质服务、定期与客户进行沟通,这样能够增加客户的忠诚度,保证持续的销售流水。黄总实施了顾客忠诚计划,即推出一张"美食家卡",顾客每次用餐后均可积分,累积到一定分数可以兑换免费饮品或甜品；在提升客户服务方面,训练服务人员提供个性化服务,比如记住回头客的名字和偏好,给予过生日顾客小礼物,以及确保服务的高标准、连贯性；保持定期沟通,通过电子邮件和社交媒体渠道,分享新菜单、特别活动或餐厅故事,同时邀请顾客给予反馈。实施2个月后,黄总公司的会员数量增加130名,重复购买率提升18%。

以上是关于增加销售收入的一些小建议,接下来继续探讨如何有效地控制成本费用。

（2）控制成本费用

内部流程优化：所有的流程要高效且能管控到核心要点，可以通过质量管理和流程改善达到减少不良品、降低返工率从而节省成本的效果。例如我的客户 A 公司是一家制造型企业，通过实施 TQM（全面质量管理），月度废品率从原来的 5% 下降为 2%，废品节约成本从 15000 元降至 6000 元。

能源和资源管理：减少能源消耗和原材料浪费是降低成本的关键，可以通过投资节能设备、使用可再生能源或回收材料等方式实现。以 A 服装公司来说，通过安装节能灯具和利用太阳能板来减少电力消耗，每年可以节省 59 万元。

外包非核心活动：将非核心业务活动外包给专业公司，可以帮助企业集中资源开展核心业务。例如，将 IT 支持、清洁、人力资源管理等非核心业务外包给专业服务提供商，可以帮助企业降低这些领域的固定成本。如 A 服装公司将原有这几个部门全职人员外包给第三方后，每年总共节约了近 10 万元。

净利润率指标是经营中大家熟悉的首要指标，对这个指标进行深入分析可以找到更多利润增长的来源。

4.5.2　资产周转率

资产周转率对大家来说可能就是"最熟悉的陌生人"了。之所以说它是"最熟悉的陌生人"，是因为它其实包含了常见的存货周转率、应收账款周转率、固定资产周转率等指标，只是我们日常经营中还疏于应用管理。所以，现在要做的就是提高这几个周转率，相当于提高内部管理效率。有哪些方法可以做到呢？

（1）提高存货周转率的 2 种短期内即可见效的方式

实施精益生产管理：通过采用刚性生产系统，如实施 Kanban（看板）系统或 JIT（准时制）生产，确保生产严格按照客户需求进行，减少过量生产，从而降低库存水平和关联成本。

引入高效的库存管理系统：通过 ERP（企业资源计划）等信息技术来追踪库存状态，进行实时监控，分析库存数据，进行智能预测，优化补货时间和数量。同时，对存货进行有效分类，如 ABC 分析（根据存货对公司利润的贡献和销售稳定性进行分类），有效管理不同类别的库存。

比如我的客户制造型企业 B 采用刚性生产系统之前，每年销售额为 2000

万元，库存就高达 5000 万元，存货周转率为 0.4 次 / 年，引进精益生产进行改善后，库存降至 3000 万元，存货周转率提升至 0.67 次 / 年。

存货周转率高意味着企业能够迅速回收资金、降低库存成本并获得更高的利润，是经营管理重头戏。

（2）提高应收账款周转率的 2 种方式

客户信用度评估与管理：可以通过搭建内部信用评分模型对客户的付款历史和信用情况进行评估，也可以通过外部信息查询辅助了解，比如通过国家企业信用信息公示系统了解企业信用情况、通过企查查等软件了解企业是否有诉讼案件在身、查询当地税务局网站公布的企业欠税名单信息等。然后对客户进行不同信用等级的分类并实施差异化的信用政策，对于信用好的客户，可以提供优惠的付款条件以促进销售，对信用差的客户，则采用款到发货的合作模式。

加强账款的回收：企业内部要有一套完善的应收账款管理办法，即确立明确的信用策略和收款流程，明确各部门分工职责，包括逾期款提醒、催收机制、长期未付或高风险客户的专项管理，通过持续监控和及时跟进来降低坏账损失。例如贸易类企业 C 年销售额为 1000 万元，上年底应收款余额为 2500 万元，应收账款周转率为 0.4 次 / 年。财务部与人力资源部制定出台了整套应收账款管理办法与激励政策，实施半年后，应收款金额降至 1800 万元，应收账款周转率提升至 0.67 次 / 年。

（3）提升国家资产周转率的 2 种方式

优化生产流程和设备利用率：通过精益生产方法剔除无效步骤，使设备尽可能在生产中不断运作，例如采用 TPM（全面生产维护）来减少设备故障时间，或者通过设备多功能化提高生产灵活性。

淘汰低效固定资产：定期进行固定资产的效能评估，淘汰或出售效率低下、维修成本高的旧设备，投资于新技术或节能的设备，以提高固定资产的运营效率和产出比。

比如 F 公司是一家制造型企业，每年销售额为 5000 万元，固定资产为 2000 万元，固定资产周转率为 2.5 次 / 年。采用上述方法优化改善后，销售额上升至 6000 万元，固定资产为 2200 万元，周转率提升至 2.73 次 / 年。

4.5.3 权益乘数

最后一个影响净资产收益率的指标是权益乘数，但该指标并不是越高越好，因为过度放大财务杠杆，在经营不利的情况下可能面临偿债风险。

适度举债经营是合理之道。怎样才算适度？厘清举债利息与经营收益之间的关系，结合自身现金流入情况及经营的稳定性算出适合公司的金额。那么，具体有哪些方法提高权益乘数？

（1）向金融机构贷款

从银行或其他金融机构贷款是最常见也是适用大部分企业的方式，这种方式成本最低，仅需要向银行支付利息，还能用利息抵扣企业所得税（资本金要到位）。

（2）筹集债权投资

从风险投资、私募股权基金或信贷投资者那里获得融资，但这些方式不管是对引进资金的成本还是对专业性要求都较高，对方不仅享有股东分红权，可能还要求拥有董事会席位，参与经营决策表决，甚至约定对赌条款。这种方法一般更适用于以技术为导向的互联网、连锁店等快速发展、前景较好的公司。

（3）租赁资产

以租赁方式代替自行购买昂贵的设备和资产，既可以获得所需的资产，又可以保持现金流和较低的债务水平。

例如我的客户张总是卫浴行业的保守型经营者，他过往全部以自有资金经营（部分供应商账期除外），企业获利能力稳定且销售额每年都在增长，我建议他适度向银行贷款，扩大生产线与销售范围。事实上，在过去的 2 年中，张总公司在银行资金的助力下实现了新品投放，实现了 20% 的业绩增长。

以上是提高净资产收益率（ROE）的具体路径，接下来进行应用模拟，从中找到提升目标利润的方法。

假设 E 公司是一家食品制造企业，2023 年净利润率为 5%，内部总资产周转率为 1，权益乘数为 3，则 2023 年净资产收益率 =5%×1×3=15%。

假设 2024 年想要将净资产收益率提升到 20%，那么企业可以采用以下 3 种方法：

方法 1：资产周转率和权益乘数保持不变，提高净利润率。

净利润率：从 5% 提升至 6.67%。

资产周转率：1（不变）。

权益乘数：3（不变）。

计算得出：ROE=6.67%×1×3≈20%。

方法2：分别提升净利润率和资产周转率，权益乘数保持不变。

净利润率：从5%提升至5.33%。

资产周转率：从1提升至1.26。

权益乘数：3（不变）。

计算得出：ROE=5.33%×1.26×3≈20%。

方法3：净利润率下降，显著提升资产周转率，权益乘数下降。

净利润率：从5%下降至3%。

资产周转率：从1提升至3.4。

权益乘数：从3下降至2。

计算得出：ROE=3%×3.4×2≈20%。

通过方法3可以看出，并不是销售端利润率下滑企业的盈利回报就一定变差，通过强化内部管理提升效率甚至还能超越原有目标回报。这些模拟让我们知道，得到好的投资回报并不一定需要一味地向外求，也可以向内要，双管齐下则效益才能最大化。

净资产收益率（ROE）的核心是：在自身能盈利的前提下，借力别人的钱，提升内部运营效率，得到更好的效益。

这个指标的最底层就是我们经营中最为熟悉的一句：如何提升收入、控制成本费用，在能赚钱的前提下最大限度地将投入的资产变为收入，然后适度借用别人的钱扩大规模，以赚取更多的利润。

本章先介绍了财务报表的基本知识，再用3步法读懂财务报表，随后应用财务报表数据为经营提效，达到管理的目的。另外，为了让相关人员更高效地了解经营成果，给出了3种财务报表分析方式，可以直观地看到相关关键财务数据，最后对净资产收益率指标展开分析，找到公司利润提升的多种方法。

强烈建议经营者不仅要读懂财务报表数据，更要运用自如，用它来发现问题、解决问题，让它成为经营管理的好帮手！

第 5 章　做对 5 件事，建立一个高效专业的财务部

2012 年 1 月营改增初步试点、2016 年 10 月金税系统三期全国上线、2022 年金税系统四期开发完成、2023 年全国多个城市启用数电发票、2024 年 7 月 1 日新会计法实施……这一系列变化，标志着我国税收征管体系再上新台阶，意味着企业财税进入规范化的时代。

在这样的时代，过去经营中常见的两套账、虚开发票、个人从公司不合理不合法拿钱等一系列做法将彻底终结。

企业将面临两件重要的事：一是如何合规经营、合法赚钱；二是如何提升精细化管理的能力。这两件事都离不开财务部的支持。

那财务部应该做哪些事？需要配置多少财务人员？招什么样的财务人员才匹配？面试时如何判断对方是否专业……这些问题是我在工作中经常被老板问到的，也是民营企业如何管理财务部的共性困扰！

随着经济的发展和企业管理水平的提高及法规政策的完善，企业财务的作用及地位发生了巨大的变化，发挥的功能与以往大有不同，甚至可以说是"大有作为"。这也对财务人员的职业素质、业务能力、专业知识提出了更高要求。

财务部到底做哪些事？职责是什么？我在长期财税咨询工作中获得的理解是：财务部是构建并维护一套紧密围绕企业经营闭环规则和体系的部门。这套规则和体系为企业的经营活动提供了明确的指导，并对业务各部门提供的表单进行审核、加工、处理，汇总出数据结果，为决策层提供建议，从而使得经营工作更加有序、高效。

可以将财务部的主要工作职责概括为：定规则、做执行、管分析、提建议、促达成、要结果！其具体工作内容包括但不限于财务核算、税务规划、融资工作、资金管理、成本控制、预算编制、财务规划、风险评估、决策支持、IT 系统等。这些工作有些是并列开展的，比如资金管理、成本控制同时进行；有些

是有先后顺序的，比如先完成预算编制再进行决策支持等。

要完成这些工作内容，需要财务人员深度参与并融入企业日常人、财、物、事各个环节中，成为真正意义上的"大管家"或"大财务"（大财务工作内容见图5-1）。

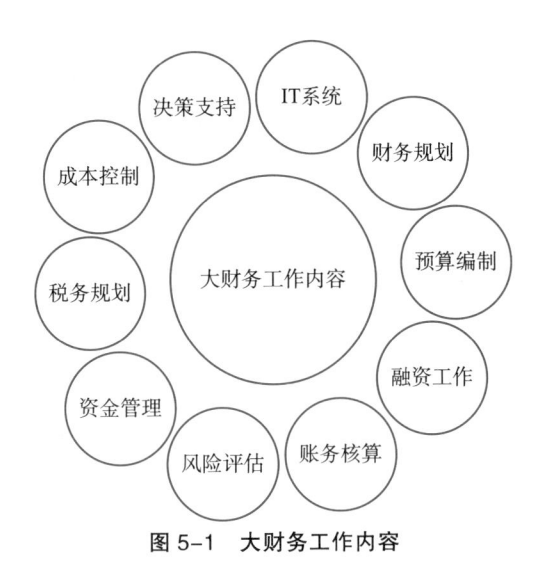

图 5-1 大财务工作内容

当然，企业在发展的不同阶段对财务的工作要求是不一样的，相应地财务部的职责也会发生变化。比如初创期企业需要财务把账做对、把税报清楚并提供清晰的财务报表数据以支持决策；成长期企业除了需要财务做好以上基础工作，还需要建立成本管理体系、预算体系，负责资金管理等重要事项，做支撑管理；而扩张期或成熟期企业还需要财务主导收购兼并、价值管理等重要事项。

由此可以把财务职能分为基础财务、管理财务、战略财务三个方面（见图5-2）。但这三种财务职能往往是相互交织或并行的，并不是完全独立的。比如三种职能中的基础财务无论企业处于哪个阶段都需要，它是保持日常财务活动正常运行的基本。随着企业的成长，管理财务的角色会变得更加重要，到成熟阶段基本是以战略财务作为驱动管理了。

所以，不管企业处于哪个阶段，财务部都要从过去的收钱、做账、报税、对外提供各种报表等传统角色转型为既懂专业又懂管理的大财务角色，真正助力企业经营取得好结果。

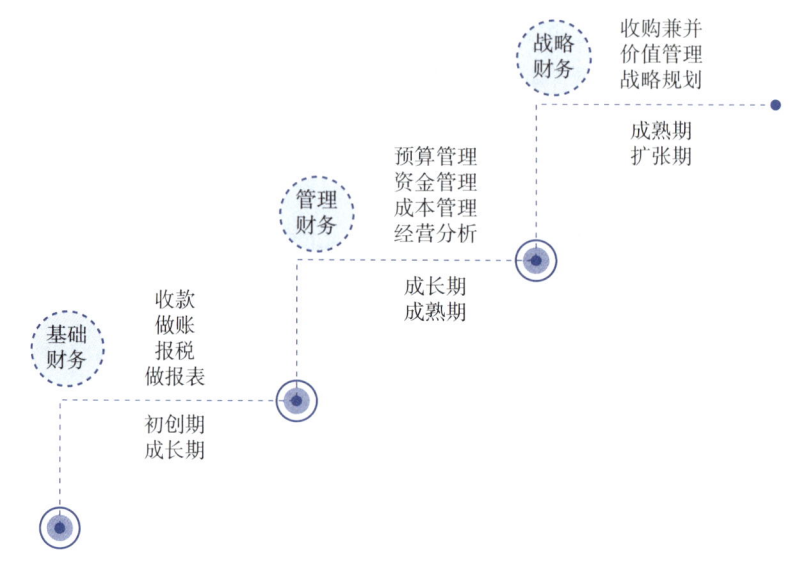

```
                                            战略      收购兼并
                                            财务      价值管理
                                                     战略规划

                                                         成熟期
                                                         扩张期
                                   预算管理
                                   资金管理
                            管理    成本管理
                            财务    经营分析

                                        成长期
                                        成熟期
                      收款
                      做账
                      报税
               基础   做报表
               财务

                             初创期
                             成长期
```

图 5-2 三种财务职能

本章正是在当下充分竞争的市场环境及民营企业管理日渐完善的背景下，探讨符合这个时代要求的财务部职责以及如何搭建财务部，老板又该从哪些方面管理财务部等内容。

5.1 传统财务部转型升级的 3 个特点和 2 个调整

5.1.1 财务部从传统型财务转型为大财务的 3 个特点

（1）角色变化

从传统的"核算型"财务转型为"决策支持型"财务，具体表现在工作职责从原来负责收钱、进行账务处理扩大为日常事项与管理相融合的模式。更重要的是，财务部要有经营思维并深度参与经营，提供数据分析和战略洞察，以支持决策、管理风险。通过系统化分析，主动与其他部门建立高效合作模式，为企业的发展方向提供有效建议，助力企业实现长期发展。

（2）具备价值创造的思维

对内协助各业务部门主管及核心骨干成长为具有财务思维的经营者（具备基础财税常识，能读懂利润表）。一个企业的核心员工要是能具备经营思维，那么到市场上作战时,就能很清楚地知道挥出去的每个动作精准落脚点在哪里?是要收入、要利润还是要回款?能否都要?如果每个员工都用这样的思维工作,企业不赚钱都难。除了对内提供服务、助力业务成长,财务部对外要建立多渠道融资方式,优化资金融资成本或增强资金收益率、用好政府各种优惠政策、引进优质投资人等,用不同的方式为公司创造价值。

（3）成为有力的决策支持者

从原来单纯的数据核算与提供者转变为数据分析师和解决问题的建议者。在各种技术的支持下,财务部提供准确与及时的数据正在成为一件更容易的事,这意味着财务人员要将重点放到解析数据背后的商业含义、提出改善问题的有效建议、帮助公司作出更明智的决策上。这要求财务人员不仅要懂专业、懂业务,还要懂相关市场营销、品牌等多维度的专业内容。

5.1.2 成为"大财务"要从工作方式上做 2 个方面的调整

（1）财务部与业务部要高度融合

这也是最重要的调整,简称"业财融合"。财务部要成为业务部紧密的合作伙伴,提供实时的数据和分析支持,帮助业务部门捕捉市场机会和优化操作效率。要实现这种支持,财务部需要主动深度了解各业务线内容、流程、交易环节等细节,只有当财务团队能够深刻洞察业务的本质时,才能与业务部团队进行充分、有效的沟通,并提出切实可行的改进建议。

因此,财务部可以从 4 个方面切入业财融合的工作:

主动深入业务前线,深度了解业务工作内容。到业务现场了解采购、生产、销售等各个业务环节的特点、交易细节、结算条款等,这样才能深度参与业务决策,参与业务部门的项目评估、合同谈判等环节,为业务部门提供财务分析和风险评估结果及建议,帮助业务部门作出更合理的决策。

主动建立和业务部门的沟通与协作。在了解业务的前提下,双方建立定期的沟通机制,如定期召开业财联席会议、预算分析会议等,共同讨论业务部门的利润表、成本费用控制、业务发展等方面的问题,帮助业务部门用数据说话,通过做数据管理及时发现并解决问题,助其提升业绩。

双方举行交叉培训,扩展知识边界。为了使财务工作更为顺利地开展,财务部应该对公司人员进行必要的财务知识培训。培训可以分为三类:一是新员工入职培训;二是岗位升迁培训;三是根据岗位工作需要进行个性化培训。

财务部可以在新员工入职时举行通用类培训，比如培训税收基础知识，包含个税的缴纳计算、发票的分类与应用、无票的处理方式等；培训财务报销管理制度，比如报销时间、报销流程、单据张贴要求等；对主管之类的职位升迁进行经营类的财务培训，比如如何阅读财务报表、如何应用财务报表提升经营成果等；对采购部进行不同结算方式的优劣势对比专题培训；对销售部进行应收账款管理专题培训等。业务部可以反向给财务部培训产品知识、市场情况、渠道开发、客户谈判合作流程等；生产部可以给财务部培训生产工艺与流程、车间管理难点等。

培训工作是一个周而复始的过程，不是一蹴而就的，需要通过长期积累让它成为公司的一种互学共进文化，届时必将大大提升全体员工的工作共情力、自主性。财务部内部培训内容参考见表5-1-1。

引入先进的信息技术系统。财务部与各部门间的往来沟通涉及大量数据，为了提高工作效率，保证数据口径的一致性，全公司各部门应采用统一的ERP等信息系统，这样可以实现财务数据和业务数据的集成，提高财务部门和业务部门之间的信息共享和协同工作效率。

（2）财务部要注重事前定规则

事前定规则的目的是便于大家按既定的规则、体系做事，降低过程犯错成本，规避管理过程中可能出现的风险。这也是内部控制体系的重要部分。

事前定规则，一般用于经营过程中出现各种新业务场景又没有现成的规章制度可参考的情景。可以由财务部先拟订制度流程等，然后经办部门与财务部沟通达成共识并由决策部门认可签批生效后执行，也可以双方共同探讨后一起确定流程制度并遵照执行。

比如，A公司拟在广州成立一个运营新主体，财务部得知这个信息后可以先制订一套分子公司财务管理手册，包括但不限于财务人员的招聘、资金的管理制度、货物的管理办法、权限的规定等，经由决策层签批同意后对新任总经理进行财务制度培训，这样能确保新任的总经理在遵守财务制度的前提下带着新公司良性有序运行，很好地规避了经营过程中的各种沟通内耗。

为确保财务部能够积极参与事前管理并养成习惯，公司高层应树立榜样，从自身做起，在各种新业务开展前主动与财务部进行深入沟通和探讨，充分吸纳其专业建议，带动公司慢慢形成良好的工作氛围：各部门在启动新业务之前，与财务部进行充分交流，听取财务方面的建议。通过这样的实践，逐渐培养起

/ 第2部分 / 财税升级篇——助力企业提升经营效率

表 5-1-1　财务部内部培训内容参考

类别	主导岗位	具体类别	培训方式	参加部门	参加对象	培训内容	培训达成目标	1月	2月	3月	4月	5月	6月	7月	8月	9月	10月	11月	12月	完成情况
通用类培训	财务经理	报表阅读	线下	各部门	各部门主管	如何阅读三大财务报表	培养部门主管的经营思维													
	财务经理	报表使用	线下	各部门	各部门主管	利润表中的经营思维	培养部门主管的经营思维													
	律师	公司法	线下	各部门	各部门主管	2024年7月1日《中华人民共和国公司法》第一百八十一条：董监高不得从事的行为	让相关岗位明确职业要求													
	律师	刑法	线下	各部门	办公室各部门全员	《中华人民共和国刑法》第三百八十三条：关于贪污罪、受贿罪的相关培训	让中高级管理者了解犯罪场景与成本，规避类似事项发生													
	律师	民法典	线下	各部门	各部门指定人员	经济法基础培训：合同签订与注意事项	避开合同风险与用好资金流													
	财务经理	税法	线上视频	各部门	涉及外部事项员工	税法基础培训：发票分类与注意事项	遵守税法要求													
	财务经理	税法	线上视频	各部门	全体员工	个人所得税培训：各项专项扣除填写、代扣代缴、汇算清缴等事项	遵守税法要求													
	财务经理	报销制度	线上视频	各部门	全体员工	报销流程、报销时间规定、票据张附要求、票据丢失规定	遵守公司制度													
	……	……	……	……	……	……	……													

· 147 ·

续表

类别	主导岗位	具体类别	培训方式	参加部门	参加对象	培训内容	培训达成目标	1月	2月	3月	4月	5月	6月	7月	8月	9月	10月	11月	12月	完成情况
个性化培训	成本会计	成本构成	线下	研发部/生产部	研发人员/生产指定人员	产品成本构成培训：直接材料、直接人工、制造费用	带着成本意识研发高质量产品													
	成本会计	研发费用	线下	研发部	研发人员	研发费用分类归属培训：6大类别的归属场景	清晰研发费用分类归属，规划研发投入													
	成本会计	结算方式	线下	采购部	采购人员	银行承兑汇票、商业承兑汇票、现金折扣、商业折扣等与结算有关的要点	掌握谈判技巧，提高资金使用效率													
	成本会计	结算方式	线下	采购部	采购人员	供应商付款时间与供应商开具进项发票的细节设定	取得发票的同时最大化提升资金使用效率													
	成本会计	成本核算	线下	仓库/生产部	仓管人员/生产部指定人员	进出仓及时性、准确性要求及对成本核算的关键影响点	提高作业的配合度与提升成本管控意识													
	……					……	……													
	销售会计	应收账款	线下	销售部	全体销售	应收账款管理方法、应收账款周转率的计算	提升回款额，降低坏账率													
	销售会计	应收账款	线下	销售部	全体销售	客户信用评估：如何判断企业经营状况好坏及通过哪些渠道获取信用数据	提升回款额，降低坏账率													
	销售会计	应收账款	线下	销售部	全体销售	客户回款时间与开具销售发票时间的细节设定	掌握谈判技巧，提升资金使用效率													
	……					……	……													

将财务部视为决策层和管理层得力助手和智囊团的习惯。这种习惯一旦形成，将显著降低公司的运营风险，使流程更加有序、高效。

财务岗位不同，参与业务事前工作的时间比例也会有所不同。通常来说，以财务总监或财务经理为例，他们至少应将 50% 的工作时间用于事前规则的制定和沟通交流上，确保各事项进展顺利，其他岗位视情况而定。

5.2 财务人员转型升级的 4 个维度

身处其中的财务关键人员，必然面临着同样的转型升级压力。不能只懂得做账、报税、编制报表，更要懂管理，用谋略助力经营取得成果。本节重点探讨财务人员如何转型升级，建议从以下 4 个维度入手。

5.2.1 接受变化，主动改变

我在线下做财税咨询时，遇到的最大阻力常常来自财务人员。只要我们做了一些改变，需要去调整或适应，就能听到财务主管或财务人员的反对声音："我过去就是这样做的，就是这样解决的，为什么现在就不行？"

过去积累的经验能持续应用的前提条件是法规政策没有调整、业务背景与场景或业务模式没有任何改变，这种情况下，遇到同样的问题只要复制粘贴答案即可。但现在已经从过去手工记账、手工开发票、用个人银行卡收款的时代变为金税四期电子化、数据化、智能化的监管时代。时代变了，企业对财务工作的需求也发生了相应的变化，财务人员不仅要解决企业过去发展过程中由于不当操作方式遗留下来的各种账实不符的历史问题，还要推进二账合一，更重要的是要建立全盘税收筹划模型，满足企业既要合规又要赚钱的诉求……要完成这些事，工作量较大，工作本身难度也不小，我们不仅要接受这些变化，还要主动应对这些变化，更要建构适应变化的解决问题能力。

5.2.2 从点状思维升级为体系化思维

大部分财务人员常用点状思维做事情，只解决当前或眼下的事，没有全盘统筹的习惯。

案例分析：

公司在进行一项采购业务后，未能及时收到供应商提供的发票。财务人员小李在处理这笔交易时，只在账本上做了个简单记录，表明自己收到货物但尚未收到发票。但记录完成后，小李没有跟进，也没有与采购部建立有效的沟通机制来确保供应商发票的及时送达。月底进行财务核算时，由于这笔无发票的交易没有录入财务系统，财务报表出现了不准确的情况。小李从一开始就没有建立发票与整套账之间的关联，处理方式停留在"这只是一张发票"的思维模式。

点状思维是一种没有统一规划、没有形成上下部门联动沟通的工作方式，解决不了根本问题。财务人员需要用体系化思维的方式来工作。体系化思维有以下3个特点。

（1）全面性

做事时要对企业的各个方面进行全面考虑，不仅要做好财务部门的本职工作，还要为企业各个上下游业务模块和职能部门的配合以及可能遇到的难题主动提供协助与解决方案。

（2）前瞻性

解决问题一定要"瞻前顾后"，既要在事前预测可能发生的问题并做好解决预案，又要协助各部门解决业务过程中出现的问题。站在经营者的高度，协助企业制定合理的经营目标和策略，规划、优化未来的整体方案或改进措施，防患于未然。

（3）合规性

财务人员在处理事务的过程中，一定要确保企业的财务活动符合相关的法律法规要求。回到之前小李处理发票的案例，体系化思维的处理方式参考如下：

小李先详细审查所有相关文件和记录，了解缺少发票的具体情况和原因，发现这是供应商的发票邮寄丢失导致的。小李立即与供应商取得联系，确认了发票丢失的情况，要求供应商重新开具并邮寄发票，同时与公司的法务和税务专员协商，了解在发票丢失情况下的合规处理方式。

为了避免类似情况再次发生，小李建议公司采用电子发票系统，以减少纸质发票丢失的风险，并在经营过程中持续监控公司的发票管理情况，确保所有交易都有完整的发票记录。另外，要定期回顾并改进相关流程，以提高财务管理的效率和准确性。

从这个案例中可以总结出问题的解决过程是：发现问题，找到问题原因，协调解决问题，为了规避未来再次出现同样的问题而改进流程，减少未来发票丢失的可能性。体系化思维是完整解决问题的思维方式。

要养成体系化思维，不仅需要刻意地训练和实践，更需要财务人员完备知识体系，这样才可能成为既具备深厚的专业素养，又懂得综合管理的复合型人才，从而能够多角度、全方位地思考问题并解决问题。

5.2.3 成为专业技术过硬的复合型人才

首先，学习财税专业知识，让自己具备应对各种业务场景的能力。其次，具备业务思维、经营思维、市场思维、品牌思维等，学会站在不同的角度带着同理心与人沟通，真正为对方提供更多有助于提升效率、降低成本与加强风险管理的财务管理工具等。

"专业技术过硬"有两层意思：一是在速度上，要快速更新财务专业知识，以应对不断变化的需求；二是在深度上，财税知识涉及成本、税收、融资、预算等多专业板块，每个板块都要下沉深度学习，唯有精通才可能做好！

要成为复合型人才，离不开广度的、持续的学习。

（1）关于专业学习与技能提升的 5 种方式

一是参加税务师或注册会计师的学习或考试。这两种考试的特点是专业度高、知识的系统性比较好，每年都会更新教材内容，能满足体系化学习知识的要求。这种方式的优点是金钱成本投入低，缺点是需要投入较多时间。

二是参加培训机构课程班学习。获取别人在工作实践中形成的有效方法论（选对机构很重要）。这种方式见效快，容易拿到成果现学现用，虽然花钱多一些，但节省时间且针对性强。

三是找资深前辈、同行深度请教学习。这种方式更适用于针对工作中遇到的一些特定的业务场景进行探讨，较难形成知识的体系化转移，能学到的东西相对有限。

四是通过网络学习，针对某些领域找专业人士付费深度学习。特别值得一提的是，要学会把 AI 当成自己的人工助理和移动图书馆，用它来帮助自己解决各种各样的疑难杂症，提升效率。

五是通过书籍系统性学习。比如最近想要升级成本模块体系学习，可以把市面上排名靠前的成本类的书都买来读一读，看看别人的思路、方法有哪些可以借鉴使用。有些书实操性很强，连落地的表格工具都提供了，就好像直接请了一个老师在身边教一样。

每个人具有多重身份、角色，要承担的事务很多而时间精力又有限，你在这里投入了时间，就会在其他地方有所缺失，很难把所有事情平衡好。所以财务人员针对"想要既要也要"的模式，就要学会聪明地借力使力，必要时适度花一些钱找高手学习，快速提升自己，帮自己在较短的时间内拿到更好的结果。

（2）成为复合型人才要构建的 2 种能力

一是有较全面的知识储备能力。这包含企业的使命、愿景、战略目标以及关键绩效指标、领导力、战略规划、运营管理、变革管理等方面的内容，以及经济学、市场营销、人力资源管理、信息技术等相关领域的知识。这些知识能帮助财务人员从管理的维度更好地理解和支持企业的整体运营。关于这些知识的积累，建议平时多看看管理类、财经类书籍杂志，当然，若有机会，参加一些 MBA 班的学习也不错。

二是具备 IT 系统应用、数据分析、数据安全管理的能力。

对系统软硬件的理解：理解计算机硬件、软件和网络基础，包括云计算、大数据分析等技术的基本概念和应用。熟悉企业资源规划系统，如常用的金蝶、用友、SAP 或 Oracle Financials，了解这些系统进行数据输入、生成报告和分析的功能，并将这些系统的全部或部分功能结合企业需求推动落地使用。

掌握数据分析技能：能够使用数据分析工具，如 Microsoft Excel 高级功能、Power BI 等，进行数据挖掘、分析和可视化处理，帮助决策者洞悉财务数据的意义。当然，现在的 AI 已经高度智能化，足以替代我们完成大部分工作。

通过自动化工具优化流程：通过 RPA（机器人流程自动化）和其他自动化工具来持续优化现有的财务流程，提高工作效率和准确性。

增强信息安全意识：一是做好数据的保密工作；二是建立数据的安全备份习惯。财务数据关乎一家企业的最高机密，财务人员必须具备良好的安全意识，在了解数据保护最佳实践方法的同时做好备份，防患于未然。

5.2.4 主动沟通与协作，创造更高价值

财务部的沟通可分成两个维度：一是从沟通对象上分为向上、向下、左右横向沟通；二是从沟通周期上分为定期、不定期沟通。

（1）沟通对象

跟上司的沟通有时候是为了取得对方的帮助以解决某个具体问题，有时候是报告事情进展情况，有时候是需要上司做决策定方案便于执行；跟下属沟通是为了让对方第一时间知道要完成的具体任务与完成时间节点或者在工作过程中需要改进的点；跟平行部门沟通是为了共同解决存在的问题或需要对方配合一些事项等。

不管是哪种沟通，主动沟通都会让对方心里更舒服且在沟通上更有优势。所有的沟通都只有一个目的：彼此最后达成共识，有效地推进事情的发展，让问题得到解决。既然是解决问题，当然越快越好，越早越好！

（2）沟通周期

建立周会、月会等定期沟通会议是有必要的，要在这些会议中跟进和解决经营目标达成过程中的各专门事项。在日常经营中遇到任何事情，要第一时间沟通解决。

关于沟通方式，我很认同著名投资人瑞·达利欧在《原则》一书中提出的在沟通中双方要保持真实和直接的观点。只有极致坦诚的沟通才能最高效率、最大程度地解决问题！

通过财务月报向外呈现"我做了哪些事，我发现了哪些问题，这些问题我建议如何解决……"，这是一个向上级和平行部门沟通展现的大好机会，可以展示自己的数据能力、经营视角、独特思考、有效建议……所以我常常讲，把事情做完只是第一步，最重要的是第二步——把它化繁为简漂亮地呈现、表达出来，这样才能让别人看到你的价值。大家都是为价值买单的。不仅是周会、月会，在日常生活中遇到的不起眼的一件普通的小事，也要主动沟通协助解决，如此自然能慢慢建立财务部良好的影响力与公信力！

真正的高手都是能把复杂枯燥的专业知识用简单易懂的语言、大道至简的方式清晰地传递给非专业人士，所以具备良好的口头及书面表达能力是财务人员的基本功！

在这里要给大家推荐一本对我影响至深的书——《金字塔原理》，它是麦肯锡第一位女咨询顾问芭芭拉·明托写的关于思考、表达和解决问题的逻辑性的书，书中写明了如何主次分明、由前到后、结论先行、以上统下地表达，几乎是万能模型，推荐大家阅读使用。

5.3　大中小企业适用的 3 种财务组织架构

2024 年 7 月 1 日施行的《中华人民共和国会计法》第三十四条规定：各单位应当根据会计业务的需要，依法采取下列一种方式组织本单位的会计工作：设置会计机构；在有关机构中设置会计岗位并指定会计主管人员；委托经批准设立从事会计代理记账业务的中介机构代理记账；国务院财政部门规定的其他方式。这一条款明确规定了企业财务部门的设置事项。那么，企业在不同规模、阶段应匹配什么样的财务架构？配备多少财务人员？招聘什么样的财务人员合适？这是本节要探讨的内容。

关于企业规模大小分类，可参考 2017 年 12 月国家统计局根据新国家标准《国民经济行业分类》（GB/T 4754—2017）修订出台的《统计上大中小微型企业划分办法（2017）》。该办法选取从业人员、营业收入、资产总额等指标或替代指标，结合行业特点制定具体划分标准，将企业分为大型、中型、小型和微型企业（见表 5-3-1）。

表 5-3-1　企业分类

行业名称	指标名称	计量单位	大型	中型	小型	微型
农、林、牧、渔业	营业收入（Y）	万元	$Y \geq 20000$	$500 \leq Y < 20000$	$50 \leq Y < 500$	$Y < 50$
工业	从业人员（X）	人	$X \geq 1000$	$300 \leq X < 1000$	$20 \leq X < 300$	$X < 20$
	营业收入（Y）	万元	$Y \geq 40000$	$2000 \leq Y < 40000$	$300 \leq Y < 2000$	$Y < 300$
建筑业	营业收入（Y）	万元	$Y \geq 80000$	$6000 \leq Y < 80000$	$300 \leq Y < 6000$	$Y < 300$
	资产总额（Z）	万元	$Z \geq 80000$	$5000 \leq Z < 80000$	$300 \leq Z < 5000$	$Z < 300$
批发业	从业人员（X）	人	$X \geq 200$	$20 \leq X < 200$	$5 \leq X < 20$	$X < 5$
	营业收入（Y）	万元	$Y \geq 40000$	$5000 \leq Y < 40000$	$1000 \leq Y < 5000$	$Y < 1000$
零售业	从业人员（X）	人	$X \geq 300$	$50 \leq X < 300$	$10 \leq X < 50$	$X < 10$
	营业收入（Y）	万元	$Y \geq 20000$	$500 \leq Y < 20000$	$100 \leq Y < 500$	$Y < 100$
交通运输业	从业人员（X）	人	$X \geq 1000$	$300 \leq X < 1000$	$20 \leq X < 300$	$X < 20$
	营业收入（Y）	万元	$Y \geq 30000$	$3000 \leq Y < 30000$	$200 \leq Y < 3000$	$Y < 200$

续表

行业名称	指标名称	计量单位	大型	中型	小型	微型
仓储业	从业人员（X）	人	X≥200	100≤X<200	20≤X<100	X<20
	营业收入（Y）	万元	Y≥30000	1000≤Y<30000	100≤Y<1000	Y<100
邮政业	从业人员（X）	人	x≥1000	300≤X<1000	20≤X<300	X<20
	营业收入（Y）	万元	Y≥30000	2000≤Y<30000	100≤Y<2000	Y<100
住宿业	从业人员（X）	人	X≥300	100≤X<300	10≤X<100	X<10
	营业收入（Y）	万元	Y≥10000	2000≤Y<10000	100≤Y<2000	Y<100
餐饮业	从业人员（X）	人	X≥300	100≤X<300	10≤X<100	X<10
	营业收入（Y）	万元	Y≥10000	2000≤Y<10000	100≤Y<2000	Y<100
信息传输业	从业人员（X）	人	X≥2000	100≤X<2000	10≤X<100	X<10
	营业收入（Y）	万元	Y≥100000	1000≤Y<100000	100≤Y<1000	Y<100
软件和信息技术服务业	从业人员（X）	人	X≥300	100≤X<300	10≤X<100	X<10
	营业收入（Y）	万元	Y≥10000	1000≤Y<10000	50≤Y<1000	Y<50
房地产开发经营	营业收入（Y）	万元	Y≥200000	1000≤Y<200000	100≤Y<1000	Y<100
	资产总额（Z）	万元	Z≥10000	5000≤Z<10000	2000≤Z<5000	Z<2000
物业管理	从业人员（X）	人	X≥1000	300≤X<1000	100≤X<300	X<100
	营业收入（Y）	万元	Y≥5000	1000≤Y<5000	500≤Y<1000	Y<500
租赁和商务服务业	从业人员（X）	人	X≥300	100≤X<300	10≤X<100	X<10
	资产总额（Z）	万元	Z≥120000	8000≤Z<120000	100≤Z<8000	Z<100
其他未列明行业	从业人员（X）	人	X≥300	100≤X<300	10≤X<100	X<10

我根据以上企业分类标准，构建了3种与之对应的财务组织架构（仅作为参考，具体要根据公司行业、管理习惯等实际情况调整）。

需要说明的是，微型企业的业务简单、规模小，可以把财务工作外包给专业的代理记账机构负责，因此这里不设计相关组织架构。但有两点需要注意：一是一定要找有代理记账资质且有责任心的机构合作；二是账务外包后不能当甩手掌柜，不闻不问，每个月要让对方提供报表，核对数据，及时发现问题并第一时间沟通处理。

5.3.1 小型企业

如果是几千万元销售规模的企业，建议至少配置一名或多名会计、一名出纳。会计负责账、税、报表及仓库管理的工作，出纳负责钱进出、款项跟进等事项。至于是否设置财务经理，根据公司规模和各岗位工作量而定，也可以设置会计主管兼职会计工作（小型企业财务组织架构见图5-3-1）。

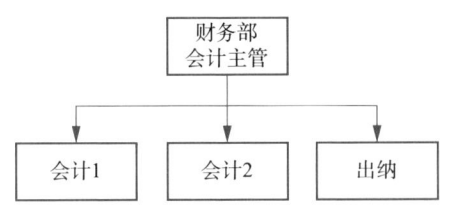

```
        财务部
        会计主管
    ┌──────┼──────┐
   会计1   会计2   出纳
```

图5-3-1　小型企业财务组织架构

如果是以销售或服务为导向的公司，财务人员配置以应收会计（有时候跟销售会计合二为一）为主，如果存在多个业务区域，销售模式较为复杂，可以配置多个应收会计（或销售会计）。

如果是集研发、制造、销售于一体的企业，一般来讲至少需要配置3名会计，分别为：成本会计兼应付会计，主导研发部、生产部各种费用核算，最终单位成本核算，存货、应付供应商款项核算等工作；应收会计，主导销售出货与账款回收等工作及各种销售费用审核与入账；会计主管兼职总账、税务专员，主导税收筹划与向政府等部门申报数据、后勤部门费用审核与入账、复核各会计岗位工作与最终财务报表编制等工作。

5.3.2 中大型企业

这个阶段企业财务部的作用尤为重要，不只是处理完成日常事务，更需要业财融合参与管理，并提供详细的分析数据给管理层做参考。所以需要在岗位上做更精细化的分工，根据实际需要设置财务总监或财务经理、总账会计、应收会计、应付会计、成本会计、税务专员、出纳等多个岗位（中大型企业财务组织架构见图5-3-2）。

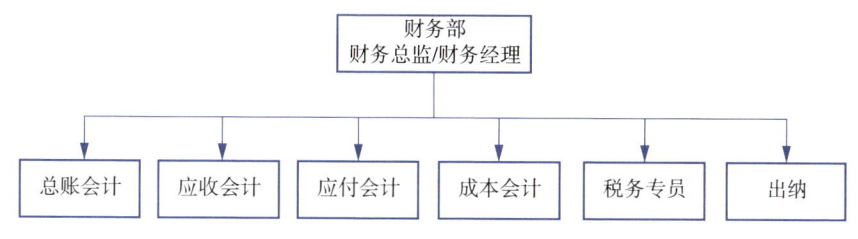

图 5-3-2 中大型企业财务组织架构

5.3.3 超大型企业

这个阶段的企业要么是单一行业领域的巨无霸，要么通过多事业板块布局形成了集团化运营，典型特征是从原来的业务导向变为财务驱动型管理。这时候的财务组织架构包括集团组织下属各功能部门，以满足个性化管理需求（超大型企业财务组织架构见图 5-3-3）。

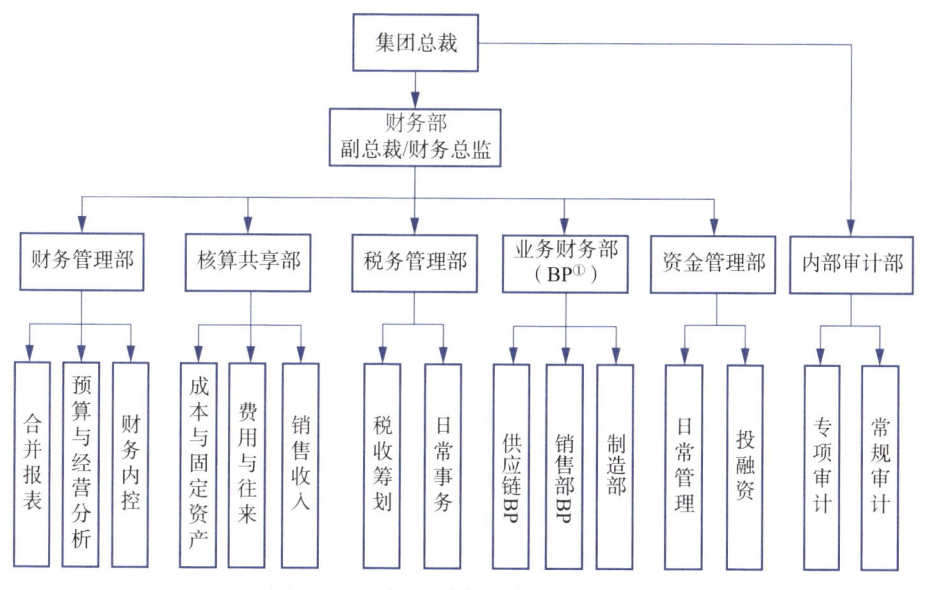

图 5-3-3 超大型企业财务组织架构

财务管理部：主导全集团财务报表合并编制、内部控制建设、预算与经营分析等，提供数据预测和决策支持。

核算共享部：主导企业各个独立事业单位的日常会计工作，包括成本与固

---

① BP（Business Partner）：商业伙伴。

定资产核算、费用与往来核算等账务处理，确保财务数据的及时性、准确性。

税务管理部：负责税务筹划和税务申报等日常工作，确保企业在遵守税法规定的前提下税收成本最优化。

业务财务部：财务部门与业务部门紧密合作，提供有针对性的财务支持和服务，主要参与预算编制、成本控制以及风险管理等工作，旨在优化资源分配，帮助业务部门实现财务目标，提升整体业绩。

资金管理部：预测并管理企业的资金需求，做好投融资计划，进行日常资金调度和风险管理，确保资金的安全性和效率最大化。

内部审计部（大型集团企业可能会设置）：内部审计部一般在组织架构上独立于财务部之外，直接向集团总裁或高级管理层汇报。工作内容：一是主导企业的财务和经营活动的内部常规审计，确保企业整体运营的合规性与安全性；二是负责高管离职时的离任专项审计，致力于发现潜在的问题和风险，并出具离任审计报告给人事部，同时向管理层提供有效的建议。

关于财务组织架构和人员配置数量，并没有统一的标准答案，原则上根据企业管理需要而设定。但要注意的是，企业在配置财务人员岗位时，要从内部控制的角度遵守岗位不相容原则。基础岗位由会计和出纳组成，会计负责账务处理、税收事项与报表编制分析等，出纳负责钱的收、付等事项。会计和出纳两个岗位不能由同一人担任，且出纳不能兼做档案管理，以确保财务凭证、账簿等重要资料的完整性和安全性，避免可能发生的舞弊行为。

要根据企业所处阶段、销售规模、业务复杂度、行业特性、管理要求等配置各岗位人员数量，可以一岗多人，把事做细。宽松一点的人员配置、略高于市场上的薪酬标准都有助于财务部招到优秀的人，从而为公司带来更高的工作效率与更有效的风险管控，更能为管理层分忧！

5.4　搭建专业高效财务部的 3 个步骤

不管是从 0 到 1 搭建新财务部，还是对现有的财务部进行升级，都要从财务部履行的职责出发，配置相应的岗位、明确岗位职责及确定所需要的人数，然后着手招聘或逐步调整人员。这一过程可以简单总结为 3 个步骤：定好岗责、选对人员、用好利器。

5.4.1 定好岗责

定岗定责主要包含设置岗位需要承担的具体工作任务和职责，包括日常工作、项目任务、团队协作等；设定每个岗位在不同时间段内要产出的工作成果，如月度、季度、年度对应的产出结果。

岗位职责要讲清楚该岗位上的员工要做哪些具体的事、产出哪些结果、什么时候完成，越明细清晰，越有助于员工合理安排工作时间，提高工作效率。

最后可以根据岗位职责和工作产出，制定相应的绩效考核指标和评价标准，并将其与奖金挂钩。

现以财务经理的岗位职责为参考范本（见图5-4-1），其他岗位可参考本岗位，受篇幅所限不一一列举（各企业根据行业特点与实际情况参考修订使用）。

5.4.2 选对人员

（1）选什么样的人

根据招聘岗位的职责匹配人才。这里总结所有会计岗位招聘时的基础要求作为参考，包含专业技能、工作经验、数字敏感性、道德品质、学习能力等方面（见图5-4-2）。

专业技能。要具备体系化的财务等相关专业知识，尽可能选择财务专业毕业的人员；最好招聘拥有执业或职称证书的财务人员，普通会计建议有中级会计师证，财务经理或财务总监最好有高级会计师证或注册会计师证，特定的岗位比如税务专员最好有税务师证。拥有证书相对而言能证明该财务人员系统地学过专业内容，当然，不管是学历还是证书，都只能作为参考因素，重要的在于工作经验与履历的匹配。

财务人员不仅要拥有专业知识，还要具备IT系统使用与数据处理能力。要熟练使用市面上常用的财务软件，更要擅长Excel的各种处理技巧，提升工作效率，掌握使用AI工具的技巧。

工作经验。知识体系能够为个人的职业发展提供深厚的理论基础，助力其在专业领域走得更远。具备实操经验的人员能更快进入工作状态，并有效地解决现实问题。在招聘过程中，必须高度重视应聘者的实际工作背景及工作年限，

	基本要求
任职资格	1.学历 　专科及以上会计类专业 2.职称 　中级会计师或以上职称 3.年龄 　35岁以上，性别不限 4.专业经验 　6年以上财务工作经验，二年以上同等岗位财务工作经验 5.能力要求 　熟悉相关财税法律法规 　熟练使用Word、Excel等办公软件 　熟悉企业财务制度及流程、熟练操作会计电算化软件 6.管理经验 　有带3人以上团队的两年以上经验 7.具有良好的沟通、协调能力和团队协作精神，能承受较大工作压力
职责内容	一、日常工作职责 **账务** 1.监督各岗位会计、出纳每日工作日清日结，及时发现问题并协助解决问题 2.每月6日完成结账 3.每月8日主导完成月度经营分析报表 4.监督检查财务账套定期备份，以保证数据安全 5.主导年度预算工作 6.监督会计凭证装订的及时性 **资金** 7.负责全公司资金预测管理 8.主导银行融资工作事项 **税务** 9.负责报税复核、税收筹划工作 **内控** 10.负责制定公司供应商付款与对账制度 11.负责制定公司销售流程制度 12.负责制定公司库存进出存管理流程 13.负责制定公司固定资产管理制度 14.负责制定公司财务制度报销流程 15.负责制定公司应收账款管理办法 16.主导每个月度、季度、年度盘点事项 二、外部事务职责 17.负责配合财务审计、监管部门检查、资料准备及报送、备案等工作

	产出结果	时间要求
工作成果	1.每周资金预测表 2.每周应收账款分析表 3.每月公司经营分析报表 ……	每周五下午5:00 每周五下午5:00 每月8日下午5:00 ……

	每月考核事项	考核人	考核指标占比
考核指标	1.完成资金预测表 2.完成经营分析报表 3.主导经营月会 ……	总经理 总经理 总经理	30% 30% 30% ……

图 5-4-1　财务经理岗位职责

特别是他们在相关行业和岗位上的具体实践经验。所以，在评估候选人时，应综合考虑其知识体系与实践经验，以确保其既具备深厚的专业知识，又能迅速应对实际工作中的挑战。

数字敏感性。 数字敏感性在财务工作中至关重要，因为财务工作涉及大量复杂且高度关联的数字处理，任何数据的错误都可能导致整个财务分析的失误，因此财务人员需要具备极高的数字敏感性，以便及时发现并纠正错误。然而，这种敏感性并不是孤立存在的，而是建立在对业务的深入了解之上。

例如，当月报表中毛利率为50%，而行业平均值与公司正常毛利率通常为45%左右，如果财务人员有数字敏感性，自然会警觉毛利率高出5个百分点，从而探究原因。这种差异可能是由数据处理错误引起的，也可能是其他多种因素导致的。因此，财务人员不仅需要精通数据处理技巧，还需要对公司的业务和财务状况有深入的了解。只有这样，才能在遇到异常数据时迅速做出反应，确保财务信息的准确性和可靠性。

道德品质。 财务人员是对全公司所有数据与信息了如指掌的人，需要具备高度的职业道德和诚信度，信守保密原则，确保公司安全。有时候，我在帮企业面试财务人员时会听到应聘者不经意地说出在上家公司负责外账工作这样的敏感词句，但凡遇到有类似表达的人员，我都不敢录用，因为他/她在云淡风轻的话语中已经把前公司的风险信息透露无遗。在这里，我建议有条件的企业招聘财务岗位人员时，在录用前一定要做下相关背景调查，确保可靠性。

学习能力。 随着经济环境和政策法规的变化，财务人员需要不断学习才能适应新的工作要求。学习能力强的人不仅能够迅速吸收并理解新知识，而且具备良好的信息处理能力，能够在短时间内从大量信息中筛选出关键内容，并将其转化为自己的知识。

（2）如何有效面试

一般来讲，面试前会先通过相关专业知识测试来评估应聘者的专业素养和综合能力。专业测试题可以由财务部出具或者由专业第三方公司提供，待应聘者通过测试后再安排其进入面试环节。财务人员画像模型见图5-4-2。

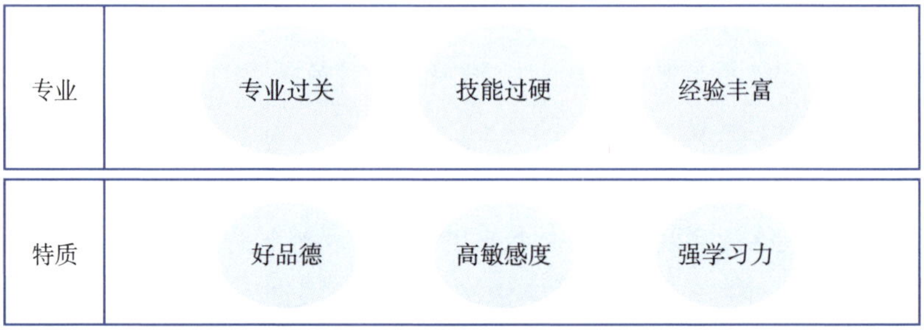

专业	专业过关	技能过硬	经验丰富
特质	好品德	高敏感度	强学习力

图 5-4-2　财务人员画像模型

我把面试问题分为 3 类：你是谁？你有什么？为什么这份工作你能胜任？

你是谁？ 主要通过教育背景、工作经验、未来的发展规划等进行了解。可以先让候选人简单介绍所读院校与所学专业情况及感兴趣的学科（主要针对刚毕业的人）、选择财务专业领域的原因，判断对方是否真的喜欢财务专业，因为大多数人对于喜欢的事更愿意投入热情，把事情做到更好，而不只是将其当作一份谋生的工作。然后了解对方在过去的工作中取得的成就、遇到的最大挑战及解决方法，让对方描述自己最大的优缺点，以及对未来的具体规划或想法。一个人对自己越了解，越有方向感与定力，工作的稳定性就会越好一些。

你有什么？ 主要是了解候选人拥有的技能、资质、证书。可以直接问对方有哪些对公司特别有用的技能，已经取得的专业认证或额外的技能培训对工作有哪些直接帮助。很多人都认为拥有注册会计师或是税务师证的人就算是高手了，肯定能把工作干好，实则不然。面试时可以直接问对方考过的相关证书有哪些知识点可以直接用在工作上，可以解决什么样的问题或带来什么样的实际性帮助。通过对方的详细描述了解对方的专业能力。最后了解对方现在或者未来还会学习什么内容或考取什么证书，通过这个问题来了解对方是否有持续学习的习惯。

为什么这份工作你能胜任？ 主要是了解候选人的入职动机，评估对方与这份工作的匹配度。可以先了解对方对招聘职位感兴趣的原因，让对方描述一次与团队合作解决问题的经历，详述当与同事或上级在工作事项上存在分歧时如何处理，当接到一个工作需要在最短期限内完成又与手头工作冲突时会如何做（这几个问题有助于判断对方是否能胜任岗位要求）；再询问对方在选择工作时，是看重薪资待遇、职业发展还是看重工作氛围，想在公司得到什么样的发展。

一个人与环境、同事的融合度决定其工作能否顺利开展，从选择工作的原因排序也能看出这份工作是否真的适合对方。

总体而言，招财务人员的标准首选人品（建议做背景调查）、工作态度（通过过去与团队的配合场景评估）、专业度、逻辑性、学习力。人无完人，要用人所长，容人所短。

最后，很重要的一点是，财务人员与老板要"对味"，因为两人是朝夕相处的"战友"，必须能够彼此信任。判断是否"对味"，彼此的第一印象最重要，然后通过交谈判断双方价值观是否符合。

当多个候选人具备上述硬件条件时（甚至有个别人条件不是最好的），你要选"对味、顺眼"的，就是你看了就觉得放心、愿意跟对方交流的那些人面试。但凡面试时对对方还有一点犹豫的都不要录用，因为用到最后会发现出于种种原因确实不合适，还得重新找（不录用不代表对方不好，很多时候就是彼此气场不合适），时间成本与金钱成本都很高。

关于财务人员的选择，市面上有这么个说法："对的财务人员可以成为老板的'心腹'，错的人选则可能成为'心腹大患'。"所以花再多的时间选对的人都不为过，正如《从优秀到卓越》中谈到的观点：要先人后事，人对了，事就能做成。

决定录用后，在定薪资环节，如果可能，建议给对方超出期望值的金额（公司都有薪酬体系，但可以有一定的弹性）。比如对方要月薪15000元，公司可以给16000元，这1000元可以与绩效考核挂钩。这种方式是对对方价值的一种认可与尊重，换回来的一定是其入职后的全身心投入与可能的更高忠诚度。但要提醒面试人员，在录用时不要给予对方不切实际或者不确定的承诺，特别是升职加薪这种敏感话题，否则会在日后工作中带来不必要的争议与麻烦。

5.4.3 用好利器

"工欲善其事，必先利其器"，人选对了，提效工具也要到位，这样工作效率才能"飞上天"。

人是流程、规则、体系的设计者，以及问题的发现者和解决者，需要事先制定好规则、流程，然后依托 IT 系统进行固化、执行，最终出结果。要提升财务工作效率，通常要借助于自动化、精确性高的分析数据的系统和工具。

（1）帮助财务部门提高效率的系统和工具

财务数据流系统。

财务软件系统：如用友财务软件、金蝶财务软件等，这些软件用于日常账务管理、发票处理、报税等，是最基础的核算软件。

企业资源计划（ERP）系统：如SAP、Oracle等，它们集成了公司的多个业务流程，包括财务、采购、仓库、生产、销售等，所有部门共用一个系统可以提高公司整体的运营效率。

客户关系管理（CRM）系统：可以详尽地追踪和记录销售活动、客户互动以及收入数据，为公司提供宝贵的信息源。通过对这些数据的深入分析，公司能够评估销售绩效、预测未来的收入趋势，并据此制定更加有效的销售策略和财务规划。

提升工作效率的软件。

人工智能（AI）：这是一种使计算机系统模拟人类智能行为的技术，已经深度融入生活工作中，正在成为不可或缺的个人助理。财务人员原来用Excel制作的各种数据提取与分析报表已经可以由AI自动替代完成。只要对AI进行角色设定、提出明确的制作要求或者提供样式参考，AI就能图文并茂地给出想要的报告格式，又快又好！

RPA机器人：这是一种能够模拟人类进行业务决策和业务处理的智能助理机器人，依赖预先设定的业务规则和逻辑自动执行业务流程，擅长处理执行重复性高、规则性强的任务，如数据录入、信息提取和流程管理，能帮助企业员工摆脱大量重复烦琐的日常工作。比如工资核算、对账等都可以用它来完成。

报告和分析工具：如Tableau、Power BI等，它们可以快速生成视觉化的多种图表、仪表板等，通过直观的可视化呈现，帮助决策者更快更容易地识别趋势、异常和机会，从而作出更加明智的决策。

（2）企业在购入财务系统或ERP系统时的6点注意事项

先建合规财务体系，后上系统。 企业上了系统，全部数据都是相对开放且可读取的，对内部、对政府部门（需要时）都可以开放数据。所以就安全性而言，这意味着企业必须有合规的、完整的1套账。如果不是这样，一旦上了系统，数据的开放性（虽然有权限限制，但并不能完全避免）会带来不可控的风险。很多企业一开始没想好就匆忙上系统，进行到一半时就执行不下去了。所以，上系统一定要先明确财务方向，再开始下一步工作。

需求分析。企业上系统前要梳理企业的流程、单据、报表样式等，组织各部门进行详细的作业需求分析，最后汇总得出软件所需要满足的功能、模块。明确需求既有助于缩小软件选择范围，找到最适合企业需求的软件产品，又能整体性规划软件上线，避免不同部门使用不同软件，造成资源浪费。

确定预算。在选软件时要评估系统标准功能能否满足企业实际需求，是否需要进行二次开发，如果需要，就要考虑软件购入及二次开发的费用预算，然后结合企业实际财务状况制订合理的支出计划。如果条件有限，可以通过后续扩展升级分阶段实现不同的功能模块。

系统兼容性与集成性。选择软件时要考虑其是否与企业现有的其他系统兼容，以及是否支持必要的数据导入导出功能，避免出现多系统运行与手工并行的尴尬场面（好多企业都存在同时使用多种不同系统且互不兼容的现象，花了钱，效率却提不上去）。

供应商实力。软件成熟度高、市场占有率高的公司相对来讲也更有实力提供更好的技术支持公司未来扩张计划和提供服务保障。软件的实施和售后服务是至关重要的，选择时不能以价格便宜作为唯一考量标准。前期的需求调研、提供软件试用服务，项目实施过程中的培训、沟通协调，软件上线后在使用过程中遇到问题时要能在第一时间协助解决，这些都是至关重要的考虑因素。

IT 部门和财务部门相配合。系统上线涉及各岗位实际业务操作细节，也涉及技术层面的维护、开发，财务部和 IT 部门充分沟通交流、同步信息、高度配合，才能保证系统上线顺利完成。

5.5　用 5 个指标轻松管好财务部

管理者不用因为自己不是财务专业出身，害怕自己管不好财务部。要解决这个问题，我的建议是与时俱进地学习一些财务知识（通过阅读本书也可以），另外，我从自己作为财务总监和财税咨询师的角度总结了一些建议。

财务部最核心的基础工作是在最快的时间内提供公司所需要的报表数据，并且所提供的数据必须准确无误才具有参考价值，才能支持决策层在最短的时间内通过数据发现问题并快速调整经营策略，以完成既定目标。除了日常基础工作外，财务部还需要通过数据发现问题并提出建议，同时完成管理性的工作，比如风险管控、成本管控、资金周转等。

对于财务部的工作，可以围绕基础性工作和管理性工作制定目标及可量化的考核指标，每月跟进指标完成情况即可。财务部的基础性工作可以用及时性、准确率2个指标考核量化；管理性工作可以用资金管理、成本控制、税收优化3个指标值量化。还可将这5个考核指标与部门主管、各岗位绩效考核奖金相关联。

5.5.1 及时性

财务部从拿到各业务部门原始单据开始，进入审核、加工处理过程，最后产出经营分析报表，并组织管理层每月初召开经营月会，是一个完整的月度工作闭环。为了保证这个闭环的顺利进行，财务部需要将具体事项分解到相应岗位，并且规定各事项的完成时间与产出样式。

比如，公司要求财务部每月6日完成财务报表、8日召开生产部经营月会，那么财务主管就需要把这个大目标分解成各个会计岗位需要完成的事项及时间节点。比如所有会计岗位3日前完成费用预提与待摊、成本会计4日完成单位成本结转、应收会计3日完成客户对账等，可以将分解事项与要求用报表的形式罗列出来，如表5-5-1所示。

表5-5-1　财务账务月结10步法及时间表

步骤	完成事项	会计岗位	完成时间
1	完成上月末会计凭证复核	总账会计	1日
2	主导资金抽查盘点事项（现金、银行存款、承兑汇票）	总账会计	1日
3	主导资产抽查盘点事项（存货、固定资产）	成本会计	1日
4	主导往来账对账工作（应收账款、应付账款、其他应收款、其他应付款、预收账款、预付账款）	应收/应付会计	3日
5	完成各项费用计提、摊销（坏账准备、资产折旧、无形资产摊销、长期待摊费用摊销、预计费用计提、短期待摊费用摊销、工资、福利、社保、工会经费、职工教育经费等）	各会计	3日
6	完成生产单位成本计算与结转（材料领用出库、制造费用分摊、单位产品成本计算）	成本会计	4日
7	完成销售出库成本结转（出售、发出商品成本结转）	应收会计	4日

续表

步骤	完成事项	会计岗位	完成时间
8	各项税金计算检查与计提（进项税发票抵扣，销售税额计提，销项税与进项税勾稽关系核对，城建税、教育费附加、房产税、印花税、土地使用税、企业所得税计提检查）	总账会计	5日
9	结账	总账会计	5日
10	编制与出具财务报表	总账会计	6日

从表5-5-1中能很清晰地看到各岗位的事项完成先后顺序及时间节点，可以很好地跟进管理这些工作。但是，想月初各项工作能顺利进行，有一个很重要的前提条件：各岗位会计日常工作做到日清日结。所以财务部主管要带领财务部全体成员梳理确定各岗位间的作业先后顺序，然后建立各岗位日常作业标准流程，并确定产出表格样式，形成一套标准操作程序（SOPs），确保各岗位及整个财务部按时按质完成任务。

将会计岗位日常工作流程标准化、做账要求规范化，可以让原本琐碎无章的会计工作更有序地开展，同时很好地解决了由于每个会计人员专业水平不一或对业务理解不同，对同一个业务场景使用不同的会计科目核算导致日后数据口径不一致而难以对比分析的问题。最重要的是，将会计日常工作标准化、规范化，可以让管理者更为放心。

财务部在日常工作中会碰到各种需要马上处理的突发事项，比如税务局突然要求企业协查，提供相关资料以及老板临时需要统计报表数据等，财务部主管要及时跟进了解各会计是否合理安排事项，是否需要协助，避免延误其他工作的正常进行。

及时性的指标要求对财务部的工作提出了明确的时间节点，能使整个部门人员有节奏地在要求的时间内完成工作。

5.5.2 准确率

仅把事情及时完成还不够，把事情做对、做准确才有价值。财务部除了及时完成报表等各项工作，还要保证数据的准确性。这个要求看似简单，其实最难做到。

财务部是一个数据加工部门，所有单据来源于业务前线各部门，数据结果是否准确取决于两个要素：一是业务经办部门能否提供准确的表单数据；二是财务部本身的加工过程是否准确无误。

要做好以上两点，首先，财务部各岗位会计要对前端业务部门的相关数据进行审核，确保数据来源无误。比如成本会计每日对仓库的进出仓单据数据进行审核，及时发现问题并进行校正。其次，财务部各岗位间要遵循严格的数据检查流程，包括自我检查和复核检查，比如成本会计完成了单位成本表的计算，自查无误后提供给应收会计使用，应收会计复核无误后再进入下一道岗位进行数据加工；财务主管也要对相关岗位报表数据进行复核，做好把关工作。

财务部内部要建立统计各岗位错误率的表格（见表5-5-2），并于每周或每月初知会财务部全体相关人员，这样做能有效避免同样的错误再次发生，同时该表格也可以作为岗位绩效考核的依据。

表 5-5-2　财务岗位工作事项错误率统计

岗位	费用单据审核出错率			合同审核出错率		凭证录入出错率			报表编制出错率		
	部门填写错误	大小写金额不一致	未附发票	结算条款不明确	发票开具不明确	借贷方向相反	金额录入错误	摘要漏写或有误	取数来源错误	比率错误	合计数错误
成本会计											
应收会计											
应付会计											
费用会计											
总账会计											
……											

把各项工作分解细化，建立标准流程，并对产出的结果进行量化，确定完成时间点，从及时性、准确率两个维度进行管理，就能保证财务基础工作较好

地履行到位。

5.5.3 资金管理

要关注资金安全。资金安全一是指日常资金收付的安全，企业任何一笔资金收支出现差错，几乎没有挽回的余地，所以这个只能用零出错率指标来考核；二是指保持企业日常运营过程中账上现金流能有余量支付，任何时候出现资金流断裂都有可能使企业陷入破产的境地，所以一定要有居安思危的思维，即使在资金充裕的时候也要寻找资金备用。其中，找银行审批好随时可用的贷款额度是最为可行的方案，可以用银行审批生效的贷款额度作为考核指标要求。

资金日常安全管理的重点，一是确保所有经营资金收付统一归入公司账户管理，不允许有账外收款存在；二是按照岗位不相容原则将会计工作与出纳工作严格区分开，银行Ukey分制单与复核两个岗位管理。此外，总账会计每日、每月初要盘点出纳资金余额，会计每月初要与供应商、客户对账，全体员工要遵守财务报销制度流程……财务部可以通过一整套完整的流程、制度很好地保证资金日常运转的安全。

企业整体资金安全管理，最重要的是做好全公司资金预测滚动管理。财务部主导全公司各相关部门配合完成周、月、季资金收支预测，同时每周不间断地滚动更新公司资金需求预测表，提前了解资金缺口并提出应对解决方案，确保公司运营过程中的资金安全。

在资金缺口的解决预案中，最为直接快速的是找银行贷款。企业需要有规划地安排这件事。这些规划包括：先自行盘点现有的资源或资产，比如专利与知识产权数量、上缴的税收数据、可抵押的固定资产等，评估现有资源适合用什么方式与哪些银行合作；企业日常存款、工资发放分别选择与拟贷款目标银行合作，这样能为贷款银行带来一定的收入，有助于企业在贷款银行的评估加分，有利于贷款顺利进行……企业在银行的信用是一个逐步积累的过程，只有先开展合作，银行才有可能在后续为其审批更高的贷款额度（即使没有抵押物，银行也有各种贷款支持政策，建议找各大银行咨询了解）。

总之，财务部要在资金的管理上时刻保持警惕状态，守住"粮库有粮吃"的安全底线。

5.5.4 成本控制

这里的成本是包含原物料成本、制造成本与各项期间费用的大成本概念。财务部每月初应深入分析企业各项成本、费用，从采购端、生产端、后勤管理到销售环节，识别全过程中存在的不必要的开支，提出有效的成本控制建议。采购端主要管控采购价格的变动，生产端管控生产超耗率和制造费用支出的合理性，其他各部门管控各种费用支出的合理性。

可通过数据分析优化管理，达到降低采购成本、运营成本和其他费用的效果，从而增加企业的利润空间。这项工作可以通过成本下降率指标进行考核，由财务部统计对比管控前后成本费用。

5.5.5 税收优化

财务部应在保证合法经营的前提下合理规划和优化税务策略，及时调整税务筹划方案，为企业节省税款，提高税后利润。但是税务筹划是一项综合性较强的工作，需要提前规划且多个部门配合才能落地完成，要客观谨慎对待。这项工作可以用税负率指标或节税额进行考核。

将以上 5 个管理指标与各岗位考核指标相结合，每月评出绩效考核结果并与岗位奖金关联，然后由部门主管定期（可以按月、季度）主动反馈给下属，提出需要改进的地方并提供针对性的指导与帮助，形成正向循环的工作模式。

表 5-5-3 为成本会计绩效考核指标体系。

表 5-5-3 成本会计绩效考核指标体系

考核指标		指标说明	考核指标值	占比权重	考核人	实际考核结果	考核说明	考核人签字
基础指标	报表及时性	3 日下午 5:30 完成单位产品成本表并提供给应收会计	30	30%	应收会计		1. 按预先定义好的表格格式，提供完整的单位产品成本表 2. 遇法定节假日顺延 3. 超过 3 日下午 5:30 提供报表，本指标得分为 0	
	报表准确率	报表 100% 准确	30	30%	应收会计		报表数据出错，不影响利润额，本指标得分一半，否则为 0	

续表

考核指标	指标说明	考核指标值	占比权重	考核人	实际考核结果	考核说明	考核人签字
成本管控指标	成本与费用下降率	发现成本存在的问题，及时指出并提供有效解决方案	40	40%	财务经理		1. 及时发现问题，本指标得分一半 2. 及时发现问题同时提出有效建议，本指标得满分	
合计			100	100%				

财务部要完成的事情很多，管理者只要抓住核心重点即可，因为有体系的财务部会形成闭环工作流并良性循环。

管理是什么？

我把它总结成一个公式：

管理 = 量化目标 + 标准化过程 + 实际结果达成与目标对比 + 绩效考核

先理清部门职责、选对团队、量化目标，再建立标准化做事流程，使之可控，让结果可预见，然后建立一套激励员工的绩效考核、晋升体系，让员工有积极性、有奔头，自发往前跑。

所以，管理者要做的就是带领团队建立相关的作业体系，比如财务体系、生产体系、营销体系、激励体系……让员工有规则可遵守，让工作高效产出结果，得到相应的回报。这个时候，"管理"可以很轻盈。

3

第3部分

财税高阶篇——助力企业利润提升

第 6 章　通过合法合理的税收筹划，为企业赚取净利润

6.1　税收筹划基础知识

我日常工作服务的对象以民营企业为主，民营企业存在的财税共性问题是：虚开增值税发票、收入不入账、多计成本费用少做利润、直接从公司账上转款进个人银行卡……这些做法无非一个原因："我不想缴税"或者"我想少缴税"。

但是国家金税工程系统的升级标志着税务数智化监管时代的到来，金税系统的智能偷税分析功能可精准锁定偷漏税企业，再加上税务局、公安局、检察院、海关等几大部门的联合执法，企业以上的做法无异于在走钢丝！

不过这几年越来越多的老板来听我的线下财务课，能看出他们对财税合规这件事的高度重视，通过跟他们交流可知，企业没做财税合规的原因在于：一是担心全面合规后税收成本太高企业赚不到钱；二是不知道如何做到全面合规。

老板担心的赚不到钱更多是指在同行没有合规自己先行合规的情况下，极有可能出现双方在竞争同一个订单时自己给客户的报价会因为考虑了税收成本而相对较高，因此失去订单，或者即使拿下了订单但几乎没有利润。

那到底有没有一些方法可以让企业既合规经营又承担相对合理的税收成本？这就是本章要探讨的内容——税收筹划。

在详细讲解税收筹划内容之前，我想先分享一个观点：老板认为企业财税合规税收成本太高是跟过去多开发票抵税或者以个人卡收款少缴税的方式对比而言的，但这些方式本身就不合法，存在潜在的高额补税成本，情节严重的还可能承担刑事责任（第 1 章中已有详细介绍，此处不再重复）。一般纳税人如果取得专用发票可以抵扣 13%、9% 或 6% 的增值税（不同行业税率不同），同时

原材料或者费用有发票才能作为成本、费用入账抵减利润，少交25%的企业所得税（假设没有优惠政策）。当然，也有些企业在合规过程中出于各种原因无法取得发票，希望通过税收筹划进行改善。

那么，什么是税收筹划？从我大量的财税咨询工作中总结出的经验是：税收筹划是提前对未来可能发生或者马上发生的业务、交易通过各种合理、合法的方法和优惠政策等综合应用，实现安全且税负最优结果的一种方式。

税收筹划的目的是在合规、可落地操作的前提下实现税收成本最优化与合规化，但不一定是税负成本最低化。

比如A企业通过一些非合规方式控制增值税税负率在3%，趋近于行业合理值，那么税收筹划的目标就应该是找到合规方式替换原有的方式，而不是再去降低税负率。

税收筹划包括什么内容？从主税种来讲，增值税、消费税、企业所得税、个人所得税等可能存在部分筹划空间。

增值税属于流转税类，是在产品或服务价值增加的环节征收的税，是一种价外税，在开具发票时税款额外计算并显示在商品或服务的价款之外。消费者在购买商品或服务时，支付的价格中包含了这些税金。增值税缴税的核心在于"增值"，所以增值税的筹划方法一般有：优化供应链管理，选择能够提供合规发票的供应商；进行纳税人的身份规划，即一般纳税人与小规模纳税人的选择应用；改变销售方式，例如延迟销售以达到调整纳税义务发生的时间的目的、改变业务模式如将技术转让转化为技术服务等。

消费税只针对特定的消费品，如烟草、酒精饮料、高档化妆品、珠宝等奢侈品或有害物品，一般在生产、委托加工或进口环节征收。消费税缴税的核心在于"特定环节"，所以消费税的筹划方法一般有：在销售模式上优化，比如通过设立独立核算的销售公司，将产品先销售给销售公司，再由销售公司卖给最终消费者，以此降低消费税负担；进行包装物筹划，将包装物出售变为收取押金方式，押金不作为应税消费品的计税金额，从而降低消费税等。

企业所得税是基于企业收入抵减成本费用之后的盈余缴纳的税。企业所得税的主要筹划方向是利用主体性质比如高新企业、软件企业等享受15%企业所得税率，或适用小微企业低税率的优惠，及通过研发费用加计扣除、还原无票费用取得真实发票入账以抵减利润，达到少缴税的目的。

个人所得税主要是针对工资薪酬奖金、劳务报酬、个体户经营所得等所交的税。如果是工资薪酬可以在合作模式上做调整，比如全职员工雇佣关系可以转变为独立承包商的劳务关系从而享有更低的税率以达到节税的目的；针对全职员工也可以在工资结构上做优化，比如工资总额可以拆分为明面上的雇佣关系进行工资发放及另一部分转化成公司向个人租赁资产支付租金的形式；如果是自由职业者的劳务报酬可以在报价上做拆分，比如接单时设计费中不含差旅费，费用由对方承担；如果是经营所得就要在抵扣项目成本、费用上做规划或者在地域上谋求核定征收的优惠政策等。

以上介绍的税种是经营活动中最常发生的，其他税种不再一一展开介绍。

税收产生于业务交易环节，即具体业务行为决定了交什么样的税，而业务行为的本质是双方之间的交易关系，包括投资关系、买卖关系、赠送关系、劳务关系……不同的关系交不同的税，对应不一样的税种、税率，从而决定了税收成本高低。所以税收筹划的本质就是对业务交易进行筹划。

既然这样，就有必要梳理经营过程中的所有业务交易，并定义好各业务交易对应的税目、税率与应匹配签订的合同、对应的四流一致等环节，直到最后财务做账出报表完成财务闭环（见图6-1-1、图6-1-2）。

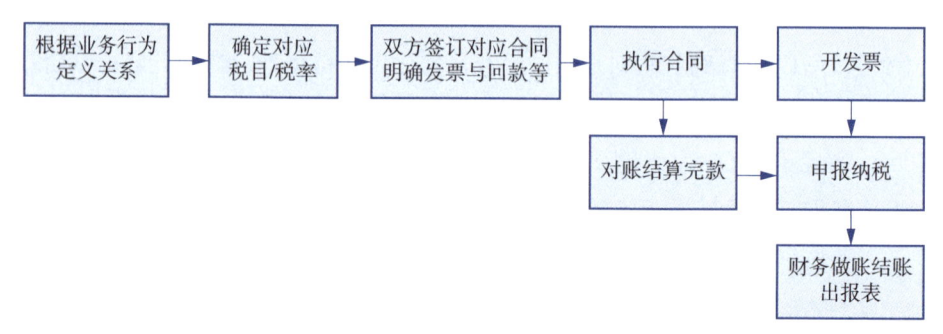

图6-1-1 梳理业务流程

案例分析：

三公司是一家生产销售海鲜冻品一条龙的企业，产品主要销售给五星级酒店。三公司没有自己的销售人员，都是靠各种渠道合作进行销售。我帮三公司梳理出3种业务行为：

第1种：客户直接向三公司进货并独立完成酒店渠道开发与销售。这种业务行为适用销售货物税目，适用13%增值税税率，由客户与三公司签订销售合同，开具销售类发票。

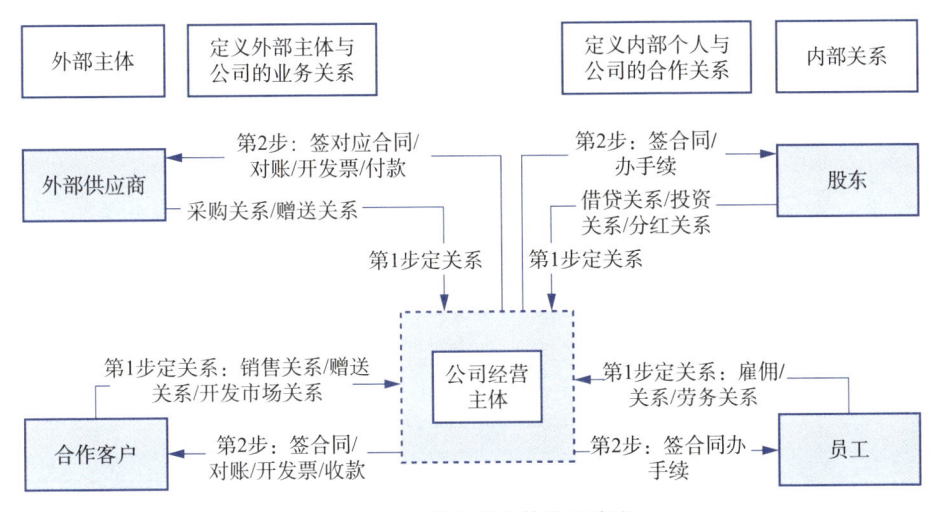

figure 6-1-2 各业务主体关系定义

第2种：客户帮三公司做好酒店渠道开发，销售及配送相关事项由三公司自行完成。这种业务行为适用市场服务税目，适用6%增值税税率（如果是小规模纳税人适用3%增值税税率），客户与三公司签订市场开拓合同，开具服务类发票。

第3种：客户只负责货物配送，不涉及其他事项。这种业务行为适用货物运输税目，适用9%增值税税率（如果是小规模纳税人适用3%增值税税率），客户与三公司签订货物配送合同，开具运输类发票。

由此可见，不同业务场景下适用的税率是不一样的，可以通过筹划改变业务交易行为来达到优化税收成本的目的。

案例分析：A公司主要从事酒店经营，一楼酒店按年出租给B公司做会议场地用，一年收取100万元租金。这种酒店出租的业务行为适用的是"不动产租赁"，税目适用9%增值税税率，每年缴纳增值税12.39万元。

现在假设A公司不仅出租酒店，还同时提供配套服务，比如会场桌椅摆放、拉横幅、端茶倒水、收拾桌子等，这个时候业务就由原来的租赁改变为提供会议服务，适用"会议展览服务"的税目与6%的增值税税率，每年缴纳增值税从12.39万元变为8.49万元，比原来节约了3.90万元。

常用税目税率及9%税率货物类别见表6-1-1、表6-1-2。

表 6-1-1　常用税目税率参考

增值税税率	业务范围
13%	大部分货物的进口或销售 加工修理修配劳务 有形动产租赁服务
9%	销售或进口税法列举的货物 交通运输服务、邮政服务、基础电信服务 建筑服务、不动产租赁、销售不动产、转让土地使用权
6%	增值电信服务、现代服务（租赁除外）、金融服务、生活服务、销售无形资产（转让土地使用权除外）

表 6-1-2　9% 税率货物类别

项目	具体类别
食品	粮食等农产品、食用植物油、食用盐
资源	自来水、暖气、冷气、热水、煤气、石油液化气、天然气、二甲醚、沼气、居民用煤炭制品
文化	图书、报纸、杂志、音像制品、电子出版物
农业	饲料、化肥、农药、农机、农膜
其他	国务院及其有关部门规定的其他货物

6.2　税收筹划的 5 点注意事项

在进行税收筹划时真实性是最低要求、合法性是基本前提、合理性是根本原则，拥有全局观才能形成闭环，而证据链完整不仅能证明业务的真实性，更经得起过程与结果的核查。

6.2.1　真实性

真实性是税收筹划的最低要求，一切都是在真实性的基础上调整、改变模式或性质。离开了真实性的税收筹划就像房子没有了地基一样随时可能倒塌。

6.2.2 合法性

合法性是税收筹划的基本前提，要确保采用的筹划方法在法律允许的条款或框架内。任何偏离了法律法规的所谓"筹划"都有可能给纳税人带来严重的法律风险和经济后果。

因此，在进行税收筹划时，必须先对行业、业务交易相关的税法、法规和行政规章进行深入的理解和准确的把握，通过正规渠道比如国家税务总局官网了解政策，查找12366过往类似问题回答作参考，确保了解到最新的法规与资讯。

6.2.3 合理性

合理性是税收筹划的根本原则。税收筹划前要对当下经营环境、所在行业特性、上下游情况、业务交易模式有充分的了解。上文提到了税收筹划是对业务交易进行筹划，在原有的交易链条中增减、调整某些行为使之符合更低税率的要求。这些行为应能融于整体业务中，而不是突兀存在。

总体来讲，合理性可以是符合生活的常理，业务、业态的合理，也可以是常识性的合理。不管从哪个角度，听起来有"道理"，才站得住脚。

6.2.4 全局观

全局观是指从业务开始到回款结束全环节设计、筹划，保证完整性。税收筹划不应仅仅局限于单一的税种或短期的利益考量，除非是经营中新发生的独立事项，否则就应该从企业的整体运营和长远发展出发，既要考虑各项税收决策之间的相互影响和协同效应，还要兼顾各项税种之间的联系。

全局观特别需要具备系统性思维，才能够将企业的各项经济活动与税收匹配关联，从而设计出一套既能降低税负又能支持企业战略目标实现的综合性税务规划模型。

6.2.5 完整性

在业务发生过程中，合同、发票、银行流水、物流配送单据等四流一致是最基本的要求。但还不够，比如有些咨询或者顾问类的业务，除了合同、发票、付款单据外，还需要有咨询公司的相关交付文件留底备查，以此证明业务事项的真实性。

在税收筹划过程中，不仅要考虑方案设计，还要兼顾如何取得完整的证据链，有思路、能落地、取得好结果、禁得起验证，这才是好的税收筹划。

6.3 利用税收筹划方法赚取利润

税收筹划就是尽可能地争取在空间上、方法上留有时间去腾挪落地以达到利益最优化、风险最小化的效果。本节从公司和政府税收优惠政策等维度探讨税收筹划的方法。

在税收筹划方法上，从公司维度可分为外壳、内核、加持三部分。外壳强大内核清晰，加上政府的优惠政策支持，财税合规就很容易做到。

6.3.1 外壳的主要筹划方法

（1）股权架构筹划

股东结构直接决定了税收成本大小，这是关键的一步。因为当公司用自然人当股东时，分红就要缴纳 20% 个人所得税；而用法人当股东时，分红不需要缴税。所以股权架构与税收筹划如果结合得好，能"唱出一台好戏"。

股权架构的控股层级可以从纵向、横向两个维度延伸出 N 个子公司、孙公司满足不同经营目的，同时为这些主体选择与之匹配的组织形式并将规模控制在合理的范围内，以享受匹配的企业税收优惠政策。

比如集团控股下的多家子公司，集团可向其实体收取运营管理费、品牌使用费、设计费、研发费等实现合理化资金回笼，经营子公司主体根据区域、产品等维度拆分成立多个孙公司，并且可以管理各主体的相关财务指标在小规模、小微企业的范围内享受相应的税收优惠政策，同时这些主体的盈利向上分红免交企业所得税，集团公司实现资金的灵活应用与零成本再对外投资，但要注意过程中主体拆分的合理性、关联交易定价的公允性。

如果企业涉及海外事业布局，股权架构与税收筹划更是需要先行。第一想好资金归属地定在哪里，第二要研究了解市场主体、交易主体、中转地等所在国的税法体系、金融监管体系、国与国之间的税收协定等内容，第三再行搭建多层级的股权架构，同时规划好业务交易路径、资金回笼路径。

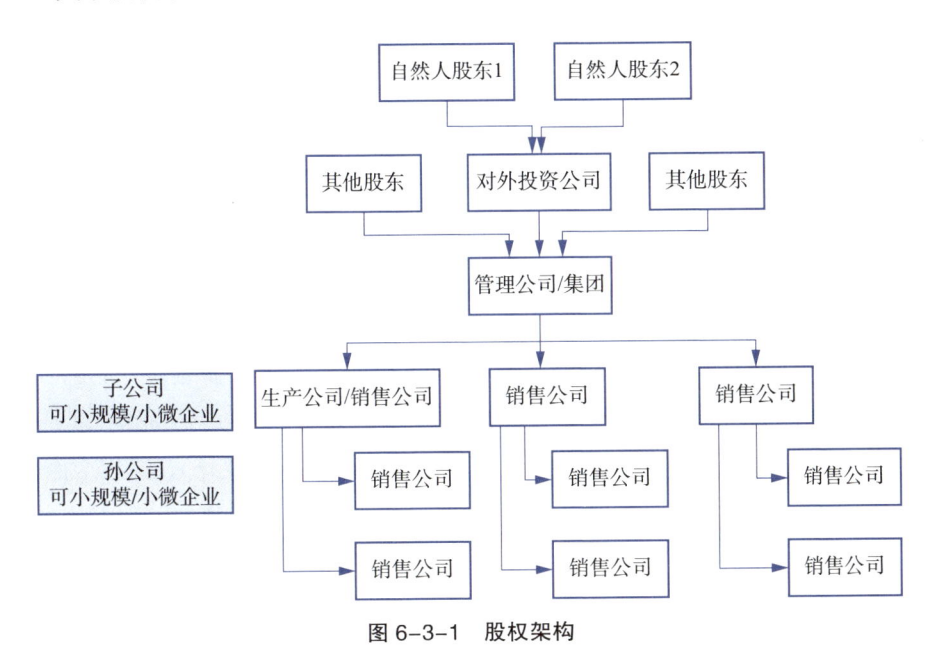

关于股权架构（见图6-3-1）的基础内容参考第2章，这里不再赘述。

图 6-3-1　股权架构

（2）组织形式筹划

企业经营过程中要想达到较好的管理目的与取得较优的节税效果，多组织形式并用是较好的方法。比如，企业创始人想要锁定话语权且想分享利益给团队，可以用有限合伙企业作为持股平台满足双重需求，同时有限合伙企业只需要缴纳一层个人所得税；又如，企业想要激活内部团队竞争创造业绩同时想提升客户服务体系，就可以成立多个不同类型的销售公司由不同团队负责，以此达到相互竞争、细分客户、提升服务的效果。

这些公司的性质结合税收筹划可设置成一般纳税人或小规模纳税人，还可以根据市场情况与控股主体盈利情况选择是采用子公司还是分公司的形式。

子公司在法律上是独立的法人实体，以自己的全部财产为限对其债务承担责任，可以独立地对外签订合同、起诉或被起诉，在财务上自负盈亏、独立核算。

分公司没有独立的法人资格，在法律上和经济上不是独立实体。通常以总公司的名义进行运营，并且总公司对分公司的债务负有法律责任。由于分公司不具有法人资格，其盈利归属于总公司，亏损也由总公司承担。

在成立主体时，是选择子公司还是分公司形式，主要考虑分支机构盈亏和总公司间是否能相互抵减。如果当下总公司是盈利的情况，而新成立的主体预计一定时间内是亏损的，这个时候可以用分公司的形式，因为分公司亏损可以抵减总公司利润，从而让总公司达到少纳企业所得税的效果；如果总公司是亏损的而新主体预计盈利，也可以采用分支机构的形式，两个主体间盈亏对抵实现税收效益最大化。等到新主体规模大了也实现盈利了，再把分公司形式转换为子公司，由其独立承担风险与纳税。

关于组织形式的基础内容本书其他章节已经做了介绍，这里不再赘述。

（3）公司注册地的选择筹划

在公司主体注册地的选择上，一是考虑行业属性，比如做餐饮，品牌公司可以考虑成立在广州，因为"食在广州"的说法深入人心；做运动服，工厂可以设立在泉州，因为这里出了一批运动类上市公司……地域上已经积累的特有行业属性让企业"出身"更能说服市场。二是根据经营需要比如缩短服务客户的距离、提高采购的便利性、降低招聘员工的成本来选择企业经营地等。三是利用政府区域招商引资财政返还政策选择注册落地（如果有）。

（4）用好亏损企业的筹划

亏损企业其实是一个节税器，懂的人把它当珍宝。这里所说的亏损企业是在税务系统里申报的资产负债表账面数据是亏损的，而不是企业自行核算的内部管理账表利润数据是亏损的。

怎么用好亏损企业？一些特殊性的税务处理，比如亏损企业吸收合并盈利企业、盈利企业吸收合并亏损企业，都能达到少缴税甚至不缴税的效果。

案例分析：张总持有的B企业现有账面利润3000万元，最近他拟从事新能源业务且已经有一定合作资源在手，预计当年可实现盈利500万元。这时候如果能有一个亏损额相当的主体，把新能源业务装进这个主体进行运营，那么预计实现的盈利500万元用于弥补原有的亏损就不需要缴纳企业所得税125万元了。

问题是亏损企业怎么来？有2种方式：

自己养：企业的不同产品利润有高低，发展有高低峰期，提前规划将不同的产品、业务板块装入不同的公司主体，定位各主体的"使命"，有的主体终将要上市、有的主体要承担高研发投入却失败的可能性……亏损企业是经营过程中合理养出来的。但要做到这样高瞻远瞩的规划，需要企业一把手在思考战略时融入股权架构、财税方面的知识，要求很高，绝大部分人很难做到。

向外买：要在市面上买一家亏损企业并不难，但要注意规避风险。第一，这家企业要满足税务报表口径上的亏损；第二，账务要清晰，特别是存货、债权、债务等要处理干净不留后遗症。另外，对该企业的潜在债务状况以及借贷风险要进行详尽调查，避免可能产生的无形风险。收购亏损企业是一项考验买方判断力、风险管理能力及专业知识的高难度工作。赚这种"大钱"需要有真本事！

（5）公司重组分立的筹划

重组分立是指一家公司将其部分或全部资产、业务及人员进行划分，成立一家或多家新的法人实体。该过程涉及对原公司的业务、人员、账务进行重新组织，以实现资产和业务的独立运营。重组分立的目的：一是为了聚焦事业板块的发展；二是为了保护隔离某些优质资产；三是为了享受税收优惠政策。公司重组分立主要涉及以下几方面的工作：

法律程序的遵循：重组分立需要按照国家相关法律规定办理，包括向有关部门申请、召开债权人会议等法定程序。

资质转移：某些行业，比如建筑、监理、设计企业的子公司可能需要从母公司那里转移相关的资质或者许可证，这是为了确保子公司能够独立运作并符合行业标准。

资产和人员的重新分配：在重组分立的过程中，原公司的资产、业务以及员工会根据战略需要被重新分配到不同的新设公司中去。

公司结构的调整：重组分立可能涉及公司治理结构，比如股权结构、管理层构成等的变化，以适应新的组织架构。

债务和权益的划分：在分立过程中，必须清晰地界定哪些债务由原公司承担，哪些债务由新设立的公司承担，同样，利润、亏损和其他权益也要明确归属。

案例分析：

宏图电子是一家从事电子产品研发与制造的公司，拥有两个业务部门：部门A生产传统电子元件，部门B专注于开发和制造高科技传感器。公司拥有一座办公楼，目前市值约为2000万元，这栋办公楼仅部门B在使用。

宏图电子上年营业收入为1.5亿元，其中部门A贡献了1亿元，部门B贡献了5000万元。预计未来创新可以增长20%，部门A继续保持现有业务规模。

税收筹划思路：

对公司战略进行调整，把创新板块与办公楼单独分立出来发展壮大，申请成立高新企业"创新科技公司"，同时享受税收优惠政策。

分立中与分立后可享受的税收优惠政策：

依据《高新技术企业认定管理办法》（国科发火〔2016〕32 号）以及《高新技术企业认定管理工作指引》（国科发火〔2016〕195 号）可享受企业所得税税率 15% 和研发费用加计扣除的优惠政策。

依据 2023 年 9 月 22 日财政部、国家税务总局发布的 2023 年第 51 号公告即《关于继续实施企业改制重组有关土地增值税政策的公告》（有效期延长至 2027 年 12 月 31 日）：当两个或两个以上企业依照法律规定或合同约定合并为一个企业，并且原企业投资主体存续时，原企业将房地产转移、变更到合并后的企业的行为，可以暂不征收土地增值税。企业分设为两个或两个以上与原企业投资主体相同的企业时，对原企业将房地产转移、变更到分立后的企业，暂不征土地增值税。

依据《关于企业所得税若干政策征管口径问题的公告》（国家税务总局公告 2021 年第 17 号）、《关于继续实施企业、事业单位改制重组有关契税政策的公告》（财政部　国家税务总局公告 2023 年第 49 号，延长执行期限至 2027 年 12 月 31 日），公司在分立过程中，如果分立后公司承受原公司土地、房屋权属，并且与原公司投资主体相同，那么对于这部分权属的转移，免征契税。

分立过程：

分立执行：宏图电子将部门 B 相关的固定资产、知识产权以及正在使用的办公楼作价 3000 万元划转至新成立的"创新科技公司"，同时转移相应的人员和技术团队，分拆业务，建立财务核算体系。

分立过程税收优惠：按照税法规定，分立过程中的资产转移因为是企业内部重组分立，符合增值税、契税免税条件，其他税种按相应规定执行。

分立后税收优惠：

"创新科技公司"成立后，作为独立的法人实体，享受企业所得税税率 15% 的优惠政策，预计当年可节约企业所得税：

5000 万元 ×（25%－15%）× 20%（增长预期）=100 万元

通过这个分立，宏图电子不仅使得旗下的"创新科技公司"能够借助税收优惠政策快速发展，而且通过土地增值税的免税优惠，降低了分立成本，提高了整个集团的财务效率和市场竞争力。

6.3.2 内核的主要筹划方法

内核筹划方法指企业经营过程闭环（见图 6-3-2）可采用的税收筹划方法。

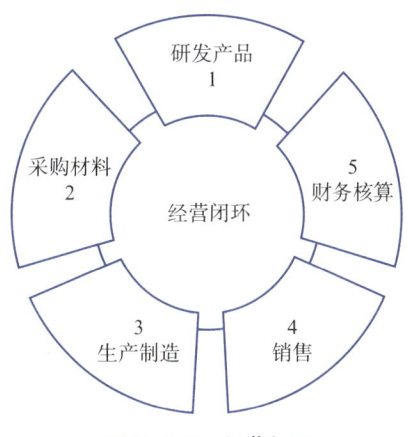

图 6-3-2 经营闭环

（1）研发环节的税收筹划

企业根据全年总投入制订研发支出计划，用好企业内、外部资源，内外结合进行研发筹划，用好研发费用加计扣除政策。

除了烟草制造业、住宿和餐饮业、批发和零售业、房地产业、租赁和商务服务业、娱乐业等特定行业，其他行业的企业均可享受研发费用加计扣除的税收优惠。

企业除了自有研发费用，还可以委托国内机构、个人、国外机构进行研发，以享受不同比例的加计扣除政策。

委托境内研发机构或个人进行研发活动所发生的费用，按照费用实际发生额的 80% 计入委托方研发费用并进行加计扣除，受托方不得再进行加计扣除。

企业委托境外机构进行研发活动所发生的费用，按照费用实际发生额的 80% 计入委托方的委托境外研发费用，同时委托境外研发费用不超过境内符合条件的研发费用 2/3 的部分，按规定在企业所得税税前加计扣除。

需要注意的是，企业要做好清晰的研发费用账务核算，留存相关证明材料。

（2）采购环节的税收筹划

公司的采购环节一般存在两类问题：一是有些供应商提供不了发票导致出现缺票现象；二是即使供应商全部能够提供发票，但由于公司产品毛利率太高而导致增值税负率高。

针对供应商提供不了发票的情况：如果是采购过程中的小额零星缺票情况，可以适用 500 元无票支出收据方式入账，超 500 元的大量采购支出可以外包给供应商，由对方承包这部分零星采购业务再销售给公司；或者把采购人员转成承包关系，由采购人员成立个体户主体进行零星采购后再销售给公司。以上两种情况都是公司与外包方签订采购合同，由外包方开票结算。

如果供应商本身可以提供发票，是公司采购时考虑税点原因采取不含税价交易模式放弃取票导致缺票，则需要还原成含税价，补齐税额取回发票。

采购环节还有一个可以进行税收筹划的细节，即采购部在跟供应商谈判时，可以要求供应商提供发票后企业再行付款，或者至少是企业付余款前供应商要全票到位。这样做的好处是企业可及时进行增值税进项税额抵扣，减轻垫付增值税的资金压力，同时还能避免后期催讨发票的麻烦。

（3）生产环节改变用工模式

在实际操作中，工厂面临的一个显著问题是有些员工不愿意参加社会养老保险和医疗保险的缴纳。这一问题触及社会保险制度的核心，涉及公司是否合法运营的底线，当员工遭受工伤或其他安全事故发生时，企业要承担相应的赔偿责任。解决员工不愿意缴纳社医保问题的方法是改变用人模式：

生产环节核心工作可以由自有全职员工完成，其他工种，如包装、品保、辅助加工环节等都可以采取外包的形式运作。外包有两种方式：一种是让员工转换身份，成立主体，独立承包并开票结算，这样可以解决社医保问题，也可以提高员工收入从而提高员工工作积极性；另一种是引进第三方劳务派遣公司，即公司与第三方劳务派遣公司签订合作合同，由劳务公司派人完成相应的任务。

需要提醒的是，无论采取何种方式，企业都应为其现场工作的员工投保雇主责任险，以确保在发生事故时有足够的保障措施。

（4）销售环节的税收筹划

销售环节的筹划可以从销售主体与交易方式、用人费用模式上进行。

在股权架构筹划中提到过，研产销一条龙的企业可以用产销分离的思路，把利润分割成制造利润和销售利润留在不同的主体，然后成立多个主体结合税收优惠政策达到税收优化的目的。具体做法是把制造主体单独分离出来专注于生产，生产的产品销售给新成立的多个销售公司，销售公司可以根据客户情况成立一般纳税人、小规模纳税人等类型公司，这些公司可以在小微企业范围内享受企业所得税优惠政策。对于业务模式复杂、总体业务量比较大的企业，在采购端、销售端都可以做剥离，单独成立运营主体。

销售是企业经营中最常出现税收问题的环节，针对这个环节中可能会出现的各种涉税问题，解决方式如下：

客户不需要公司开发票：对于个体户、个人等合作主体不需要公司开具发票的情况（事实上个体户也是需要发票入账的），公司合规的做法是将销售款项收入公司账户，每个月初由财务部如实向税务局做未开票收入申报纳税。

客户与公司发生交易当月无须开发票，过一段时间后要求公司补开发票：客户跟公司之间当月完整的交易都完成了，当时客户不需要发票，公司也已经做完未开票收入申报纳税，但是过段时间客户又提出补开发票的要求。在这种情况下，财务需要冲回原来未开票收入处理，重新补开发票。需要注意的是，过程中不要出现未开票收入为负数的情形。

以上是销售过程中与客户之间常见的一些税收问题筹划与解决建议。

（5）财务核算方法的税收筹划

财务核算中的税收筹划点主要是固定资产与存货的核算方法、长期待摊费用的分摊时间选择，企业可以根据利润规划情况灵活选择核算方法，但一经确定不能随意调整。

固定资产折旧方法的选择分为直线法和加速折旧法。

直线法：每年按固定比例分摊固定资产的折旧，对每年的利润影响一致。

加速折旧法：分为双倍余额递减法、年数总和法，这两种方法的特点是前期折旧额较大，可以减少初期的利润，从而达到前期少缴税的效果。

案例分析：

假设企业购买了一台价值10万元的设备，预计使用年限为5年，残值为0。如果采用直线法，每年折旧费用为2万元；如果采用双倍余额递减法，第一年的折旧费用为4万元（2/5×10万元），第二年为2.4万元［2/5×（10–4）万元］，以此类推。通过选择加速折旧法，企业可以在前期减少税前利润，从而减少所得税支出。

存货计价方法的常用选择有先进先出法、月末一次加权平均法。

先进先出法：假定先收到的存货先发出或先收到的存货先耗用，并根据这种假定的存货流转次序对发出存货和期末存货进行计价。在采购的货品单价呈下降趋势而企业利润又较高的情况下，当期销售成本结转时采用先进先出法先消耗前期高单价的产品可以增加成本、降低企业利润，达到少交企业所得税的效果。

月末一次加权平均法：在月末时，根据月初存货和本月进货的成本，计算加权平均单价，并据此计算本月发出存货和月末存货的成本。这种方法可以在一定程度上平稳利润波动，从而使企业所得税的支付也相对稳定。

案例分析：

企业年初存货100件，单价为12元/件；年中又购入200件，单价为10元/件。年末销售了250件。

如果采用先进先出法，销售成本为2700元（100×12+150×10）；

如果采用月末一次加权平均法，则加权平均单价＝总存货成本/总存货数量=3200元/300件，即10.67元/件，结转250件的销售成本为250件×10.67元/件，即2667.5元。

两种方法对利润的影响额为32.5元，所得税影响额为8.125元。

通过选择合适的存货计价方法可以影响利润水平，进而影响所得税的高低。

（6）长期待摊费用分摊的筹划

企业开业时的开办费、经营过程中的广告费和业务宣传费等，这些费用的效益不局限于会计当期，应在多个会计期间分摊。《中华人民共和国企业所得税法实施条例》第七十条明确指出，企业所得税法第十三条第（四）项所称其他应当作为长期待摊费用的支出，自支出发生月份的次月起，分期摊销，摊销年限不得低于3年。企业可以根据实际情况合理地筹划费用分摊时间来影响利润的高低，从而达到调节企业所得税的目的。

6.3.3　加持的主要优惠政策

现在国家税收优惠政策的导向是以产业优惠为主，区域优惠为辅。这种政策导向旨在促进特定产业的发展，同时平衡区域经济发展。这里从产业、区域和其他3个维度梳理常用且重要的税收优惠政策以供参考。

（1）常用产业优惠政策

高新技术企业优惠。 符合《国家重点支持的高新技术领域》中规定的八类产业经认定为高新企业的，可以享受按 15% 的税率征收企业所得税及研发费用加计扣除的优惠政策。

技术先进企业优惠。 2017 年 1 月 1 日起，经认定的技术先进型服务企业，减按 15% 的税率征收企业所得税。

集成电路和软件企业优惠。 对于符合条件的集成电路和软件企业，可以享受增值税即征即退、企业所得税"两免三减半"等优惠政策。

促进节能服务产业发展的优惠。 对符合条件的节能服务公司实施合同能源管理项目，自项目取得该笔生产经营收入所属纳税年度起，第 1 年至第 3 年免征企业所得税，第 4 年至第 6 年按照 25% 的法定税率减半征收企业所得税（三免三减半）。

环保设备投资优惠。 企业购置并实际使用《环境保护专用设备企业所得税优惠目录》《节能节水专用设备企业所得税优惠目录》和《安全生产专用设备企业所得税优惠目录》规定的环境保护、节能节水、安全生产等专用设备的，可以按专用设备投资额的 10% 抵免当年企业所得税应纳税额；当年不足抵免的，可以在以后 5 个纳税年度结转抵免。

（2）常用区域优惠政策

中国（上海）自贸试验区临港新片区优惠。 自 2020 年 1 月 1 日起，对新片区内从事集成电路、人工智能、生物医药、民用航空等关键领域核心环节相关产品（技术）业务，并开展实质性生产或研发活动的符合条件的法人企业，自设立之日起 5 年内减按 15% 的税率征收企业所得税。

西部大开发税收优惠。 自 2011 年 1 月 1 日至 2030 年 12 月 31 日，对设在西部地区的鼓励类产业企业减按 15% 税率征收企业所得税。

西部地区包括内蒙古自治区、广西壮族自治区、重庆市、四川省、贵州省、云南省、西藏自治区、陕西省、甘肃省、青海省、宁夏回族自治区、新疆维吾尔自治区和新疆生产建设兵团。湖南省湘西土家族苗族自治州、湖北省恩施土家族苗族自治州、吉林省延边朝鲜族自治州和江西省赣州市，可以比照西部地区的企业所得税政策执行。

（3）其他常用优惠政策

符合条件的技术转让所得优惠。 纳税人符合《关于全面推开营业税改征增值税试点的通知》（财税〔2016〕36 号）的规定，提供技术转让、技术开发和与之相关的技术咨询、技术服务，免征增值税。同时，《中华人民共和国企业所得税法实施条例》第九十条规定：企业所得税法第二十七条第（四）项所称符合条件的技术转让所得免征、减征企业所得税，是指一个纳税年度内，居民企业技术转让所得不超过 500 万元的部分，免征企业所得税；超过 500 万元的部分，减半征收企业所得税。

这里的技术转让是指居民企业转让其拥有符合技术转让范围规定技术的所有权或 5 年以上（含 5 年）全球独占许可使用权的行为。

技术转让范围包括居民企业转让专利技术、计算机软件著作权、集成电路布图设计权、植物新品种、生物医药新品种，以及财政部和国家税务总局确定的其他技术。

500 万元以内固定资产一次性扣除优惠。《关于设备、器具扣除有关企业所得税政策的公告》（财政部、国家税务总局公告 2023 年第 37 号）规定，企业在 2024 年 1 月 1 日至 2027 年 12 月 31 日期间新购进的设备、器具，单位价值不超过 500 万元的，允许一次性计入当期成本费用的在计算应纳税所得额时扣除，不再分年度计算折旧；单位价值超过 500 万元的，仍按企业所得税法实施条例执行。

小微企业优惠。小微企业是指从事国家非限制和禁止行业，且同时符合年度应纳税所得额不超过 300 万元、从业人数不超过 300 人、资产总额不超过 5000 万元等三个条件的企业。

小微企业适用的优惠政策主要是企业所得率，每年国家根据经济发展情况进行调整，以 2023—2024 年度为例，小微企业年应纳税所得额不超过 300 万元的部分，按 25% 计入应纳税所得额，按 20% 的税率缴纳企业所得税。

小规模企业和个体户适用优惠。从 2023 年 1 月 1 日至 2027 年 12 月 31 日，对月销售额 10 万元以下，或者以一季度为一个纳税期，季度销售额未超过 30 万元的纳税人，可以享受免征增值税的政策。小规模纳税人适用的 3% 征收率的应税销售收入，减按 1% 的征收率征收增值税。

小规模纳税人、小微企业和个体工商户 6 税 2 费减半征收：自 2023 年 1 月 1 日至 2027 年 12 月 31 日，对于需要缴纳的资源税（不含水资源税）、城市维护建设税、房产税、城镇土地使用税、印花税（不含证券交易印花税）、耕地占用税以及教育费附加和地方教育附加进行减半征收。

个体户个人所得税减半征收。自 2023 年 1 月 1 日至 2027 年 12 月 31 日，对于年应纳税所得额不超过 200 万元的个体工商户，在现行优惠政策基础上，可享受减半征收个人所得税的优惠。

以上从公司的维度给出了几种税收筹划方法，下面从个人即经营者、高管维度列举 15 种筹划方法。

6.3.4　老板合法合理拿钱的 10 种方法

在咨询工作中我被问得最多的问题是：作为企业的老板、股东或经营者，如何合法合理地从公司拿钱？

从公司拿钱的前提条件是要有合理的理由、合法的手续。所谓合理的理由是：你为公司提供了哪些服务？创造了什么价值？能否与公司所付的金额相匹配？这个支付的报酬与市场同类行为的报酬相对而言是否合理？所谓合法的手续是付款时的相关手续是否合法。

在满足合理性与合法性的前提下，我把经营者拿钱路径分为两个：

拿眼前的钱：每个月或短期内可以从公司合法拿钱的方式。这可以是工资、业务提成、年终奖金、经营分红、租金收入、提供知识产权收入、承包业务收入等。

拿未来的钱：未来某个时间点预期能够得到的资金。这可以是企业年金、股东分红、出售股权等。

（1）工资

每个月领取多少工资合适：第一，取决于岗位职责，即岗位对应的工作内容及产出的贡献值；第二，参考同行同等职位薪酬水平。两者结合考虑定出公司适合该岗位的薪酬标准。

《中华人民共和国企业所得税法实施条例》第三十四条定义了"合理工资薪金"，企业按照股东大会、董事会、薪酬委员会或相关管理机构制定的工资薪金制度执行。关于经营者发放工资一事，不仅要发，而且金额要发到位，这是最好的合法收入来源，同时发放的工资作为费用入账还可以抵扣企业所得税，一举两得。

（2）业务提成

很多公司的业务开拓都是依靠一把手、大股东、总经理的资源或能力完成的，毫不夸张地说，他们就是公司最大的销售员，所以除了领取工资，应该根据公司的薪酬管理制度领取相应的销售订单提成回报。

（3）年终奖金

年终奖金分不同的情况支付。有的是与经营绩效挂钩，即年初定下全公司业绩目标，达成后才能兑现发放；有的是与岗位绩效挂钩，作为整体薪酬的一部分发放。公司根据具体情况设定，同时结合年终奖所得税优惠政策（如果有）进一步筹划，算出工资与年终奖的合理发放金额。

（4）经营分红

很多公司在弥补完亏损和计提完相应的法定公积金后（根据相关规定，公司弥补完亏损后应当提取利润的10%列入法定公积金作为未来的发展积累资金，当法定公积金达到注册资本的50%时，公司可以停止继续提取），一般都会预留一部分利润分配比例用于激励经营团队（10%~30%不等），余下的再进行股东分红。如果经营操盘手同时也是股东身份，那么自然也属于经营团队的一员，同时享有经营分红权和股东分红权。在有多个股东的公司，当一部分股东不参与经营，另一部分股东全职投入时，这一分配机制更为公平，真正做到按劳分配再按资分配。

（5）租金收入

经营者可以将自行购入的汽车、自有住房出租给公司使用，以此获取租金收入。经营者应跟公司签订相应合同并到税务局代开发票缴纳个人所得税。

（6）提供知识产权收入

如果股东拥有专利、著作权、商标等知识产权，可以通过许可或转让这些知识产权给公司获取相应的收入。需要注意个人所得税的缴纳问题。

（7）承包业务收入

不参与公司经营的股东可以采取承包的方式来实现某些业务合作。比如，成立个体户承包公司的产品设计、研发业务、销售业务等，用个体户主体与公司签订相应的合同条款以实现合法收入。

（8）企业年金

企业年金是一种补充养老保险的制度，由企业和员工各自按照一定的比例共同缴纳，旨在提供退休后的经济保障。经营者等可通过平时的年金缴纳进行积累，到一定年限后再领取。

现行企业年金的缴纳比例为企业缴费不超过本企业上年度职工工资总额的8%，个人缴费比例为个人工资的4%，企业和职工个人缴费合计不超过本企业上年度职工工资总额的12%。

这里的缴费基数有一定限制，例如个人工资超过当地上年度在岗职工平均工资 300% 以上的部分，不计入个人缴费工资基数；低于当地上年度在岗职工平均工资 60% 的，按当地在岗职工平均工资的 60% 计算个人缴费工资基数。

当个人达到国家规定的退休年龄、完全丧失劳动能力、出国（境）定居时，可以申请领取企业年金。可以选择每月领取，也可以选择出国（境）定居或死亡时一次性领取。

（9）股东分红

这种形式应该是股东拿钱最重要的方式，股东根据公司的盈利情况和个人股份比例获得相应的投资分红。个人分红收入需要按照个人所得税的相关规定申报纳税。

（10）出售股权

当企业经营到一定规模与价值呈现时，可以考虑引进新股东，股东通过转让股权实现资本增值，从而获得相应的财产转让利得。个人股东溢价转让股权需依法缴纳个人所得税。

6.3.5　企业高管个税 5 种筹划方法

（1）拆分工资结构

特别是年薪 40 万元以上的收入人群可以参考优化。将工资结构进行拆分，一部分金额是工资和年终奖（如果有年终奖优惠政策就结合使用），另一部分金额转换为公司向高管个人租车付租金（如果有车），还可以有一部分金额转换为公司向高管个人租房付款。工资部分由公司代扣代缴个人所得税，车与房子租金价格参考市场行情由高管与公司签订租赁合同，高管个人自行到税务局代开发票跟公司进行结算收款，或者高管将车子租给第三方平台，由第三方平台再转租给公司也可以。

（2）转换薪酬发放方式

如果高管刚好有换车的打算，可以将公司拟支付的薪酬转换为大概同等价位的车辆然后用公司名义买车给个人使用，等到几年后公司再将车子低价过户卖给高管个人。这样，高管少交了个人所得税，公司也能实现车辆的购入税收抵扣，一举两得。

（3）转换高管身份，从全职雇佣关系变为劳务关系

《中华人民共和国个人所得税法实施条例》第六条第（二）项对劳务报酬所

得的解释是：个人从事设计、装潢、安装、制图、化验、测试、医疗、法律、会计、咨询、讲学、新闻、广播、翻译、审稿、书画、雕刻、影视、录音、录像、演出、表演、广告、展览、技术服务、介绍服务、经济服务、代办服务以及其他劳务取得的所得。也就是公司涉及这些业务内容的都可以用劳务方式合作。具体做法是由高管成立主体（建议用个体户）承包公司的相关业务，在这种形式下，工资转变为经营所得，适用个体户的经营所得缴税模式并享受相关优惠政策。

（4）高管个人的学习提升费用支出

比如高管的 MBA 或 EMBA 等学习费用，以公司培训费名义支出抵减薪酬费用。

（5）双方解除合同时，高管获得公司赔偿免个人所得税政策

在特定情况下，可以利用解除劳动合同的补偿金免税额度，通过重新签订合同的方式，降低税负。根据《关于个人所得税法修改后有关优惠政策衔接问题的通知》（财税〔2018〕164 号）第五条第（一）项规定，个人与用人单位解除劳动关系取得一次性补偿收入（包括用人单位发放的经济补偿金、生活补助费和其他补助费），在当地上年职工平均工资 3 倍数额以内的部分，免征个人所得税；超过 3 倍数额的部分，不并入当年综合所得，单独适用综合所得税率表计算纳税。

以上从公司和个人两个维度给出了税收筹划方法。需要注意的是，在筹划过程中各地方税务局税务人员对税收政策的理解执行并不一样，在税收裁量权方面也存在差异，一定要充分沟通，确保筹划方法可落地实施。

6.4 公司税收筹划落地 6 步法

"太阳底下没有新鲜事，排列组合就是创新"，这句话对于公司税收筹划落地很是贴切。

企业的税收筹划一般是整体性考虑的，根据行业特点、业务模式、合理税负诉求等，通过股权架构与主体设计、业务交易模式、享受税收优惠政策等组合应用，搭建一套适合企业的税收筹划模型。在企业的业务方向、模式没有大调整及税收政策没有大变化时，原则上可以一直沿用这个模型，后续根据企业

业务实际情况再行优化调整。

对于已经经营多年的老企业，整体税收筹划的落地时间周期会相对长些，因为涉及改变调整业务交易模式、分拆各主体等，可能需要跟供应商、客户沟通主体切换合作的时间周期与主体切换的衔接过程；另外，如果有资产变更主体归属、股权转让等事项，出于安全考虑与达到税收最优化效果，也需要一定的等待时间才能处理完。

不管是新公司或是老企业，在做企业全盘税收筹划时都可以参考税收筹划6步法，流程如图6-4-1所示。

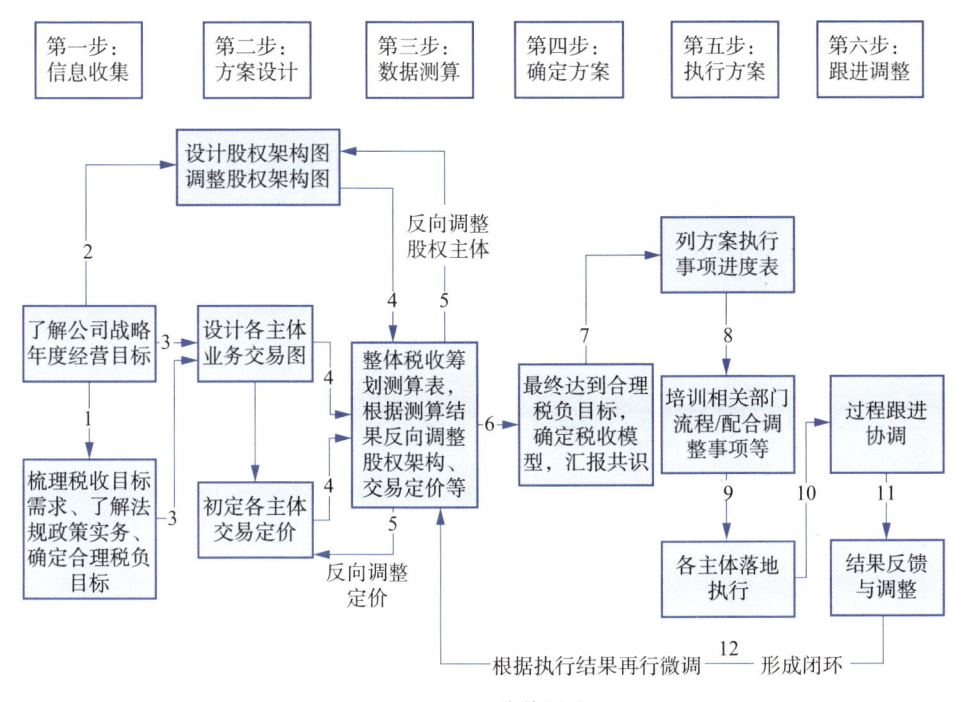

图6-4-1　税收筹划流程

6.4.1　内外信息收集

公司不同的战略定位决定了不同的财务管理要求与税收筹划方式。

比如未来公司是要独立上市，还是做一家小而美的闷声发财的公司就好……不同的战略定位对财务管理的要求是不一样的。如果未来公司要上市或者出售，公司主体要往做大做强的方向定位与运作，且一开始财务就必须全面合规才可能顺利完成目标；如果企业不上市，则可以采取分拆业务、分拆主体等多种灵活方式达到财务合规且低税收成本的效果。

清晰的战略目标要落实为具体的年度目标额。完成年度目标涉及采购、生产、销售、费用配套支出等环节，整个过程都涉及税收问题，需要提前收集信息与需求。

初定公司合理的目标税负率，可以参考行业内其他公司，通过行业报告或财务分析获得。也可以利用金税系统等税务管理工具，了解同行业内公司的平均税负率。这两个指标结合起来，可以为公司提供一个合理的税负率参考基准。接下来，公司应通过专业的税收筹划，探索合法且合理的策略和方法，实现这一目标税负率。

内部信息收集的目的是了解企业方向、完成目标过程会遇到的税务问题与能承受的目标税负率，以此来确定财务模式与税收筹划方向。

外部信息收集的目的是了解市场发展前景、行业特性与风险、行业税收优惠政策等，这些信息可以通过阅读最新同行已上市公司披露的招股说明书得到，同时在国家税务总局网站、本地税务局网站了解当下最新的财税法规政策、区域税收优惠政策、行业相关优惠政策。确保重要信息不遗漏、有充分依据支撑做筹划方案。

6.4.2 进行税收筹划方案设计

内外部信息收集与需求整理后，进入税收筹划方案设计阶段，从股权架构设计或调整开始。

如果企业规划要上市，建议一开始就按上市的思路搭建股权架构（参考股权设计章节），降低后续股改时调整股权的税收成本。如果企业不上市，股权架构设计有两种思路：一种是集团化的控股方式，打通各主体的资金灵活调拨及老板分红通道，并实现一定的风险隔离，这种方式的缺点是各主体间存在大量关联交易；另一种是各主体相对独立，不存在控股关联关系，这样的好处是各主体在交易定价、对外融资上相对灵活，缺点是在资金往来使用、分红成本、风险隔离方面等难以做到最优化，但采取这种方式运作，企业未来如果想上市，再收购相关主体也是可以的。具体采用哪种方式，主要取决于企业合规程度与实际需求。

股权初步搭建完成后，根据年度目标额与业务规划，设计各主体间的业务交易并画出交易流程图，各主体包含外部供应商、客户、企业实际控股的关联企业。各主体间的交易细节参考上文提到的交易关系图、经营闭环税收筹划方法等。

需要特别注意的是，采用同一主体控股方式的各交易主体在定价时价格要公允，即同一个产品无论是卖给关联企业还是销售给外部客户，价格要相对接近，如果两者间价格差异较大，要有合理的理由，否则有可能被税务机关认定为有操纵利润的嫌疑。

6.4.3 根据方案进行数据测算

方案、交易流程图都只是思路，还得靠数据测算验证可行性，只有测算出来的数据达到税负目标值才能证明方案是可执行落地的。

具体测算时以利润表为参考表格（下文有案例），以当年度预算数据或是目标销售额为测算依据，参考上年各项财务指标数值（如果有）或是行业数据，测算毛利率、税负率。

测算出来的目标税负率如果过高或过低，则需调整设计方案，然后再次测算直到达到目标值为止。

6.4.4 确定方案

确定税负率意味着税收筹划方案可以定稿，股权架构也最终确定。

这时候需要财务部向老板等决策层进行汇报，确认方案落地执行的可行性。方案通过后，马上安排培训相关执行部门配套的作业流程，确保方案落地成功。一般在做方案设计前都会提前跟相关执行部门交流沟通，探讨确定可行性，所以不太可能出现数据测算后落不了地的情况。

在做税收筹划设计时，一切以前端业务能顺畅运作为导向，不能本末倒置地以财务要求为先而影响了业务正常开展。我一直以来的观点都是业务在前，财务相随，财务是业务更好地完成目标任务的得力帮手，再难的业务场景总有对应的财务解决方案。

6.4.5 执行方案

方案确定，开始落地。列出落地要完成的所有事项清单和配合部门、完成时间（下文有参考案例）。

比如需要新成立一个小规模公司，这个小规模公司前期注册要确定法定代表人、股东、注册地址、经营范围、财务负责人、注册资本。注册好后，运营前要确定主体的人员归属、工资标准、与相关主体的交易价格等细节事项。每件事都要有对应的负责人、完成时间。只有将方案落实到每一个细节才能确保执行到位，进而确保方案成功。

确定需要完成事项及相应主导人后，财务部组织培训，包括但不限于各项作业流程图（这是核心），需要用到的表格、单据等，确保交易路径、合同签订、回款主体、证据链等完整。培训这一步不可或缺，一是起到统一共识的作用；二是强化大家按照作业标准规则做事，确保方案落地执行过程不出错、结果能掌控。

培训后，各部门相关岗位开始执行方案。

6.4.6　跟进调整

方案执行过程中，财务部要跟进各部门作业过程：交易路径是否正确、合同签订是否合规、回款主体是否对应、发票单据表格等是否齐全等。每月初需要对各主体及总体的财务数据进行分析，对比目标数值，找出差距，分析问题，针对问题找对策做改进。只有这样，才能确保风险管控到位、实现合理税负目标。

6.5　税收筹划实际应用案例

案例：A 公司是一家成立了 5 年的集研产销于一体的新材料高科技企业，其销售以国内市场为主，国外为辅，前期以研发与市场投入为主，可实现盈亏平衡，办公楼与厂房均为租赁。2023 年营业额达 1 亿元（含出口额 800 万元），利润达 2000 万元左右，生产大部分自产，部分委托代加工。但由于一些历史原因，这 1 亿元中约有 2000 万元的账外收入。公司产品在行业内有竞争力，市场份额逐年增长。公司适用增值税税率 13%、企业所得税税率 15%。原有增值税税率、企业所得税税率总体税负率约为 8.55%。

6.5.1　收集信息了解需求

经过与公司创始人张总详细交流后了解到：企业未来有进入资本市场的打

算，2023年需先搭建好股权架构提前预留团队激励平台，财务要基本合规并且在合规前提下总体目标税负率争取控制在7%左右。

6.5.2 税收筹划方案设计

高毛利是高科技公司的特点，根据这个特点将产品利润分为制造利润与销售利润两部分归属于不同的主体，然后这些主体再分别做税收筹划。基于公司的现状与需求，设计时应考虑财务合规、目标税负率（行业值及税务系统数据值都在7%左右）、公司发展、团队激励、未来上市等事项。筹划思路如下：

提升公司研发费用的总体投入：作为一家技术导向的高新企业，想保持行业优势，就要以产品技术作为驱动加大研发投入。一是为了提升在行业中的技术地位；二是可以享受加计扣除优惠政策。同时在研发的用人机制上做调整，即在取得公司认可且符合高新企业研发人员占比的前提下，鼓励个别能力高的研发人员以个人名字成立工作室，孵化更强的研发团队，建立竞争机制，同时还能解决研发人员高个税问题。

将研发的功能分为基础研发和创新研发，基础研发归属于工厂制造主体，创新研发由未来拟上市的主体材料科技公司主导，工厂除了自有的基础研发，同时与外部研发机构进行研发合作、委托拟上市主体研发部分产品，保证产品的延续性与研发成功率。

让工厂专注生产产品，剥离销售端：将生产制造和销售端剥离（有近一半原有大厂客户只跟生产制造公司主体合作，所以保留由生产主体管理，这些是低频量大的订单，管理相对简单）。单独成立销售主体开拓市场、服务客户、做精细管理。生产方式不变，保留委托加工生产与自有生产并存模式。

确定销售公司主体与注册地：产销分离后，成立专门的销售公司。销售公司成立个数与性质（一般纳税人或小规模纳税人）取决于客户交易需求（要专票、普票或不要票）与团队管理需要（分片区服务），销售公司可以注册在有政府税收留存财政返还优惠政策的地方（如果有），或者注册在企业所在地，适用小微企业税优惠政策。通过数据测算最终确定方案。

改变形式享受税收政策，激活团队提升工作效率：能力强、收入高、可以培养为未来子公司总经理的高管，可以先以成立营销外包工作室的方式独立开发并服务客户，销售人员的个人报酬涵盖了需要给客户的相关费用，由销售人员自主处理市场费用。

用好各项税收优惠政策：如小规模企业增值税优惠政策、小微企业所得税优惠政策、研发费用加计扣除优惠政策等。

接下来根据规划设计思路完成股权架构图（见图6-5-1、图6-5-2）、业务交易规划图（见图6-5-3）、数据测算表、拟完成事项作业清单表、每月管理报表等。

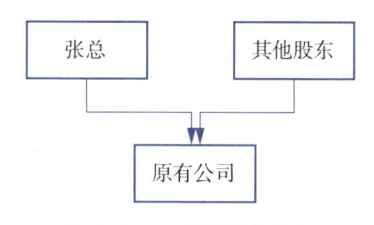

图6-5-1　原有股权架构

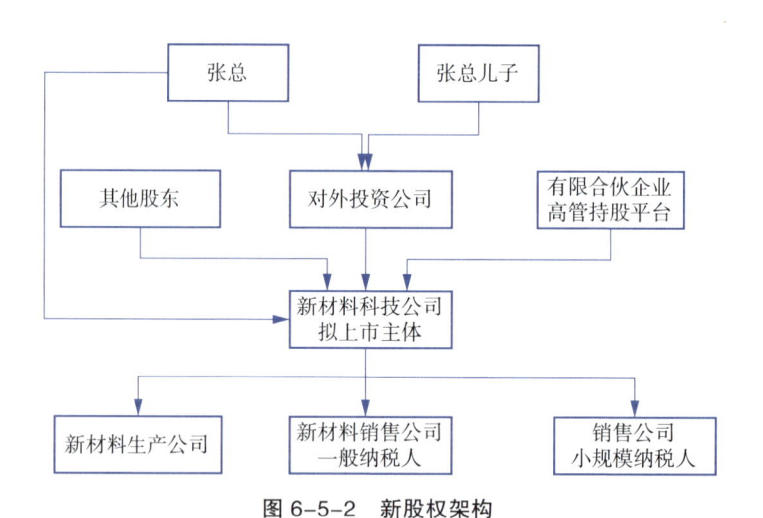

图6-5-2　新股权架构

这个股权架构思路一是设计了张总及家人合法分红拿钱通道；二是考虑了张总儿子未来接班问题，即使本人不到实体公司接班经营也可以在投资公司享受分红；三是预留了上市架构团队激励。这个新股权架构虽然涉及张总个人与新成立的投资公司间的股权转让问题，但因为现有公司净资产没有增值也没有大额固定资产增值，所以不存在个人所得税缴纳问题，其他股东同理。

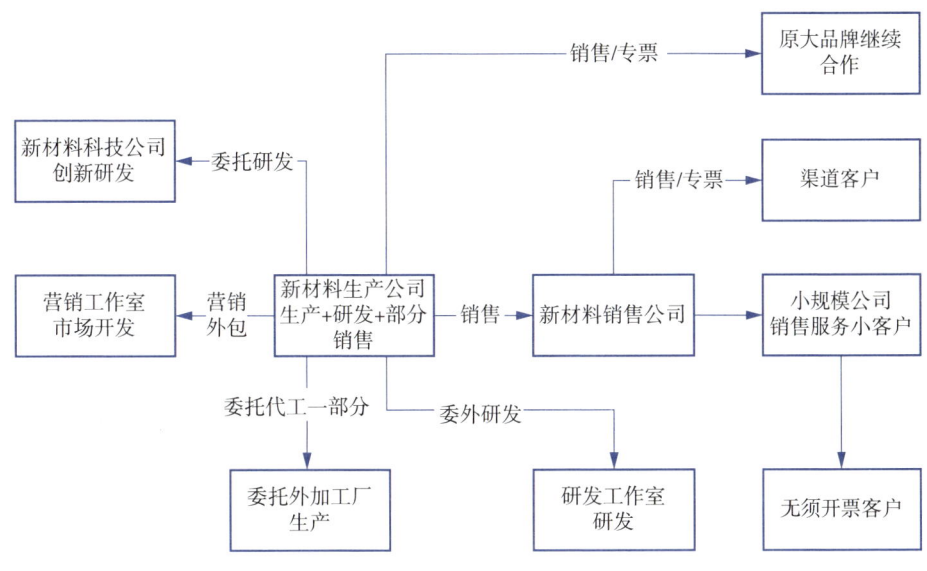

图 6-5-3　业务交易规划

6.5.3　税收筹划数据测算表

筹划前数据表及筹划后数据测算表见表 6-5-1、表 6-5-2。

表 6-5-1　筹划前数据表

单位：万元

项目	筹划前预估金额	占比（%）
收入	10000.00	
成本	5600.00	56.00
原材料	3528.00	35.28
委托外加工	1624.00	16.24
进项税额	669.76	6.70
销项税额	1196.00	11.96
增值税	526.24	5.26
税金及附加	57.30	0.57
销售费用	494.00	4.94
管理费用	815.00	8.15
研发费用	503.80	5.04
财务费用		0
其他收益	110.00	1.10

续表

项目	筹划前预估金额	占比
税前利润	2639.90	26.40
研发加计扣除	831.14	8.31
所得税	271.31	2.71
净利润	2368.58	23.69
整体税负率		8.55

表 6-5-2　筹划后数据测算表

单位：万元

项目	生产公司 金额	参考原比例（%）	一般纳税人销售公司 金额	占比（%）	材料科技创新研发 金额	占比（%）	小规模公司 金额	占比（%）	研发&营销工作室 金额	占比（%）
收入	8750.00		4961.60		455.00		480.00		180.00	
成本	5600.00	0	3750.00	75.58	20.00	4.40	441.60			
原材料	3528.00	63		0		0				
委托外加工	1624.00	29		0		0				
进项税额	669.76		487.50	9.83		0.00				
销项税额	1033.50		645.01	13.00	4.55	1.00	4.80			
税金及附加	40.68		12.85	0.26	0.30	0.07				
销售费用	404.60	82	112.54	2.27	38.94	8.56	18.00			
管理费用	648.50	80	0.55	0.01	195.20	42.90				
研发费用	1079.12		—		106.68					
财务费用			0		—		0			
其他收益—各种税收返还			60.54							
毛利率(%)	36		24	0	96	0.21	8		100	
增值税补助			55.13	1.11		0				
增值税税额	363.74		102.38	2.06	4.55	1.00	4.80			
各主体增值税税负率（%）	4.16		2.06	0	1.00	0	0		0	

续表

项目	生产公司 金额	参考原比例(%)	一般纳税人销售公司 金额	占比(%)	材料科技创新研发 金额	占比(%)	小规模公司 金额	占比(%)	研发&营销工作室 金额	占比(%)
各主体所得税税负率(%)	0.06		4.16	0	0.15	0	0.21		1.70	
各主体整体税负率(%)	4.68		6.37	0	1.22	0	1.21		1.70	
税前利润	977.10		1146.20	23.10	93.87	20.63	20.40		180.00	
研发加计扣除	943.12		—		80.01					
所得税费用	5.10	—	206.32	4.16	0.69	0.15	1.02	—	3.06	—
所得税补助			80.23	1.62	0					
整体税收补助	—		140.77	2.84	—	0	—		—	
净利润	972.01		939.89	18.94	93.18	20.48	19.38		176.94	
整体增值税税负率(%)	4.75									
整体企业所得税税负率(%)	2.16									
整体税负率(%)	6.92									

由于篇幅原因，测算过程的定价、研发交易、主体间的合并抵销等细节没有一一呈现，只做了结果展示。

6.5.4 确定方案

根据方案思路测算数据后，找老板或决策层汇报筹划整体思路、依据、最后的税收成本、落地执行需要相关部门配合的事项与要求等。方案取得认可同意后，着手准备各项作业清单与培训事项。

6.5.5 执行方案

拟完成事项作业清单及附件见表6-5-3、表6-5-4。

表 6-5-3　拟完成事项作业清单

序号	工作事项	材料科技公司	执行人	完成时间
1	成立公司（见附件）			
2	张总个人与新成立的投资公司进行股权转让			
3	其他股东个人与新成立的投资公司进行股权转让			
4	税收优惠政策留底备用			
5	编制完成业务作业流程图			
6	培训各经办部门作业流程图与注意事项			
7	签订各项交易合同			
8	确定各主体办公室租赁事项			
9	确定各主体具体人员编制与社医保缴纳事项			
10	各主体核算账套采购与初始化账套事项			
11	开始账务处理			
12	各主体每月8日提供月度报表			

表 6-5-4　拟完成事项作业清单附件

事项	新设公司			
	总部公司	材料生产公司	材料销售公司1	材料销售公司2
公司定位	投资、管理、创新研发	生产+基础研发+部分销售	大客户与渠道销售	小客户销售
公司名称				
公司类型	有限责任公司	有限责任公司	有限责任公司	有限责任公司
经营范围				
公司性质	小规模纳税人	一般纳税人	一般纳税人	小规模纳税人
法定代表人				
股东				
股东股比				
注册资本				
注册地址				
财务负责人				

6.5.6　月度税收管理反馈表

每个月初财务部汇总登记各项税收实际缴纳情况与税负率，防止错漏与偏差（月度税收管理反馈表见表 6-5-5）。

表 6-5-5　月度税收管理反馈表

公司名称															
年度	所属期	增值税	城建税	教育费附加	地方教育费附加	企业所得税	个人所得税	工会经费	印花税	车辆购置税	残障金	其他（如有）	月税费合计	营业收入	增值税税负率	所得税税负率	整体税负率
	1月															
	2月															
	3月															
	4月															
	5月															
	6月															
	7月															
	8月															
	9月															
	10月															
	11月															
	12月															
	年计															

以上 6 步，从信息收集、落地完成到信息反馈，形成了一个完整闭环，有规划、有测算、有执行进度、有培训、有跟进、有反馈，环环相扣，极大地保证了事情的完整度与成功率。

6.6　5 种常见无发票的解决办法

企业经营过程中经常会碰到取不到发票的难题，上文我们已经解决了材料采购发票缺票问题，本节我们主要探讨费用类无发票的处理方式。

6.6.1　500 元以内无票支出的解决办法

根据增值税相关规定及《国家税务总局关于发布〈企业所得税税前扣除凭

证管理办法〉的公告》（国家税务总局公告 2018 年第 28 号）的说明，对于小额零星支出，可以按照每次或每日不超过 500 元、每月累计不超过 3 万元的标准进行判定。在此范围内的小额支出可以使用符合规定格式的收据来进行会计入账并作为税务扣除的依据。收据上必须包含收款人的身份信息，包括身份证号码和联系方式，并且需要收款人本人签字确认。这些信息是确保支出真实、合规并可用于税务抵扣的重要依据。如果超过 500 元以上的企业与个人的业务交易无法取得发票，也可以由个人到税务局代开发票（可以在网上直接申请开票）。当然，实践中很多人因为担心手续麻烦而拒绝使用这种操作方式，也可以参考上文提到的采购外包方式解决。

6.6.2　业务过程中的佣金回扣无发票的解决办法

实际销售工作过程中给予相关人员业务佣金是很常见的做法。业务佣金的本质是为开拓市场而发生的辅助费用，无发票解决方式之一是在对方配合的前提下由对方成立一个个体户主体，用这个主体与公司签订市场辅助或开拓服务合同，然后开发票与公司结算收款。如果对方由于身份等各种原因不方便成立主体，公司可以将这部分市场开拓业务外包给第三方公司，由第三方公司跟公司结算后再对接支付相关佣金事宜，也可以参考上文中提到的由营销人员转换身份承包业务，与公司结算业务费用时把这部分佣金包含进来，之后再做相关支出处理。

6.6.3　房租无发票的解决办法

实践中经常会碰到公司租房子时，房东由于税收成本原因拒绝开发票的情形，而公司出于房源地段好有利于业务开展的考虑不得不无奈地租用。这种情况下，可以先由个人把房屋承租下来，再由个人将房屋转租给公司。

个人去税务局代开发票给公司，按"财产租赁所得" 10% 的税率计算缴纳个人所得税，同时增值税适用 5% 的征收率减按 1.5% 计算并缴纳附加税费、印花税等。至于房产税，通常情况下是由产权所有人缴纳，参考《广东省税务局关于转租房产的租金收入不征房产税问题的通知》，对于单位和个人将租用的房产再转租所取得的租金收入不征房产税。具体操作中以咨询当地税务局为准。

6.6.4　企业员工不缴纳社医保的解决办法

企业要为全职雇员缴纳社医保，否则可能会面临民事赔偿等风险。但即使缴纳社医保对个人养老看病等有多重利好，实际工作中依然有很多员工不愿意承担这部分费用而拒绝缴纳。针对这种现象，企业有两种解决方式：

一种方式是将不愿意缴纳社医保的员工从全职雇佣关系转变为劳务关系：将公司中的岗位职责外包，由员工自行成立主体进行承包，比如设计、会计、技术、客服、物流、行政、人事、车间品保、部分研发甚至生产线等都可以外包。其实外包模式在外资企业是很成熟的运营方式，很多外资企业只专注于核心业务，其他大部分工作都采取外包方式解决。

员工成立的主体大都可以采用个体户或个人独资企业的轻运营模式（具体参考本书中经营组织形式的介绍）。这种模式下员工社医保可以在自己的主体内缴纳，月收入不超过 10 万元的综合税收成本不会高于个人所得税，对公司而言则省去了管理成本、用人成本，双方皆大欢喜。

另一种方式是将公司部分业务直接外包给第三方灵活用工平台，灵活用工平台是一种服务于企业与工作者之间的第三方服务平台，它为企业提供了一种灵活的用工方式。

企业通过跟具有税务局批准的委托代征资质的灵活用工平台进行合作，可以将一部分人力资源管理风险转移给平台，减少直接雇用带来的潜在法律和经济风险。具体合作流程是企业跟平台签订合同进行业务外包，用工平台开具 6% 专用发票跟企业进行结算、收款，灵活用工平台招聘非全日制员工、劳务派遣员工或进行业务外包，平台与个人间签订协议并代扣代缴经营所得。

第三方灵活用工平台方式适合销售、技术、设计、仓储、收派、装卸搬运、货物打包整理、文印晒图、月嫂等相关岗位。

6.6.5 多家企业共同接受应税劳务，对方只能开出一张发票的解决办法

当企业与其他企业（包括关联企业）或个人共同接受应纳增值税的劳务，并且决定将费用进行分摊时，必须按照独立交易原则采取分割单的方式入账。

《企业所得税税前扣除凭证管理办法》（国家税务总局公告 2018 年第 28 号）明确规定，企业可以使用分割单作为税前扣除的合法凭证。具体来说，有两种情况可以适用。

（1）应税劳务的共同接受

当企业与其他企业（包括关联企业）或个人在境内共同接受应纳增值税的劳务，并且采取分摊方式时，企业可以以发票和分割单作为税前扣除凭证。这

里的关键点是，分摊必须按照独立交易原则进行，即分摊的方式和比例应当符合公平市场交易的标准。

（2）非应税劳务的共同接受

对于非应税劳务的支出，如果也是采用分摊方式，那么企业可以使用发票以外的其他外部凭证和分割单作为税前扣除的依据。同样，这里的分摊也应遵循独立交易原则。

分割单格式参考表6-6-1。

表6-6-1 分割单格式

原始凭证分割单　　　　　　　　　　　　　　　　　　　　　　　　年　月　日

接受公司名称		接受公司地址			
原始凭证资料	分割公司名称		分割公司地址		
	主要事项		日期		发票号码
总金额人民币大写	千　百　十　万　千　百　十　元　角　分 小写金额：				
分割金额人民币大写	千　百　十　万　千　百　十　元　角　分 小写金额：				
分割原因					
备注说明					

公司名称（盖章）：　　　　　　会计：　　　　　制单：

企业交对税才能"税税保平安"，而税收筹划是交对税的利器，不仅可以降低风险，还可以赚取合理的税务利润。所以，建议企业在规模尚小、业务发展前期就引入税收筹划并落地，这是成本最低、方案最全、取得最好效果的时间点。对于非财务专业出身的老板，只需要知道"税收筹划是有方法可以做到的"就可以了，其他交给专业人士来完成。毕竟，税收筹划是一个对专业度要求极高的细活，只能做对不能有差错，因为结果关乎风险与成本，是不可逆的。

第 7 章　做好年度预算，帮助企业拿到好成果

"规划先行，步步为赢；预算明智，决胜千里。"这句话明确指出了预算的重要性。

预算是什么？在我看来，预算是对企业未来战略实现的过程模拟、资源分配、风险管控、结果展现并反复校正到满意的一个管理抓手。

如果说股权架构是企业战略实施的一种支撑架构，那么预算则是确保战略目标实现的一套管理体系。通过编制预算，企业能够预见未来目标实现后的经营成果，并制定达成这些目标的具体路径和关键执行事项。在预算过程中，企业将识别所需资源、预测潜在难题，并制定应对策略，在竞争中更加有计划和有把握地取得胜利。企业想做成什么事很重要，如何确保达成更重要。

我是从 2003 年左右开始接触全面预算工作的，当时身边做且会做预算的企业还很少（现在真正懂得如何做、做得好的企业也不多），我们公司不惜花重金请 IBM 咨询公司和台湾地区一家知名的专注预算落地的企业入企培训，并带着我们完成了全套全面预算体系。

从那时起，我就养成了在财务工作中用预算做管理、跟进预算达成过程、找出预算与实际达成结果间存在差距的原因，并提出有利于业绩达成的建议的工作习惯。

这种习惯不仅让企业受益，也帮助我养成了工作闭环思维和站在未来做全面规划的系统化能力，在长期的工作中，它已经内化成了我的一种不可替代的职业优势。所以，在任何线下老板课程中，我都会极力推荐企业启动预算管理工作，哪怕不完美，可以先从 0 到 1，再逐步完善。

那么预算工作如何开启呢？先来了解预算的一些基础知识：

根据内容不同，企业预算可以分为业务预算（经营预算）、专门决策预算和财务预算。根据预算指标覆盖的时间长短，企业预算可分为长期预算和短期预算。通常将预算期在 1 年以内（含 1 年）的预算称为短期预算，预算期在 1 年

以上的预算称为长期预算。预算的编制时间可以视预算的内容和实际需要而定，可以是1周、1月、1季、1年或若干年等。

本章将重点讨论年度业务预算，这是实践中最常用的一种预算方式，将中长期战略目标转化为量化可执行的年度财务目标，便于管理者跟进、管理一年的业务进展和财务成果，从而确保公司战略的有效实施与调整。

预算编制方法分为自上而下和自下而上两种。自上而下的预算编制方法是公司决策层确定总体预算目标并下达分配给各相关部门预算指标，然后各部门以此为依据制订具体的预算计划。这种方法的优点在于快速确立预算目标，保证整个组织的预算方向与公司的战略目标高度一致。

自下而上的预算编制方法是由各个业务部门根据实际情况，制订匹配当下能力和资源的预算计划，然后由财务部汇总全公司数据上报至决策层审批、调整，直到和公司年度目标一致。这种方法的优点在于贴近各部门的实际情况，对于预算的准确性和执行力有较大的保证。

在实际操作中，到底采用哪种方法取决于公司所处阶段与决策层管理风格。可以综合应用，先自下而上地收集并整理各部门的预算计划，再自上而下地进行调整和确定最后目标，这样既使得各部门有参与感，又保证高层能够了解全公司实际情况，但相对于只选择一种方式，两者结合的方式需要花费较长的时间。本章采用的是自上而下的预算方法。

既然是预算，就存在一定的不确定性，预算目标有可能达成，有可能超额完成，也有可能完不成，所以一般会将预算分为保守版预算和挑战版或乐观版预算。

保守版预算，通常是基于公司过往业绩和市场状况作出较为保守的估计，考虑了各种可能的风险和不利因素，给出在最不利的情况下公司也能完成的目标。在制定保守版预算时，我们会设立基本的业务保障线，确保即使收入不达预期，也能覆盖所有的固定成本和必要的变动成本，保障公司的现金流稳定，有那么点"活着就好"的意思。

挑战版预算（乐观版预算），则是在保守预算的基础上，设置更高的业绩目标。它通常包含对市场的积极预测和公司内部潜力的挖掘，激励团队挑战更高的目标。制定挑战版预算时，会进行市场机遇分析，考虑如何通过提高效率、开拓新市场、推出新产品或服务等手段来实现营业收入增长，也会评估这些增长策略的风险，并制订相应的风险管理计划。这有点"把小日子过好的同时还能留有存款"的意思。

在实际运营过程中，要根据实时的市场反馈和公司内部情况，灵活调整预算。如果市场表现好于预期，则考虑采取挑战版预算中的策略，加大成本投入，争取更高的利润。如果市场状况不佳，要切换到保守版预算，减少不必要的成本投入，确保企业生存和发展的基础。

此外，为了更有效地执行这两种预算，需要建立一套科学的预算管理和监控系统，定期进行预算与实际情况的对比分析，及时发现偏差，迅速采取措施进行调整。同时，鼓励团队成员创新节省成本和增加收入的方法，形成全员参与的预算管理文化。

总结来说，合理设置保守版预算和挑战版预算，不仅能够更好地应对市场的不确定性，还能激发团队的潜能，推动公司向更高的目标进发。

7.1 成功编制预算 5 要素

一件事要做成，一定有其核心关键因素，预算编制也不例外。预算编制涉及以下 5 个重要的要素。

7.1.1 市场与竞争环境研究

企业想要做的事与达成的目标一定是围绕当下市场需求、环境变化而设定的。编制预算前要进行市场调研和趋势分析，目的是了解市场需求、竞争对手情况以及其他各种影响因素，从而更准确地预测企业的未来销售额，使预算目标更贴合实际业务环境。外部环境和市场数据等信息可以从最近上市的同行披露的招股说明书中得到，也可以向第三方专业机构购买行业分析报告，甚至通过 AI 也能取得一份差不多的行业分析报告。

7.1.2 "一把手"重视并参与预算编制

初次启动预算编制的企业，为了确保预算编制的成功率，"一把手"必须在预算编制的初期就予以高度重视并在关键决策点介入，必要的时候还要亲自协调跨部门的沟通与合作。这种高层的参与可以使各部门意识到预算工作的重要性，从而更加积极地提供准确和及时的数据。通过这样的协作，财务部门才能够更顺利地收集到更为可靠的数据，进而编制出符合实际经营状况的、具有指导意义的预算。在那些已经形成了一套规范流程和内部控制并有效运作的预算管理体系的公司，"一把手"可以相对减少直接参与预算工作。目前，绝大多数发展中的民营企业，预算工作依然需要"一把手"深度参与推动才能取得较好的效果。

7.1.3 制定明确的战略目标

成功的预算编制始于明确和具体的企业战略目标。这些目标通常是决策层和管理团队根据企业的长期愿景和市场定位制定的。例如，公司想成为行业TOP10、年度销售额达到5亿元、增加20%的市场份额、净利润为4000万元，等等。明确的目标可以指导预算编制的方向、关注的重点及确定的结果。

7.1.4 有历史数据或行业数据做参考

利用过往数据预测未来的收入和支出趋势是制定可靠预算的关键步骤。过往的季节性波动、市场变化以及特殊事件对未来可能的影响都可以通过数据趋势来分析判断，这有助于识别成本节约的机会和潜在的风险点管理。但数据参考一定要注意核算口径的一致性，即对同一种业务场景要用同样的核算方式统计。比如请客送礼在会计核算时归属于业务招待费项目，那么每一年每一月发生的该项支出都应该归属于这个费用项目，这样一致性的数据口径就有通过对比为预测提供参考的意义。但要符合这个要求，公司就要有一套标准化的财务核算、统计数据做支持。

7.1.5 有较强的沟通协调能力

预算不是一个部门的事情，也不是一次性的活动，而是一项各部门深度参与的综合性工作。这项工作需要财务部全程跟进和收集、审核、整理数据，直至汇总生成预算结果并进行汇报，经决策层开会签批生效并下发执行。在完成这些事情的过程中，财务部就像是一座桥梁，传达决策层的要求，协助中高层"讨价还价"，最终促成全公司一个合理的预算目标值。所以预算能否按期有质量地完成，与财务部一把手及相关财务人员的沟通协调能力有着极大的关系。

7.2 预算编制流程8步法

"凡事预则立，不预则废"，这句话指出了做事前制订计划的重要性，预算则尤为如此。预算工作涉及全公司各部门，要确保公司在规定的时间内有序地、高质量地完成这项工作，需要一套完整的预算工作流程与时间进度表给到全员作为指导资料。

预算编制的关键流程主要包括：决策层召开预算启动大会、财务部提供预算报表模板并进行培训、财务部跟进预算过程进度、各部门提交数据、财务部审核并加工和汇总生成预算结果、组织召开预算审核会议、预算签批生效下发执行。

预算过程可以用一张预算编制流程图（见图 7-2-1）来归纳，它就像一张作战地图，能够起到指挥全公司员工"作战"的作用，有了这张流程图及配套的预算进度表与预算报表模板，每个成员就能清楚地知道自己的职责和任务、做事的标准与要求及实现目标的具体步骤，这样可以保证每一步都朝着既定目标前进，而且能够避免盲目和不必要的错误，使工作平稳有效进行，确保在预定的时间内完成任务。

以下是预算编制流程 8 步法的具体说明。

7.2.1　决策层召开预算启动大会

决策层或"一把手"召开预算启动大会的目的：一是确保各部门负责人和关键团队成员对公司战略方向和财务目标有清晰的理解与足够的重视，为后续预算编制的顺利开展"打响第一枪"；二是向管理层宣布具体的年度财务目标（采用自上而下预算编制法）和预算完成时间，让大家清晰地知道公司的方向与具体的结果要求。预算编制不是数字游戏，而是对公司有限资源的一种规划与分配。每一个部门的预算都应该与公司总体战略紧密相连，贯彻执行公司的短期行动计划，确保年度目标或长期目标的实现。

如果公司组织架构较完善，可以在预算启动大会上宣布成立预算委员会，委员会成员一般由中高层领导担任，比如人力资源总监、运营管理部总监、销售总监等，财务总监为预算委员会主席。预算委员会的主要职责是审核预算，审核通过后再上报决策层签批生效。

7.2.2　财务部编制预算报表模板

预算启动大会召开后，接下来的具体工作由财务部作为牵头部门推进完成。预算编制不仅要有完整的时间进度表，让全员了解自己的完成事项和时间要求，而且需要同期历史数据做参考，填制来年预算数据，这些工作一般都由财务部完成。

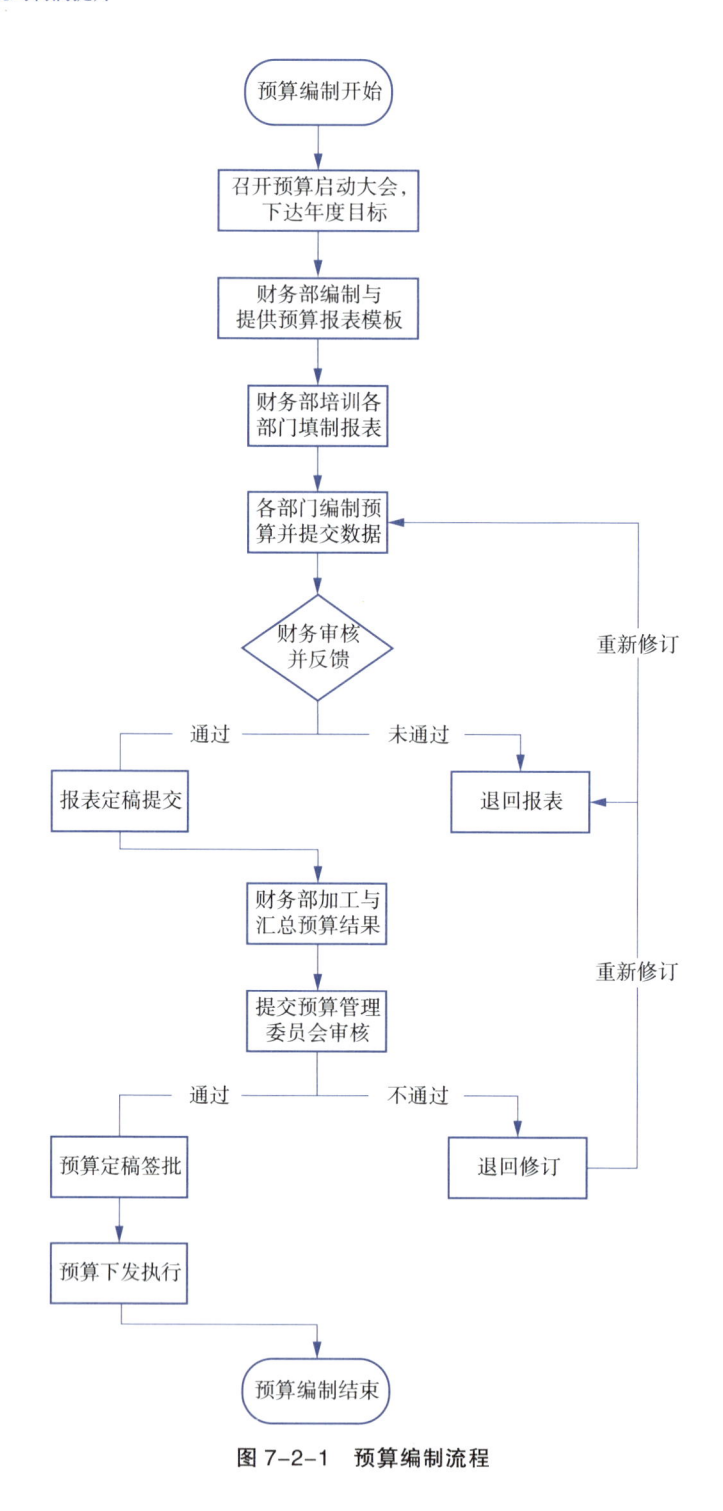

图 7-2-1 预算编制流程

财务部根据整体完成时间要求编制详细的预算完成时间进度表、指导各部门的预算流程图、提供给各部门使用的统一的预算报表模板。这个模板应该包括所需的所有财务信息，如收入预测、采购预算、各种费用预算、资本开支计划和现金流预测等。这些模板要能够捕捉到关键的经营指标，同时方便各部门填写和财务部门汇总分析。模板完成后，财务部将过去同期历史数据放入报表中供各部门参考（如果有预算软件，则工作要简单、容易得多）。

7.2.3　财务部召开预算培训会议

为确保预算编制工作的高效推进，财务部在将需要填制完成的预算报表模板分发给各部门后，紧接着组织全员召开预算培训会议。培训面向各部门的主管及相关人员、全体财务工作人员。

培训的目的是确保所有参与预算编制的主管、员工充分理解整个预算流程，明确各自的责任范围以及预算完成的最终期限。这有助于各部门更好地协调预算编制的时间安排，确保整体流程顺利推进。

培训会议应重点讲解如何正确填写预算报表模板，明确相关细节要求，强调数据准确性、数据的支撑依据，并解答任何关于预算编制的疑问。这样做旨在减少填表不正确导致的时间浪费和后期修正工作，同时提高预算数据的准确性和可靠性。

7.2.4　各部门填制并提交预算数据

培训结束，各部门进行预算编制，结合当前市场动态和上一年同期的业绩数据来制订恰当的预算方案。此外，各部门还应依据自身的职责和目标拟定具体的年度工作计划表，它是部门预算的基础和指导，也是预算数据的支撑依据。

比如：市场部需要进行深入的SWOT分析，理清内外部竞争环境下的公司优势（Strengths）、劣势（Weaknesses）、机会（Opportunities）、威胁（Threats），还要进行市场潜力分析并制订全面的市场推广计划，包括市场研究、产品推广、客户关系建设、广告费用投入等。

销售部的预算编制需基于市场分析和销售趋势设定销售目标额，同时匹配相关费用和团队配置等。相关费用包括但不限于销售激励、广告宣传、客户拜访差旅费和参展费用等。此外，销售部要考虑不同市场和客户群体的特定需求，使预算分配尽可能有效地支持销售增长和市场扩张。

研发部的预算编制要紧密结合市场需求与技术趋势分析，确保研发投入能够带来长期的竞争优势，还要评估研发项目的潜在市场价值和技术可行性，以及相关的人力资源费用和材料成本。研发预算包括专利申请、技术测试和原型开发的相关费用及所在部门支出费用预算，预算重点是新产品研发进度和现有产品改进的成本空间。

生产部的预算编制涉及设备的维护与修理、生产成本控制、提升生产效率的项目投资、本部门相关费用支出等。该部门主要结合销售部提供的销售预测数据来决定生产计划的规模。基于这些规划，生产部需要评估现有产能是否充足，以及是否有必要进行新的设备投资、调整人员编制和薪资结构，以确保生产活动能够高效响应市场需求和满足销售供应。

采购部的预算编制需聚焦于材料成本控制和供应商关系管理。要基于生产计划调整采购策略，选取最优质和成本效益最高的原材料供应商，还要考虑汇率波动、运输费用和可能的关税变动、大宗商品期货管理（如果有）及财务发票问题，以保障物料成本的稳定和供应链的顺畅。

人力资源部的预算编制，一是主导完成与公司战略目标、业务模式匹配的组织架构图；二是基于各部门提交的用人需求表合理规划和调整全公司员工人数、职级并制订公司用人成本策略、招聘计划等；三是结合市场变化情况，制订员工薪资、福利、培训、技能提升、晋升和团队建设活动等方案，最后完成相应的预算数据填制。

各部门在编制预算时，要以适应市场和经营环境的变化为基础，以预算数据有据可依为指导原则。在完成预算编制后，将表格与相关附件一起提交给财务部。

7.2.5　财务部审核预算数据并反馈情况

财务部收到各部门填制完成的预算报表后，要进行细致的审核。这一过程包括对报表中的数据进行核对，确保所有数字的准确性和合理性，并评估各部门的预算编制是否与公司的整体财务规划和战略目标相一致。完成审核后，财务部会就发现的问题或不一致之处提出反馈意见，联系相关部门，让其进行必要的调整或提供额外的解释说明。这个沟通过程有时候需要几个来回才能最终完成，不仅确保了预算的准确性和可行性，还促进了各部门与财务部之间的沟通与协作，为最后预算结果的合理性打下了坚实的基础。

需要特别注意的是，财务部在进行预算反馈和与相关部门沟通过程中，要采用建设性和鼓励性的语言，旨在共同解决问题并实现双方目标。这种沟通策略不仅有助于营造合作友好的工作环境，而且确保了各部门之间的顺畅协作，能保证预算工作的顺利完成。

7.2.6 财务部编制预算结果

在完成对各部门预算数据的审核与修订后，财务部将采取专业的分析方法，将这些经过修订的数据进行深加工与整合，生成包括但不限于资产负债表、利润表、现金流量表等的综合财务结果表。这些报表不仅展现了公司的财务状况和业务成果，还为高层管理者提供了重要的决策支持。

7.2.7 提交预算结果进行审核

财务部提交预算结果后，预算委员会或决策层要对预算结果、各部门年度计划等资料进行全方位的对比、分析，与行业对比、与上年同期对比、与原定目标对比，围绕完成预算目标可能存在的问题展开审核，一旦发现不合理的地方，马上提出改正意见。

7.2.8 决策层预算签批与下发执行

预算委员会审核通过后，将最终结果呈交决策层审批。财务部主管需向决策层详细解读预算结果，突出关键财务指标和潜在的风险点。如果预算结果、支撑依据总体符合公司原定的战略目标，那么决策层预算签批通过并下发执行，如果有需要再次修订的地方，则返相关部门再次修订、再过会、再签批直到最终完成。

7.3 预算编制应用参考案例

上一节介绍了预算编制的 8 个步骤，本节将以制造业公司为实际案例供大家参考。

案例背景：何景公司是一家集研、产、销于一体的饼干公司，有 5 个股东，其中何总是大股东，占比 51%，余下 49% 分别为 4 个小股东持有。2023 年年销售额约为 5 亿元，利润为 3000 万元左右。2023 年 11 月开始启动 2024 年年度预算编制工作，由"一把手"何总负责，具体执行事项由财务部叶总监主导协调落地完成。何总要求 2023 年 12 月底前完成 2024 年全年度预算。本次预算采用的是自上而下的预算编制方法，最后预算结果经股东会审批方能生效。

具体预算过程如下（由于篇幅有限，每个流程环节给出重要表单格式供参考，不再进行具体数据核算）。

7.3.1　召开预算启动大会

本次预算启动大会定下了公司的战略方向，即成为饼干细分领域蔬菜类饼干冠军企业，为此 2024 年度财务关键目标为销售额 5.5 亿元、净利润 4500 万元。在编制预算时，要确保预算计划与公司的长远目标一致。何总指出，水果类饼干是新的市场业务机会，研发部要加大这方面的研发创新力度，市场部要关注同行竞争对手进入的速度。本次预算编制要在 2023 年 12 月底前全部完成。

本次预算启动大会上成立了预算委员会，由以下成员组成（预算委员会人员的具体组成可能因企业的规模和结构而异）：财务部叶总监、销售部李总监、市场部何总监、生产部张总监、人力资源部王总监、采购部王总监。

预算委员会主席由财务部叶总监担任，负责整个预算过程的指导、协调和监督，最后完成预算成果组织报告、签批。

其他主管的工作：一是根据公司战略和年度目标额，制订本部门与公司战略匹配的业务规划，组织本部门完成预算编制工作；二是参与全公司预算结果的审核与提出相关建议。

预算委员会最重要的工作职责是审查各部门提交的预算请求，审查内容包括评估预算的合理性、执行的可行性以及预算与公司整体战略的一致性。预算委员会还要在预算执行过程中监控和评估预算的执行情况，及时发现问题并提出调整建议；定期向高层报告预算执行的情况，帮助决策者更好地理解财务状况和作出决策，从而提升预算管理的效率和效果，保证预算完成的及时性与质量。

更为重要的是，设立预算委员会可以把各部门主管紧密结合在一起，通过事前达成共识确保预算编制与公司的长期战略目标和短期业务目标相一致，有助于解决预算编制过程中可能出现的冲突和差异，确保资源得到最优配置。

7.3.2　财务部准备相关资料

财务部叶总监主导财务部完成 2024 年度预算流程图、预算时间进度表、预算表格模板。财务部内部要先统一预算所需完成的关键事项与流程，然后各岗位要跟进预算过程及进行数据审核、汇总。为便于各岗位人员记忆与识别，叶总监编制了一张预算分类图，如图 7-3-1 所示。

从分工来讲，销售会计服务营销部、销售部等与销售相关的部门；成本会计服务研发部、采购部、生产部等与生产相关的部门；总账会计服务后勤各部门即人事部、财务部、行政部等，总体进度与异常事项由叶总监负责沟通协调。

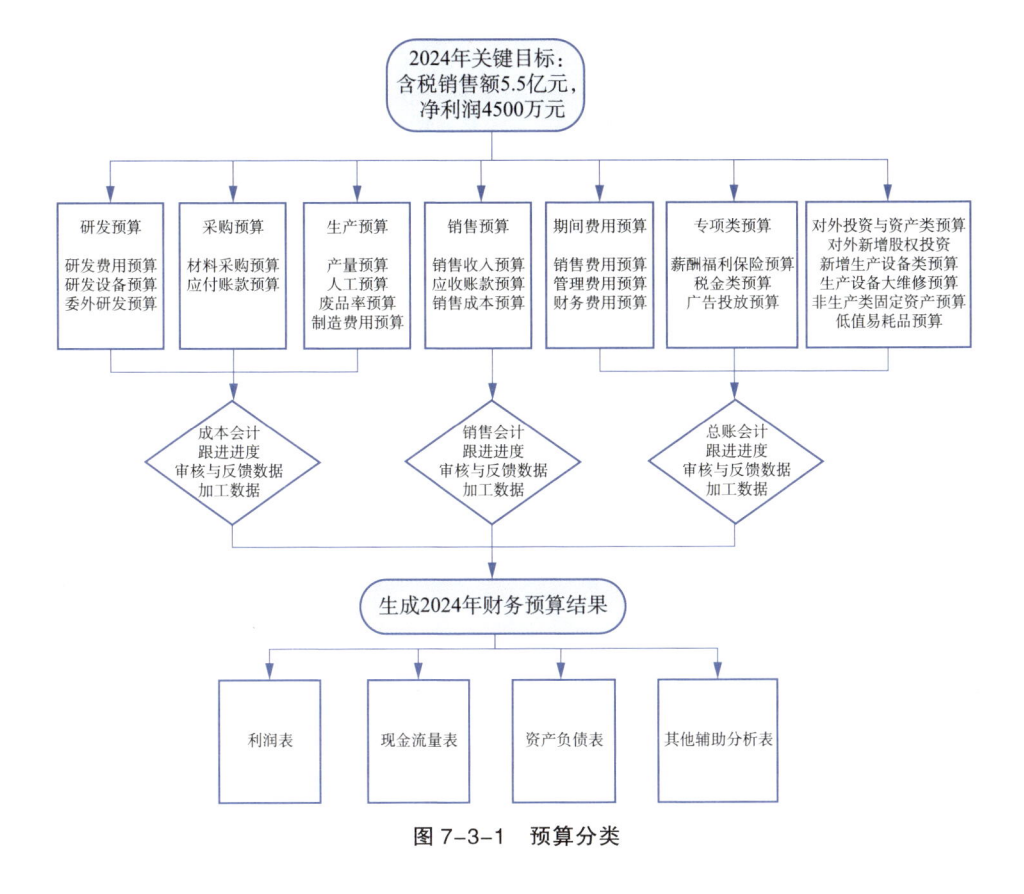

图 7-3-1 预算分类

7.3.3 财务部提供各部门预算模板并召开预算培训会议

本次预算培训大会围绕以下三个核心方面展开：首先，介绍全公司的预算流程图（见图 7-3-2），确保所有参与者对预算编制的整体流程有清晰的理解。其次，提供详细的年度预算进度表（见表 7-3-1），明确各部门需要完成的任务及截止时间，帮助各部门合理安排时间和资源，以符合总体预算计划。最后，对具体的预算表格填写方法和注意事项进行详细讲解，确保所有负责预算编制

从财税合规到利润提升

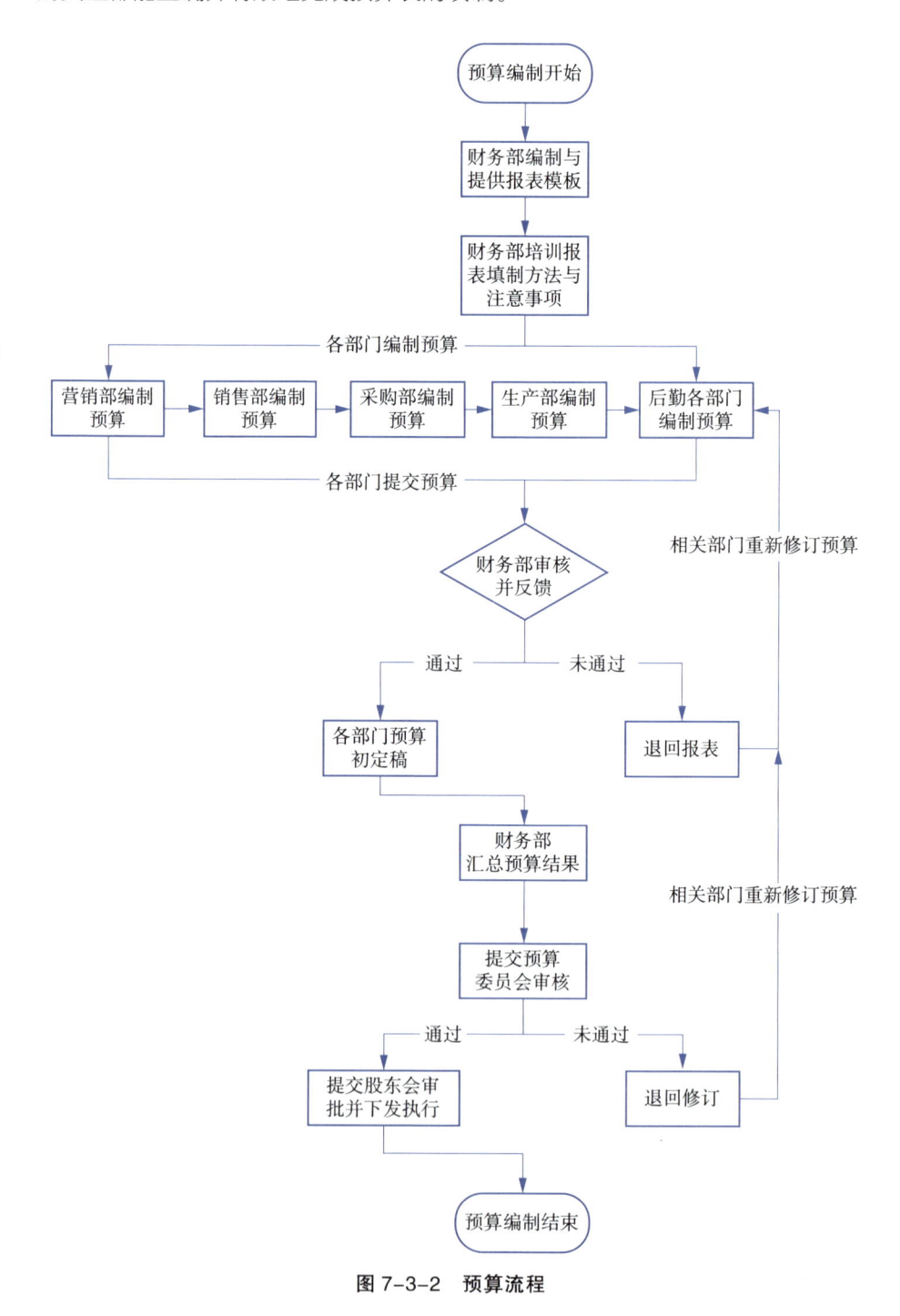

的员工都能正确并有效地完成预算表的填制。

图 7-3-2 预算流程

表 7-3-1　年度预算进度表

序号	预算完成事项	负责人	开始时间	截止时间	备注
1	确定预算编制完成时间进度表	财务部叶总监	11月1日	11月2日	总体预算事项完成进度表
2	确定预算编制原则和假设说明	财务部叶总监	11月3日	11月5日	费用分摊口径、折旧年限、收入确认原则等
3	完成预算表格设计与历史数据填入	财务部叶总监	11月5日	11月10日	填入上年同期数据，供本年度预算参考
4	财务主导预算培训会议（时间进度表、表格模板的使用）	财务部叶总监	11月11日	11月11日	所有涉及预算编制的员工必须参加
5	开始第一版预算编制	各部门经理	11月12日	11月27日	各部门根据预算模板开始编制预算
6	各部门提交数据后财务部对初步预算进行审核	财务部叶总监及团队	11月28日	12月6日	财务部对审核数据中存在的问题进行沟通反馈
6.1	市场部、销售部预算跟进与审核	销售会计	11月28日	12月2日	跟进预算完成进度、审核数据、沟通反馈
6.2	总经办、财务部、人事部预算跟进与审核	总账会计	11月28日	12月6日	跟进预算完成进度、审核数据、沟通反馈
6.3	生产部、工程部、采购部预算跟进与审核	成本会计	12月2日	12月6日	跟进预算完成进度、审核数据、沟通反馈
7	财务部与各部门经理讨论数据调整事项	财务部叶总监及团队	12月7日	12月15日	各部门再次进行数据调整，再次提交
8	财务部完成预算数据汇总及财务结果	财务部叶总监及团队	12月16日	12月19日	生成资产负债表、利润表、现金流量表等
9	召开第一版预算审议会议	预算委员会	12月20日	12月20日	可能需要各部门再次进行数据调整，得到第二版数据
10	最终预算的修订和完成	财务部和各部门经理	12月21日	12月28日	可能需要多次修订才最终定稿
11	最终预算呈报给高层管理者审批	财务部叶总监及何总	12月29日	12月30日	签字生效
12	发布最终预算	财务部叶总监	12月30日	12月30日	正式向全公司宣布年度预算定稿，启动执行

各部门填制预算之前先阅读预算编制说明（见表 7-3-2）。

表 7-3-2 预算编制说明

序号	预算假设	假设说明
1	收入假设	产品发货后无退货
2	回款假设	70% 客户有预收款 30%，发货前回款 100%。30% 客户有 30 天信用账期
3	成本假设	原物料单价上涨 1%
4	费用分配	广告费按 2 年分摊，装修费按照 20 年摊销
5	房租分摊	房租根据各科室、部门实际使用面积分摊
6	人工成本	以 11 月工资表数据作为预算基数
7	费用归口	各部门按所属费用性质填列相关费用预算报表

部门	填制费用	类别
管理部	管理费用	费用中心
财务部	管理费用	费用中心
信息部	管理费用	费用中心
人力资源部	管理费用	费用中心
采购部	管理费用	费用中心
生产部	制造费用	成本中心
品管部	制造费用	成本中心
仓储部	制造费用	成本中心
市场部	销售费用	费用中心
销售部	销售费用	利润中心

预算报表分为两部分内容，第一部分是所有部门都需要编制的 5 类共性报表；第二部分是个别部门单独提交的补充报表。

第一部分（共性报表）分别是：部门年度工作计划表（以财务部为例，见表 7-3-3）、固定资产年度预算表（见表 7-3-4）、低值易耗品年度预算表（同表 7-3-4）、部门人员预算编制表（见表 7-3-5）、费用预算表（见表 7-3-6）。

表 7-3-3　财务部年度工作计划表

序号	财务部年度考核指标	考核占比（%）			
1	风险管理——综合税负率管理值 7%	15			
2	效率提升——每月 6 日完成报表编制	20			
3	资金管理——完成银行融资 5000 万元	20			
4	成本管控——优化成本费用，下降 2%	20			
5	预算支持——管控预算目标的实现	25			
序号	年度计划完成事项	负责人	开始时间	截止时间	备注
1	风险管理——全年综合税负率管理值 7% 左右	叶总监	1月	12月	
	——学习最新税收优惠政策并结合实际充分使用	叶总监及其团队	全年持续	全年持续	
	——全公司相关岗位财税知识的培训	叶总监及其团队	全年持续	全年持续	
2	效率提升——每月 6 日完成全公司及各部门财务报表	叶总监及其团队	1月	12月	
	——优化升级现有的财务系统提升效率	叶总监及其团队	3月	12月	
	——引入 AI 工具提升效率	叶总监及其团队	全年持续	全年持续	
3	资金管理——完成银行融资 5000 万元	叶总监	1月5日	3月15日	
	——应收账款欠款率控制在 25%	叶总监及其团队	全年持续	全年持续	
4	成本管控——与上年同期对比，管控成本费用下降 2%	叶总监及其团队	全年持续	全年持续	
	——应收账款欠款率控制在 25%	叶总监及其团队	全年持续	全年持续	
	——客户月度对账率达 50%，季度达 70%，全年达 100%	叶总监及其团队	全年持续	全年持续	
5	预算支持——跟进预算年度目标 100% 达成	叶总监及其团队	全年持续	全年持续	
	——每个月 8 日组织预算达成会议	叶总监及其团队	全年持续	全年持续	
	——每个季度 8 日组织预算滚动预测修订会	叶总监及其团队	全年持续	全年持续	

表 7-3-4　固定资产年度预算表（低值易耗品年度预算表参考本表格式）

使用部门	固定资产名称	固定资产型号	单位	数量	单价	金额	预计新增月份与数量												小计
							1月	2月	3月	4月	5月	6月	7月	8月	9月	10月	11月	12月	
合计																			

表 7-3-5　部门人员预算编制表

部门	岗位	级别	现有人数	预计新增月份												增减小计	年底预计人数
				1月	2月	3月	4月	5月	6月	7月	8月	9月	10月	11月	12月		
合计																	

表7-3-6 费用预算表(销售费用/管理费用/制造费用通用)

二级科目	三级科目	填制部门	填制说明	1月	2月	3月	4月	5月	6月	7月	8月	9月	10月	11月	12月	2023年实际	费用占比	占收入比例
部门人数																		
工资		人事部提供数据,财务部填列	根据最新年度薪资结构与人员编制															
奖金(月/季/年)		人事部提供数据,财务部填列	根据最新年度考核激励政策编制															
业绩提成		人事部提供数据,财务部填列	根据最新年度业务提成制度编制															
养老保险		人事部提供数据,财务部填列	根据最新年度政策编制															
医疗保险		人事部提供数据,财务部填列	根据最新年度政策编制															
生育保险		人事部提供数据,财务部填列	根据最新年度政策编制															
失业保险		人事部提供数据,财务部填列	根据最新年度政策编制															
工伤保险		人事部提供数据,财务部填列	根据最新年度政策编制															
住房公积金		人事部提供数据,财务部填列	根据最新年度政策编制															

续表

二级科目	三级科目	填制部门	填制说明	1月	2月	3月	4月	5月	6月	7月	8月	9月	10月	11月	12月	2023年实际	费用占比	占收入比例
福利费		人事部提供数据，财务部填列	节日、团建、生日、食堂等															
职工教育经费		人事部提供数据，财务部填列	送员工外出培训或培训老师来公司的培训费用、培训期间的交通费、住宿费等															
人工成本小计																		
劳务费	临时小时工	本部门填列	临时用人费用															
推广宣传费	渠道费用	本部门填列	商场进场费等															
推广宣传费	市场活动	本部门填列	与市场活动相关的所有费用															
推广宣传费	文宣印刷	本部门填列	宣传册、优惠券等															
推广宣传费	新媒体	本部门填列	软广等															
广告费	线下广告	本部门填列	公交车广告、楼宇广告等															
广告费	线上广告	本部门填列	各种线上渠道															

续表

二级科目	三级科目	填制部门	填制说明	1月	2月	3月	4月	5月	6月	7月	8月	9月	10月	11月	12月	2023年实际	费用占比	占收入比例
会务费		本部门填列	参加相关行业峰会或销会展的会务费、往返交通费、住宿费等															
办公费		本部门填列	文具、A4纸、矿泉水、卷纸、纸巾、打印机租赁费等															
网络通信费		本部门填列	办公场所的网络费、电话费、电信息用的餐费															
差旅费		本部门填列	出差交通费、住宿费、差旅补贴或实报实销的餐费															
交通费		本部门填列	员工外出办事打车费															
快递费		本部门填列	寄合同、文件等相关费用															
招聘费		本部门填列	招聘渠道费用、猎头费、应聘人员往返交通费、住宿费															
车辆使用费		本部门填列	自有车辆的油费、过路过桥费、年检费、保险费															
劳保用品		本部门填列	生产用工服、口罩、鞋、帽子、衣服、手套															
业务招待费		本部门填列	招待外部客人交通、住宿、餐饮等相关费用															
维护（修）费		本部门填列	电梯、设备等日常维修维护费															

续表

二级科目	三级科目	填制部门	填制说明	1月	2月	3月	4月	5月	6月	7月	8月	9月	10月	11月	12月	2023年实际	费用占比	占收入比例
咨询费		本部门填列	与本部门相关的外部咨询合作费用															
低值易耗品		本部门填列	单位价值低于2000元，使用年限超过1年															
变动费用小计																		
房租费		财务部填列	根据合同预提															
物业费		财务部填列	根据合同预提															
水电费		财务部填列	办公用／生产用水电费															
固定资产折旧		财务部填列	根据资产分类年限计提															
费用摊销		财务部填列	装修、广告费用等分摊															
其他固定费用小计																		
合计																		

第二部分是个别部门需要另行提供的补充报表，明细如下：研发部需要提交研发费用预算表、新品上市进度表；生产部提交设备维修预算表；销售部提交分月、分产品、分区域、分人员销售预算表；市场部提交SWOT分析图、分月营销广告活动计划表；人事部提供全公司薪酬汇总预算表（见表7-3-7至表7-3-12，图7-3-3）。

表 7-3-7 研发费用预算表

六类费用——二级科目	三级科目	归集内容	2023年实际	2024年预算
人员人工费用	工资薪金	参与研发活动的本企业在职人员的工资、薪金以及加班工资		
	各种保险及公积金	基本养老保险、基本医疗保险、失业保险、工伤险、生育险、公积金		
	其他	其他相关的外聘研发人员的劳务费用及其他支出等		
直接投入费用	材料、燃料和动力	从事研发活动消耗的原材料、燃料和动力费用		
	测试手段购置费	用于中间试验和产品试制的模具、工艺设备开发及制造费，不构成固定资产标准样品、样机及一般测试手段购置费		
	仪器设备维护费	用于研发活动的仪器、设备简单维护费		
	仪器设备租赁费	用于研发活动的仪器、设备等租赁费		
折旧费用	仪器设备	用于研发活动的仪器、设备的折旧费		
无形资产摊销费用	研发软件	因研究开发活动需要购入的研发软件所发生的费用摊销		
	专利权	因研究开发活动需要购入的专利权所发生的费用摊销		
	非专利发明(技术)	因研究开发活动需要购入的非专利发明（技术）所发生的费用摊销		
新产品设计费、新工艺规程制定费	设计费	为新产品和新工艺的构思、开发和制造，进行工序、技术规范、操作特性方面的设计等发生的费用		
	装备调试费	工装准备过程中研发活动发生的费用，包括研究生产机器、模具和工具，改变生产和质量控制程序，或制定新方法及标准等		

续表

六类费用——二级科目	三级科目	归集内容	2023年实际	2024年预算
其他相关费用	研发成果相关费用	研发成果的论证、鉴定、评审、评估、验收以及知识产权的申请费、注册费、代理费等		
	图书资料及翻译费	技术图书资料费、资料翻译费		
	其他	因研究开发活动发生的会议费、差旅费、职工福利费、补充养老保险费、补充医疗保险费等		
合计				

表 7-3-8　新品上市进度表

新品名称	2024年新品上市计划时间											
	1月	2月	3月	4月	5月	6月	7月	8月	9月	10月	11月	12月

表 7-3-9　设备维修预算表

所在产线	设备名称	设备型号	数量	预计维修月份与金额												小计
				1月	2月	3月	4月	5月	6月	7月	8月	9月	10月	11月	12月	
合计																

表 7-3-10 销售预算表

		2023年实际	2024年单价	1月 数量	1月 金额	2月 数量	2月 金额	3月 数量	3月 金额	4月 数量	4月 金额	5月 数量	5月 金额	6月 数量	6月 金额	7月 数量	7月 金额	8月 数量	8月 金额	9月 数量	9月 金额	10月 数量	10月 金额	11月 数量	11月 金额	12月 数量	12月 金额	2024年小计	同期对比增减比例
按区域	产品																												
福建	产品1																												
	产品2																												
	产品3																												
	产品4																												
	产品5																												
	产品6																												
浙江	产品1																												
	产品2																												
	产品3																												
	产品4																												
	产品5																												
	产品6																												

续表

	2023年实际	2024年单价	1月 数量	1月 金额	2月 数量	2月 金额	3月 数量	3月 金额	4月 数量	4月 金额	5月 数量	5月 金额	6月 数量	6月 金额	7月 数量	7月 金额	8月 数量	8月 金额	9月 数量	9月 金额	10月 数量	10月 金额	11月 数量	11月 金额	12月 数量	12月 金额	2024年小计	同期对比增减比例
按区域	产品																											
湖南	产品1																												
	产品2																												
	产品3																												
	产品4																												
	产品5																												
	产品6																												
……																												
合计																												
按产品	区域																											
产品1	福建																												
	浙江																												
	湖南																												
	……																												

续表

	2023年实际	2024年单价	1月		2月		3月		4月		5月		6月		7月		8月		9月		10月		11月		12月		2024年小计	同期对比增减比例
			数量	金额	数量	金额	数量	金额	数量	金额	数量	金额	数量	金额	数量	金额	数量	金额	数量	金额	数量	金额	数量	金额	数量	金额		
按产品	区域																											
产品2	福建																											
	浙江																											
	湖南																											
	……																											
产品3	福建																											
	浙江																											
	湖南																											
	……																											
……																												
合计																												
按人员	区域																											
李一	福建																											
	浙江																											
	湖南																											
	……																											

续表

按人员	区域	2023年实际	2024年单价	1月 数量	1月 金额	2月 数量	2月 金额	3月 数量	3月 金额	4月 数量	4月 金额	5月 数量	5月 金额	6月 数量	6月 金额	7月 数量	7月 金额	8月 数量	8月 金额	9月 数量	9月 金额	10月 数量	10月 金额	11月 数量	11月 金额	12月 数量	12月 金额	2024年小计	同期对比增减比例
王一	福建																												
	浙江																												
	湖南																												
	……																												
张一	福建																												
	浙江																												
	湖南																												
	……																												
合计																													

/ 第3部分 / 财税高阶篇——助力企业利润提升

优势（Strengths）	威胁（Threats）
S	T
W	O
劣势（Weaknesses）	机会（Opportunities）

图 7-3-3　SWOT 分析

表 7-3-11　月营销广告活动计划表

二级科目	三级科目	2024 年推广计划 / 广告投放计划说明											
^	^	1月	2月	3月	4月	5月	6月	7月	8月	9月	10月	11月	12月
推广宣传费	渠道费用												
推广宣传费	市场活动												
推广宣传费	文宣印刷												
推广宣传费	新媒体												
广告费	线下广告												
广告费	线上广告												

表 7-3-12 全公司薪酬汇总预算表

序号	类别	2023年实际			2024年预计金额												2024年预算合计				同比增减变动率（%）		
		人数	薪资总额	人均薪资	1月	2月	3月	4月	5月	6月	7月	8月	9月	10月	11月	12月	人数	薪资总额	人均薪资	人数	薪资总额	人均薪资
一	部门分类合计																					
1	研发部																					
2	采购部																					
3	生产部																					
4	销售部																					
5	营销部																					
6	人事部																					
7	财务部																					
8	总经办																					
二	薪酬分类合计																					
1	工资																					
2	奖金																					
3	业绩提成																					
4	养老保险																					

续表

序号	类别	2023年实际			2024年预计金额												2024年预算合计			同比增减变动率（%）	
		人数	薪资总额	人均薪资	1月	2月	3月	4月	5月	6月	7月	8月	9月	10月	11月	12月	人数	薪资总额	人均薪资	薪资总额	人均薪资
5	医疗保险																				
6	生育保险																				
7	失业保险																				
8	工伤保险																				
9	住房公积金																				
10	福利费																				

7.3.4　各部门开启预算编制工作

各部门预算编制工作由部门主管全权负责主导完成，如果有需要，可以指定部门相关人员或部门助理配合完成数据填报。

各部门要根据财务部提供的表格模板在预算进度表规定的时间内完成预算编制。需要特别注意的是，各部门编制预算数据要有支撑依据：一是基于市场现状；二是参考上年同期数据；三是结合当年部门计划、要完成的绩效考核指标进行金额填制，从而确保数据的合理性，避免多次修订而付出更多的时间成本。

7.3.5　财务部审核预算数据并反馈情况

财务部各岗位按照叶总监给的预算分类进度表分别跟进对应部门预算进度并协助解决编制过程中出现的问题，确保预算在规定的时间内完成。销售会计跟进销售部收入预算数据，数据确定后提供给成本会计，成本会计将这个数据与采购部、生产部提供的数据核对，确保所有部门使用同样的销售口径数据，然后再进行单位成本核算，销售会计依据单位成本算出销售部的最终利润。

财务部各相关会计收到对应部门上交的预算数据后，对数据进行初步审核，检查是否存在明显的错误或不合理之处，如果偏差过大或是不合理，应第一时间与相关部门主管沟通，由相关部门修订后再提交。每个部门的预算计划要与公司整体的目标和战略保持一致，特别是要关注那些直接影响收入增长和成本控制的预算项目。

7.3.6　财务部生成财务成果

各部门数据经财务部审核通过后，由财务部将所有部门提交的预算数据整合到一个统一的预算模板中（如果有相关预算软件，就不需要人工处理），确保数据格式一致，便于比较和分析应用。

财务部最后生成的结果包含主表关键指标一览表（见表7-3-13）、全公司资产负债表、利润表、现金流量表、毛利率汇总表（见表7-3-14）、销售部利润表（见表7-3-15）等。

分析汇总表包含但不限于全公司费用分部门、分月份预算汇总表（见表7-3-16）、全公司费用分类别、分部门预算汇总表（见表7-3-17）和固定资产预算汇总表等。

表 7-3-13 关键指标一览表

序号	财务指标		单位	2024年预算	2023年实际	增减变动率（%）
一	收入指标					
1	营业收入		万元			0
2	其中：商品销售收入		万元			0
	商品销售收入占比		%			
3	营收毛利		万元			0
	营收毛利率		%			0
二	成本指标					
1	产品成本		万元			0
	产品成本率		%			
2	人工成本		万元			
	人工成本率		%			
3	租金成本		万元			
	租金成本率		%			
4	水电费		万元			
	水电费成本率		%			
序号	财务指标	单位	2024年预算	2023年实际	增减变动率（%）
---	---	---	---	---	---
四	业务指标				
1	新增客户数	家			0
2					0
3					0
五	税务指标				
1	纳税总额	万元			0
2	税负率	%			0
六	资金指标				
1	货币资金	万元			0
2	经营收款	万元			0
3	经营付款	万元			
4	资金净流入	万元			0
5	其中：银行借款	万元			
6	欠供应商款	万元			0
七	效率指标				

续表

序号	财务指标	单位	2024年预算	2023年实际	增减变动率（%）	序号	财务指标	单位	2024年预算	2023年实际	增减变动率（%）
5	其他成本费用	万元				1	存货周转天数	天			
	其他成本费用率	%				2	销售人员数量	人均产值			
6	总成本费用	万元				3	全公司人员数量	人均产值			
	总成本费用率	%				八	资产指标			2023年同期数	
三	利润指标					1	资产总额	万元		期初数	
1	净利润	万元				2	其中：总库存金额	万元			
2	销售净利率	%			0	3	负债总额	万元			
3	投资回报率	%			0	4	属于股东的资产	万元			
4	总资产收益率	%				5	资产负债率	%			

资产负债表、利润表、现金流量表参考第 4 章表格格式。

表 7-3-14 毛利率汇总表

产品名称	2023年平均毛利率制造成本法	2024年年售价	2024年平均毛利率制造成本法	同期毛利率变动	2024年年平均制造成本法单位成本小计	成本构成									2024年度平均完全成本法		2024年平均毛利率完全成本法
						原辅料	占比(%)	直接人工	占比(%)	包装物	占比(%)	制造费用	占比(%)	单位成本小计	期间费用摊入	

表 7-3-15　销售部利润表（根据公司管理和考核需要调整过的管理利润表）

项目	当月实际	当期预算	当月预算达成率	2023年同期	同期增减变动率	当年累计实际	当年累计预算	当月累计达成率	同期累计增减变动率
一、主营业务收入									
减：主营业务成本									
二、毛利									
三、销售费用									
用人费用									
市场投入费用									
差旅费									
业务招待费									
其他费用									
四、销售部直接贡献利润									

表 7-3-16　费用分部门、分月份预算汇总表

费用类别	部门	2023年实际	1月	2月	3月	4月	5月	6月	7月	8月	9月	10月	11月	12月	2024年预算	同期增减变动率
研发费用	研发部															
	小计															
	占比															
制造费用	生产部															
	品管部															
	仓储部															
	小计															
	占比															
管理费用	管理部															
	人事部															
	采购部															

续表

费用类别	部门	2023年实际	1月	2月	3月	4月	5月	6月	7月	8月	9月	10月	11月	12月	2024年预算	同期增减变动率
管理费用	财务部															
	小计															
	占比															
销售费用	营销部															
	销售部															
	小计															
	占比															
合计																
占比																

表 7-3-17 费用分类别、分部门预算汇总表

费用类	研发部	生产部	品管部	仓储部	管理部	人事部	采购部	财务部	营销部	销售部	2023年实际	2024年预算	同期增减变动率
部门人数													
工资													
奖金（月/季/年）													
业绩提成													
养老保险													
医疗保险													
生育保险													
失业保险													
工伤保险													
住房公积金													
福利费													
职工教育经费													
人工成本小计													

续表

费用类	研发部	生产部	品管部	仓储部	管理部	人事部	采购部	财务部	营销部	销售部	2023年实际	2024年预算	同期增减变动率
劳务费													
推广宣传费													
广告费													
会务费													
办公费													
网络通信费													
差旅费													
交通费													
快递费													
招聘费													
车辆使用费													
劳保用品													
业务招待费													
维护（修）费													
咨询费													
低值易耗品													
变动费用小计													
房租费													
物业费													
水电费													
固定资产折旧													
费用摊销													
其他固定费用小计													
合计													

7.3.7 预算委员会审核预算

财务部将汇总生成的第一稿预算表呈报预算委员会进行审核。

预算委员会根据公司要发展重点项目水果类饼干并成为蔬菜类饼干细分冠军企业的定位，重点评审销售及市场预算、研发预算、生产预算的投入是否匹配定位要求。针对大额设备投资预算，进行性价比分析，评估投入的潜在回报，确定是自行增加生产线还是选择委外代工的替代方案，并将评审过程中的建议反馈给各部门经理，在必要时对预算进行调整。

财务部按照预算委员会反馈，协助各部门经理进行预算修订，形成终版年度预算，要确保预算计划既具备实际操作的可能性，又能最大化地支持公司的商业目标。

预算表经过 3 次修订最终定稿。

7.3.8 决策层预算签收与下发执行

在预算委员会审核通过之后，财务部叶总监按照公司规定和流程，将预算提交给股东会审批。预算提交、审批以及最终下发执行的步骤如下。

（1）准备向股东会提交的资料

编制报告：准备详细的预算报告，包括年度预算的总览、各部门预算摘要、关键投资项目和预期的财务结果等。提供与 2023 年预算和实际执行的对比分析，说明预算增减变动的原因，以及预算如何支持公司未来的业务目标和增长策略。

（2）股东会审批流程

通知股东：根据公司章程和股东会议规则，提前通知所有股东会议的时间、地点和议程，确保所有股东都有充分时间准备和参与。

预算报告陈述：在股东会上，财务部叶总监将向股东呈现年度预算报告，详细解释预算策略、主要支出项以及预期收益。

回答疑问：会议中设立股东提问环节，财务部叶总监对股东关于年度预算的疑问进行解答，确保信息传达与理解到位。

（3）股东会审批

股东表决：经过充分的讨论和问题解答之后，股东会 2/3 表决通过。

保存记录：会议结束后，财务部叶总监保存股东会决议，包括预算审批结果，这将作为年度预算签批依据。

（4）预算下发及执行

将通过审批的年度预算报告整理成正式的文件，由何总签字后，发给所有相关部门主管和管理人员并正式启动执行。

7.4 4 个方法提高 95% 预算达成率

预算编制完成、签批落地执行后，最重要的事是如何确保预算目标达成。要达成预算目标，有 2 件很重要的事要做好：一是对预算过程实施有效管控；二是解决人的持续驱动力问题，即"我为什么愿意持续努力地干好这件事"。这个有关激励的专题将在下一节中专门探讨，本节的核心内容是如何做好预算过程的有效管控。

预算过程的有效管控包括日常业绩跟进、管理与反馈，预算外费用应对，每个月月初召开经营分析会议查找问题与差距并提出解决方案，按季度调整滚动预算目标，确保全年预算的达成。

7.4.1 日常业绩跟进、管理与反馈

财务部销售会计每天跟进全公司收入与回款达成（有些公司由专门的营业管理部门负责）并编制（有预算 IT 系统则可以自动生成）天、周、月、季、年报表，将累计回款、收入额与预算目标对比，算出差额与达成率，并将分析报表汇报财务总监、销售总监以及抄送相关决策层，让大家第一时间了解预算动态达成情况。

财务总监跟进预算执行情况并参与研发部、销售部、采购部、生产部每周、每月召开的产销协调会议，目的是预防生产过程中可能出现的各种问题，比如新品上市延迟、采购下单不及时、生产工人短缺、设备暂停维修、备件短缺等；同时明确销售部的订单量、采购部的下单量和生产部的生产量，确保三者有效衔接。此外，产销协调会议为后续可能出现的库存损失提供了责任依据，如果原材料已经按销售订单量下单并采购入库完毕，但由于销售业绩未达标出现存货积压，这种情况下造成的库存损失要与相关责任人的绩效考核相结合，防止由公司单方面承担所有损失的不合理现象产生。

7.4.2 预算执行过程中可能会发生预算外费用

这种超出原来预算的事项，需要额外申请签批通过方可执行。这些费用可能是未预料到的情况或变化引起的，也可能是因为执行过程中的误差或意外事件而产生的额外支出。预算外费用的出现可能会对企业的财务状况造成影响，比如资金支出的压力、利润降低。因此，针对预算外费用，需要建立灵活的反应迅速的应对机制。

首先，经办部门要及时识别和分析发生这些额外支出的原因及其性质，评估产生额外费用能带来的经济效益，即使不能迅速带来匹配的利润回报，但费用支出原因是合理的，比如能为下个月带来回报或产生长远的影响等，也应该对这些支出给予支持。其次，要建立申请预算外报告审批流程、预算外费用记录和分析体系，通过对预算外费用的深入分析，为未来的预算制定提供更为准确的参考依据。

7.4.3 财务部总监每个月主导召开经营分析会议

建议会议时间定在每月 8 日左右，参加人员主要有预算委员会全体成员（如果有设立）与各部门主管，以及相关必要人员。

召开经营分析会议的目的是使相关人员第一时间了解预算达成情况（平时已经跟进业绩、回款达成及费用控制），分析存在差距的原因并及时制定调整对策，确保下个月预算如期达成。

召开经营会议前，财务部总监可以先向"一把手"简要汇报当月财务关键指标达成情况，比如全公司收入达成率、回款率、利润盈亏、应收账款周转率等。决策层提前了解重要数据与信息有助于其在出席经营会议时将精力聚焦在主要问题的高效解决方面。

（1）财务部总监汇报全公司整体财务数据情况

财务部总监汇报的重点内容有全公司销售达成率、毛利率、利润率、回款率、坏账异常情况、费用实际与预算差距预警及相关建议。这里重点从 5 个维度深度分析毛利率，这也是寻找利润空间的过程。

毛利率的高低取决于量差和价差两个因素。量差由 3 个维度组成，即销售达成率、销售结构占比、生产超耗率；价差由 2 个维度组成，即销售产品单价变化、采购价格变动，下面分别展开说明：

销售达成率。指实际销售额与目标销售额的达成比率。例如，如果企业设定了 100 万元的月销售目标，实际完成了 80 万元，那么销售达成率为 80%。低于预期的销售额会影响毛利率，因为影响了固定成本的分摊。

销售结构占比。指不同产品或服务在总销售额中的占比。例如，高毛利的产品 A 占 60%，低毛利的产品 B 占 40%。如果产品 A 的销售比例下降，将直接影响公司整体毛利率。

生产超耗率。指生产过程中原材料的实际消耗量超出预定标准消耗量的情况。例如，生产每件产品预计消耗 10 单位原材料，实际上却消耗了 12 单位，那么超耗率为 20%。这将增加单位产品的生产成本，从而降低毛利率。

销售产品单价变化。指企业出售产品的价格变动。例如，如果去年企业销售的产品单价为 100 元，今年由于市场供需关系变动，同样的产品单价提升至 110 元，那么单价提升了 10%。这将直接增加销售收入，提高毛利率。

采购价格变动。指企业采购原材料或其他成本的价格变化。例如，如果去年企业采购原材料的价格为 50 元/单位，今年通过谈判或寻找新的供应商，采购价格降至 45 元/单位，那么采购成本降低了 10%。这将降低销售成本，提高毛利率。

综上，企业可以通过提高销售效率、调整产品结构、控制生产成本、调整定价策略和优化采购流程等方式来提升毛利率。

费用分析关注两个主要维度：一是评估费用率与销售业绩之间的关系，即投入产出比的合理性。这要求区分不同类型的费用：一部分是短期内支持销售增长的直接成本，例如促销和销售佣金；另一部分是长期投资，比如用于提升品牌知名度的广告费和宣传费，这些开支可能在短期内看不到效果，但从长远来看是必要的。对于后者的评估，可能需要第三方进行市场调研以获取准确结果。二是审视各项费用的支出占比是否合理，考察每一笔开支是否必要以及是否存在降低开支的可能性。例如，通过优化供应链管理减少物流成本，或通过谈判降低租赁费用。

库存方面主要关注呆滞存货期限与金额，分析形成呆滞存货的原因与责任部门，并提出呆滞存货的处理建议，确保涉及的所有责任部门共同参与解决方案的制订，并对呆滞存货产生的损失负责。后续要优化库存水平，提高整体运营效率。

应收账款的分析主要是针对客户逾期账款金额与时间，由销售部作出逾期原因解释并提出催讨解决方案。如果形成坏账，损失的金额要与销售部个人绩效考核挂钩而不是由公司全权买单。

（2）销售部总监汇报部门利润表达成情况

分析重点放在销售收入上，包括分区域对比同期销售增长情况、分客户对比产品同期销售结构、分产品对比同期销售增长情况等。可将不同维度的销售分析与毛利率相结合，找出在哪些区域、哪些客户、哪些产品上加大资源投入可以实现高毛利产品销售增长。分析的过程也相当于在寻找下个月预算达成的有效方法或路径，可能包括加大高毛利产品的促销力度、优化销售渠道以提高覆盖率或效率、调整定价策略以吸引更多客户等。

案例分析：

何景公司生产经营分析会中销售部分析如下：

分区域对比同期销售增长情况：今年第一季度，华东区域的销售额为800万元，相比上年同期的600万元，增长了33%。

分客户对比同期产品销售结构：去年客户C购买的产品中，高毛利产品H占比为30%，低毛利产品L占比为70%；而今年客户C购买的产品中，产品H的占比提升到了50%，显示了客户对高毛利产品的偏好增加。

分产品对比同期销售增长情况：产品H去年同期销售收入为200万元，今年增长至400万元，增长率为100%。

结合毛利率进行分析：

假设产品H的毛利率为60%，而产品L的毛利率为30%。

去年客户C的总毛利=（30%×60%）+（70%×30%）=39%

今年客户C的总毛利=（50%×60%）+（50%×30%）=45%

通过以上分析可以看到，客户C对高毛利产品H的需求增长显著提升了总毛利率。因此，为了实现高毛利产品的增长，销售部总监拟采取以下策略：

加大在华东区域对高毛利产品H的市场推广和销售支持。

针对客户C等偏好高毛利产品的客户，提供更多定制化服务和优惠，以提高复购率和客户满意度。

对于表现出色的产品H，考虑扩大生产规模以降低单位生产成本，进一步提高毛利率。

（3）生产部汇报重点

主要分析实际产能与预算产能间的差距、当月超耗率、设备维修、生产异常情况等。

在实际产能与预算产能对比分析中，要详细说明实际产出与计划产出存在差异的原因。例如，若预算产能为 1000 吨 / 月，而实际只完成了 950 吨 / 月，那么需要解释这 50 吨的短缺是由于设备故障、原材料供应不足还是人力问题。

当月超耗率指的是生产过程中原材料或资源的使用超出了预定标准的比例。比如，如果生产每单位产品标准材料消耗量为 1 公斤，实际上却消耗了 1.2 公斤，那么超耗率为 20%。汇报人员需要对 20% 的超耗进行解释，说明是原材料质量问题、生产过程浪费、产品改变设计还是订单批量太少等引起的。

设备维修情况要报告关键设备的维修频率、维修成本以及维修对生产的影响。例如，某生产线因维修停机 4 小时，导致少生产了 100 件产品等。

生产异常情况包括任何非计划的生产中断、事故或质量问题等。如电力供应中断导致生产线停工半天，影响了整体的生产效率。

（4）采购部汇报重点

主要分析采购需求与实际采购量间的差距、主要原物料采购单价变动、供应商送货异常情况等。

对比销售部门提交的采购需求与实际采购量，分析两者之间存在差异的原因。比如，如果销售部门的下单量为 1000 吨，而实际采购量为 900 吨，采购部需要解释出现这 100 吨差距的原因，说明是上期库存充足、供应商交货延迟还是采购策略调整等引起的。

主要原物料采购单价变动分析主要追踪关键原材料的市场价格变化，并分析其对成本的影响。比如，某原材料本月平均采购单价为 10 元 / 公斤，相比上月的 9 元 / 公斤上涨了 11.11%，需评估这种价格上涨对整体成本结构的影响。

供应商送货异常情况主要是指供应商延迟交付、货物损坏或数量不符等。例如，如果一个月内同一个供应商有 3 次送货延迟，采购部需要调查原因并提出改进措施。

（5）其他部门主要围绕费用实际发生与预算做对比。

7.4.4　财务部每个季度召开滚动预算调整会议

之所以要做滚动预算调整，是因为在经营过程中一切都是动态变化的，企业要根据最新的业务状况和市场趋势，及时、灵活地调整其预算和资源分配，确保战略目标与当前环境相适应。

滚动预算是指在原来预算的基础上对接下来各月份的预算数据进行修订，使之与原预算目标不偏离的一种方法。根据行业特性与公司 IT 系统支持程度，滚动预算可采取月度滚动、季度滚动的方式。

假设一家公司 2024 年实施的是按季度进行滚动预算，当 2024 年第一季度结束时，公司将对已经过去的三个月（1 至 3 月）进行预算绩效的回顾，然后基于最新的市场分析、业务趋势和其他相关信息重新修订 4—12 月的预算数据。

案例分析：

一家生产企业的收入来源于产品销售，现面临市场需求波动大的问题。

2024 年第一季度初，团队设定初步预算，基于过往数据和市场分析预估销售收入为 1000 万元，成本为 700 万元。

2024 年第一季度末，实际销售收入为 1200 万元，因市场需求增加，成本升至 800 万元。同时，市场调研显示，第二季度市场需求仍旺盛。

该企业进行滚动预算调整：基于第一季度的实际业绩及市场预测，团队更新第二季度预算，将原来销售预估 1100 万元调整为 1300 万元，成本由 750 万元预估调整为 900 万元。第二季度按更新后的预算执行。第三、第四季度数据保持不变。

在实施季度滚动预算的过程中，要特别注意收集市场变化信息并评估其对公司经营的影响，实施季度滚动预算后，要定期评估其效果，识别潜在的问题或改进空间。通过持续优化逐步完善预算过程，增强其对企业策略的支援作用。

7.5　激励体系是预算达成的利器

上一节提到，预算过程的有效管控与搭建激励体系是促进预算达成的 2 件重要的事，并且详细介绍了预算过程的监控细节。本节探讨如何将激励体系与企业的预算执行紧密结合。当预算目标确定时，为团队建立一个清晰的激励体系能让他们很好地、自发地完成甚至超额完成目标。这里用一张图体现激励在预算执行中的重要作用（见图 7-5-1）。

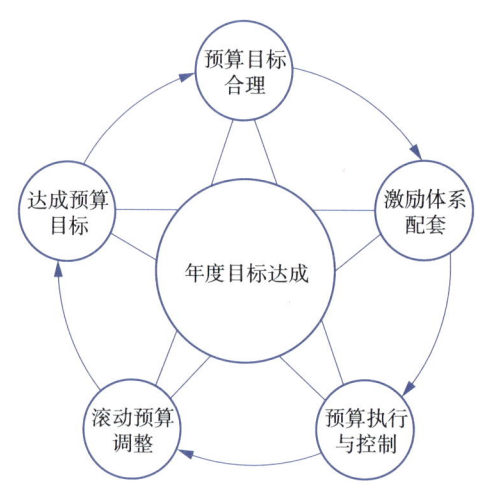

图 7-5-1 预算和激励的关系

激励分为短期激励和长期激励。短期激励解决短期利益如何分配的问题，明确员工眼前能否有个好收入以保证生活质量。长期激励将个人长期回报和企业未来发展的利益相捆绑，表明员工心无旁骛、持之以恒地付出所有努力与公司共进退能得到什么样的未来与确定性的好处。年度预算适合与短期激励结合；中长期（三、五年）预算适合与长期激励结合，给员工以更大希望。

激励体系与预算挂钩有 4 个核心要点

7.5.1 激励体系与预算挂钩的核心要点

（1）确立清晰的短期和中长期目标

将这些目标与预算计划紧密关联：例如，短期预算目标可能包括季度销售额或成本节约的目标，而长期预算目标可能着眼于市场份额增长、产品开发数量或客户满意度提升。目标确定后，列出为达成目标需要完成的关键事项与负责人，然后将完成结果与激励相关联。

（2）建立激励体系

比如初创期医药类企业的特点是产品研发周期长，"慢工出细活"才有可能保证新品上市成功率，短期内难以见效益，这个时候公司没有太多的财力以现金做激励，可以采取的激励方式有提升个人福利、职位晋升、岗位培训及颁发荣誉等；而成熟的服装行业的特点是品类多，要抓住潮流推陈出新，快速售卖并回笼资金，月月要见经营成果，可以考虑采用分产品系列让负责人参与分享利润的激励方式。总之,激励方式一定要匹配行业特性及公司当下阶段发展特点。

(3)设计多层面的激励计划

激励计划尽可能涵盖从前线员工到高级管理层的所有人员,以确保全公司上下一致为完成预算目标而努力。经营是一个闭环,包含但不限于研发、采购、生产、销售、回款(各行业不一样),激励也应该相应形成各个部门的闭环,这样才能形成齐心协力与相互制约的关系,集聚力量高效完成目标。

案例分析:财务部每个月能否准时结账取决于前端各业务部门是否及时提供各种表单。以成本会计岗位为例,岗位考核指标中有一条是每月 3 日核算完成产品单位成本,完不成扣绩效 20%,而成本会计能否准时完成这项工作取决于仓管是否在 1 日完成所有出仓确认并提供表单,所以仓管提供进出仓单的及时性与准确率这个考核指标应由成本会计来考核确认。仓管能否准时完成工作取决于生产部的进出仓领用手续是否配合办理,那么生产部领料员的及时性指标就要由仓管来考核……以此类推,全公司各部门的工作形成上下游闭环互相关联考核,让公司的运营像车轮一样自带惯性往前走,很好地避免了工作中一方不配合工作时另一方无可奈何的被动局面。

(4)预算目标达成,激励兑现要及时

一旦目标完成,公司应马上进行业绩评估,确认目标达成的具体情况,并根据评估结果及时兑现相应的奖励。这一点尤其考验"一把手"的格局与态度。有些老板在公司没有业绩的时候什么承诺都给,甚至白纸黑字地落到纸面上并发布公告,但当业绩达标要发放奖金时就开始各种不痛快了,甚至找理由扣款降低奖金额或者想办法推迟发放奖金的时间。这一点是大忌。首先,要明白不管给出去多少激励,最后得大头的肯定是公司。其次,业绩目标一旦实现马上兑现激励,不仅能增强员工的满意度和忠诚度,还能保持甚至提高员工的积极性,提升整个团队的动力和效率,形成一个良性的动力循环系统,从而创造更多的业绩。

7.5.2 激励方式

建议从 2 个维度做这件事情:一是从内容角度设计有竞争力的薪酬体系;二是从时间角度出发设计中短期激励政策,将两者融合交织使用。

（1）从内容角度

个人的总收入是由薪酬和福利两部分组成的，薪酬可分为固定薪酬与浮动薪酬，福利分为法定福利和个性化福利，如图7-5-2所示。

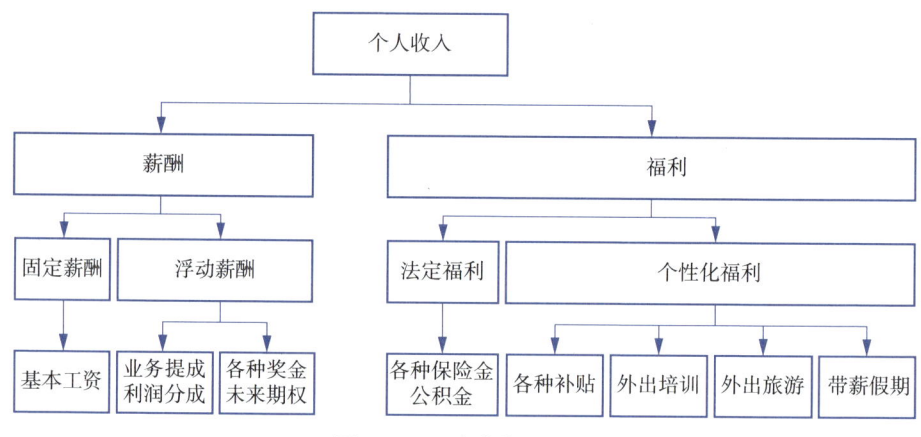

```
                          个人收入
              ┌──────────────┴──────────────┐
            薪酬                            福利
       ┌─────┴─────┐              ┌─────────┴─────────┐
    固定薪酬    浮动薪酬          法定福利          个性化福利
       │      ┌────┴────┐            │        ┌────┬────┬────┬────┐
    基本工资  业务提成  各种奖金   各种保险金  各种补贴 外出培训 外出旅游 带薪假期
              利润分成  未来期权    公积金
```

图7-5-2 个人收入组成

图7-5-2中列示的收入组成并不是一步到位实现的，而是分阶段逐步实现的。一般来讲，第一阶段更偏向于为鼓励业绩达成而设计短期内能实现的各种利益，比如提成奖金、利润分成、各种补贴等；第二阶段与第三阶段偏向于变现条件的设置，会将服务年限与业绩积累的要求相结合，比如在公司服务年限满3年且业绩连续达到规定的员工可购买公司的福利房等。从短期、中期角度出发设计激励，更有利于员工工作的稳定性、收入增长的可持续性与公司业绩持续增长。个人激励阶段见图7-5-3。

（2）从时间角度

常用的短期激励方式包括但不限于奖金提成、颁发荣誉、额外的带薪休假、旅行等，这些激励在员工业绩达成时立马兑现，可极大提高员工做事的积极性。

这里所指的提成侧重于个人的销售业绩提成，通常与个人的销售业绩直接相关，按照预先设定的百分比从销售额中提取。例如，销售人员一般有一个固定的提成比率，比如销售金额的3%，这意味着他每卖出100元的产品或服务，就能获得3%的提成。提成一般不设上限，销售得越多提成就越多，以此鼓励员工增加销售量。

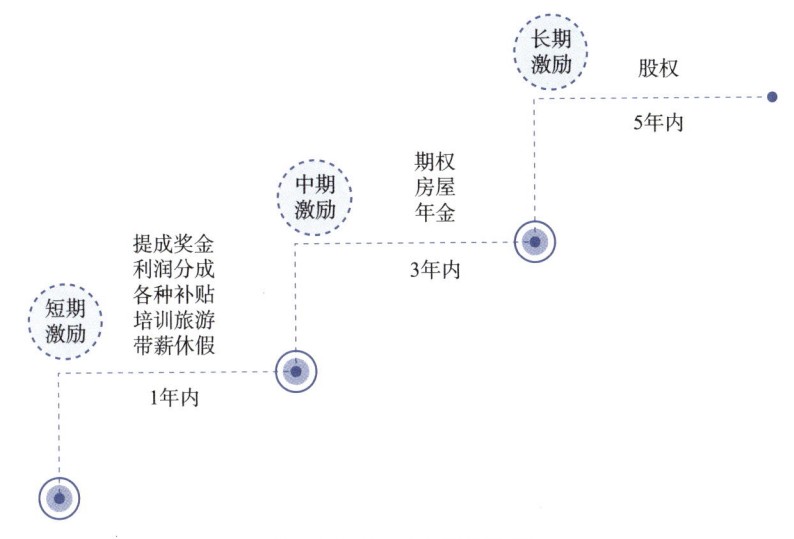

图 7-5-3　个人激励阶段

奖金则更多地考虑团队或公司的整体表现，一般涉及个人、团队或公司整体的业绩达成情况，基于绩效考核确定。奖金分为月度、季度、年终奖等形式，通常有明确的上限，比如设计为某个月的绩效系数上限的 1.2 倍或 1.5 倍。

常用的中长期激励方式包括但不限于期权、股权、有吸引力的晋升机会、奖励住房或汽车、提供子女择校教育机会、颁发长期服务奖、额外增设退休年金机制等。

一般来讲，对于关键管理人员和核心员工，期权或股权是最常见的激励方式。这 2 种激励方式与公司的长期业绩紧密绑定，既保障了员工的长期利益，也使他们的目标与公司的长期目标一致，可以更好地维持员工的忠诚度和职业满意度。

期权是指赋予持有人在未来某个特定时间或一段时间内以固定价格购买或出售某种资产的权利。持有期权的人在行权前并非公司股东，也不享受相应权利，只有在行权后才能成为公司的股东并享有相应的权利。股权是指直接拥有公司的所有权，享有表决权、利润分配权等权利。

具体是采取期权还是股权的激励方式，取决于行业特性、老板的态度，在形式与比例上并没有统一的标准答案。但可以确定的是，适合的激励方式既能提升公司整体业绩，又能让员工有发展的空间且得到相对满意的报酬。

现在有了各种激励工具，那么激励如何与预算目标相结合？

7.5.3 激励与预算目标结合

要将激励与预算有效结合，一是要分解预算目标到个人、到月份；二是明确要完成的考核指标；三是确定个人适用的激励政策；四是定期评估和反馈激励结果；五是根据市场变化灵活调整激励方式。

以完成年度预算短期目标为例：

第1步，分解年度预算目标：将公司的年度预算目标分解为更小的时间单位目标，如半年度、季度、月度目标，然后将这些目标分解到不同职能部门和层级，并设定具体的目标。例如：销售部全年销售额目标为1.2亿元，先分解为每个季度平均3000万元，再将3000万元分解到销售总监每季度、月度销售目标，然后分解到普通销售员的季度、月度销售目标。

第2步，分解完预算目标后，明确各岗位的考核指标。比如销售总监可以考核他所在部门整体业绩与利润达成情况、回款率、个人业绩达成情况；销售员考核有效客户开发数量、个人业绩达成率、客户回款率等指标。

第3步，明确个人适用的激励政策：在事前明确个人完成相关考核目标后可享有的对应激励，这些考核目标应该清晰并且能够量化，便于后续计算和评估。比如：普通销售员适用的激励方式是销售提成与奖金政策，按实际销售额享有3%业绩提成；当个人完成月度销售业绩80%以上且所在团队完成业绩80%以上时可享受基本薪金的最高1.5倍的奖金。

第4步，激励要定期评估与反馈：在每个时间周期结束时，人事部进行业绩评估，并及时反馈给当事人。这有助于员工了解自己的表现，改进工作方式以完成下一个周期的目标。

第5步，激励方式要灵活调整：市场环境和业务需求可能会发生变化，要根据实际情况，适时调整业绩目标和奖励机制，确保目标始终与公司的长期战略和年度预算保持一致。

长期激励计划应与公司3~5年的战略规划和预算目标相结合。公司长期目标的实现与各部门主管所带领的部门绩效息息相关，最大化将各核心主管利益与激励深度捆绑可以促进公司的可持续增长和实现关键里程碑。比如：研发部门主管确定的3年期绩效目标有2个，一是以技术创新为导向，成功申请50个专利产品；二是确保新品上市成功率达到50%。激励方式为期权，期权的行权条件是连续3年达到规定的目标。

7.5.4 激励体系应用落地案例

假设张总公司是食品类生产销售企业，2024 年度销售额预算目标为 5 亿元，比上年同期增长 15%，利润率为 6%。目标销售额为 6 亿元，利润率为 6%。未来 3 年每年增长 15%，预计 2027 年销售额达到 7.6 亿元。

现以销售部为例设计激励体系。

(1) 普通业务员

只有短期激励，不参与长期激励，收入不封顶。短期激励方式以销售提成与奖金相结合为主。销售提成按实际销售额的 5% 提取，能否拿到奖金取决于个人业绩完成度和所在团队、公司业绩的完成情况。

奖金发放设计如下：

个人业绩指标：员工必须完成个人销售额目标的 80% 才有资格获得奖金。这个指标在奖金计算中的权重为 70%。

团队业绩指标：员工所在的团队必须完成整体销售业绩目标的 80%。这个指标在奖金计算中的权重为 10%。

公司业绩指标：整个公司业绩达成率需要达到 80%。这个指标在奖金计算中的权重为 20%。

现在，以销售员小王为例来说明这个奖金发放机制。假设小王的个人销售目标是每月 10 万元，而小王实际完成的销售额为 8 万元，达到了 80% 的个人业绩目标，因此他有资格获得奖金。同时，假设小王所在团队的整体销售目标是每月 50 万元，实际完成 40 万元，也达到了 80% 的团队业绩目标。最后，假设公司的总销售目标是每月 200 万元，实际完成了 160 万元，同样达到了 80% 的公司业绩目标。根据这些信息，可以计算出小王的奖金金额。

首先计算个人、团队、公司的业绩得分：

个人业绩得分：8 万元 /10 万元 ×100%=80%

团队业绩得分：40 万元 /50 万元 ×100%=80%

公司业绩得分：160 万元 /200 万元 ×100%=80%

然后根据各个指标的权重计算总分：

总分 =（个人业绩得分 ×70%）+（团队业绩得分 ×10%）+（公司业绩得分 ×20%）

= （80%×70）+（80%×10）+（80%×20）=56+8+16=80（分）

最后根据总分来确定小王的奖金金额：

假设公司规定，每分等于 50 元的奖金，那么小王的奖金金额为：

奖金金额 = 总分 × 每分对应的奖金金额

= 80 分 × 50 元 / 分 = 4000 元

因此，根据上述奖金发放机制，小王将获得 4000 元的奖金。

（2）销售总监

采用的是短期激励与长期激励相结合的方式。短期激励包括个人业务提成、团队管理奖及公司给予的利润分红资格。长期激励以 3 年为周期，如果连续实现每年销售额增长 15%，且净利润率达到 6%，则可以拿到期权行权资格。

短期激励：个人业绩提成按实际销售额的 5% 提取。

团队管理奖取决于团队业绩达成情况，设定的考核方式是个人完成业绩达成率的 80%，指标权重为 10%，带领所在团队完成业绩的 80%，指标权重为 50%，总体销售额的回款率达 60%，指标权重为 20%。

全公司实现 6% 利润率且净利润额 100 万元以上，达到利润分红目标。公司实现利润后，先预提 20% 作为留存发展金，再拿出净利润的 20% 给经营团队分红，余下的 60% 给股东分红。

销售总监在经营团队中的分红占比最高为 50%，分为几种情况：所带领团队年度平均销售业绩达成率达 100% 以上时，分红占比为 50%；业绩达成率在 80%~99% 时，分红占比为 40%；业绩达成率低于 80% 无分红资格。

由于篇幅所限，不再举例测算具体数据，具体参考上例小王的核算思路。

长期激励：公司设立了一个 3 年的绩效周期期权激励计划，连续 3 年销售总监每年带领团队完成年增长 15% 的销售目标，且实现净利润率 6%，则具备期权行权资格。具体操作如下：

激励股权来源：由大股东转让部分股权作为期权池。

授予数量：根据主管的薪酬情况和一定系数确定授予期权的价值，再换算为具体股数。销售总监的系数为 0.5，月工资为 1 万元，年薪为 12 万元，则授予期权价值为 12 万元 × 0.5 = 6 万元；每股 1 元，则授予 60000 股。

等待期：3 年。在 3 年内离职的，期权为零。

成熟期：分为 3 期。等待期满当日一次性获得授予股权的 40%，劳动关系持续至第 3、第 4 年，分别于期满当日获得 30% 的股权。

行权价格：原则为签署《期权协议书》时股价的 80%（此为上市公司行权

价格，若公司没有上市，按净资产价格），董事会在合理范围内调整。

期权授予流程：授予期权时，向授予对象发放《期权证书》。等待期满后，授予对象仍在职且仍具备资格时，公司与授予对象签署正式《期权协议书》，相应期权证书失效。

行权流程（以认购期权为例）：等待期结束且满足行权条件后，员工在行权日向公司提交行权申报指令。员工按照期权协议中规定的行权价格，准备足额的行权资金。例如，行权价格为每股1元，60000股则需准备60000×1=60000（元）。公司审核员工的行权申请，确认无误后进行股权变更登记。公司向员工发放新的股权凭证，员工成为公司正式股东，享有相应的股东权利。

在整个过程中，公司需严格按照《期权协议书》和相关法律法规执行，并及时处理可能出现的问题，如员工离职、行权价格调整等。同时，公司应做好相关文件的存档和记录，以备后续查询和审计。再次强调，以上示例仅为简单说明，实际操作应根据具体情况进行详细设计和规划，并在专业人士的指导下进行。

以上案例中，销售部通过区分不同销售岗位、结合短期和长期激励机制体系设计，确保员工的短期行动与公司的即时目标相符，同时实现中长期目标。

预算是对未来不确定性风险与结果进行管理的一套体系，是站在未来规划现在的路径、把有限的资源分配到效率最高的事项中去、一切围绕拿到好结果而展开工作的工具。

不同阶段的企业，预算工作的开展程度不一样。初创期企业的工作重点在于产品打磨、商业模式建立、团队搭建，这时候因为刚进入市场，没有数据可参考，也没有配套的人员及足够的专业支撑来主导预算，所以只进行些费用类预算，以防止公司出现资金链断裂。

发展中的企业已经有了一定的经营基础，团队也相对健全，建议导入年度预算进行管理。如果没有专业的人员主导，可以先从简版预算开始，先围绕如何达成销售目标开展收入及配套的费用预算，慢慢积累相关经验后再开展更详细的全面预算工作。

成熟的中大型企业必须将全面预算与滚动预算结合，并建立三年期、五年期预算，形成一套成熟有序的管理体系，力求用预算驱动业绩增长。

企业预算编制能否顺利开展，一个很重要的因素是财务部主管及其团队能否胜任工作。预算工作需要财务部全程主导、深入参与，跟进过程、沟通协调、汇总结果并推进预算审批完成。这些工作要求财务主管具备预算工作经验、很好的沟通协调能力、强烈的目标导向思维，最好是有在大公司做预算工作经验的人。

预算工作量较大，仅靠 Excel 表格方式完成工作，不仅效率低，而且容易出错，有条件的企业可以考虑购入专业的预算软件或 ERP 系统来支持预算编制，费用在几十万元到上百万元不等。

这些软件和系统可以帮助实现自动化数据收集、对预算编制和过程进行监控、自动生成结果等，大大提高了工作效率和数据的准确性，使财务部可以聚焦在数据分析及发现问题、沟通协调上。

当然，软件或系统只是一种支持工具，最重要的是企业要先建立自己的一套预算管理体系，再采用系统作支撑，不要本末倒置地以为系统就能解决一切预算问题，永远都是先人后事或先事后工具。

后 记

写完了，突然有些舍不得结束。

仿佛你们一直都在我对面跟我聊天，我们一起探讨了企业经营中最重要的财务管理板块内容。

以安全经营为起点，掌握企业常用的组织形式并选对与经营匹配的形式，懂得如何修订章程的重要条款、把住话语权；掌握注册资本的关键点，不遗留问题；学会合法合理地从公司拿钱；了解股权架构的搭建模型，学会内部控制体系的建立，掌握财务报表的阅读与应用；懂得搭建一个优秀的财务部；掌握税收筹划的重要方法与年度预算的编制。

希望你们插上财务知识的"翅膀"，在经营的路上飞得更高更稳！

谢谢你们用心地阅读完本书！

也谢谢在本书书写期间帮助过我的朋友们，分别是：陈长惠女士、黄蔚群女士、贺钰强先生！

谢谢你们耐心地解答我提出的不同角度的专业问题，让我更完整地完成相关章节的撰写，有你们真好！

在这里，要正式地感谢我的家人郑连勇先生、郑乔予同学！

感谢郑连勇先生一直以来无条件地支持与信任！你不仅很好地完成了自己的本职工作，而且将工作之外的时间都投入到了对家庭、孩子的照顾上，正因为你的付出才让我有更多的时间静下心来写作。

感谢郑乔予同学的自立，这一路的成长基本没怎么让我操过心，所以我才能在你本该鸡飞狗跳的年龄段安心写作！

也感谢我的妹妹、妹夫一家人承担了更多照顾父母的责任，才让我有了更多的时间工作与写书。

最要谢谢我最亲爱的爸爸妈妈，感谢你们在物资最匮乏的年代让我顺利成长，养育我成人！

还要谢谢给过我启发帮助的同事们，他们分别是：李智君女士、费晓红女士、黄建明先生、吴勇州先生、连秋福先生、陈莹莹女士、舒涛先生……

从你们身上我学习到了各种有益的知识！

更要谢谢我的客户们，谢谢你们信任我并选择与我和我的团队合作，把最重要的财务体系交给我们设计搭建，相信我们能一起创造更好的可能，这才让我积累了无数财务实操的宝贵经验！

还要谢谢中国经济出版社的丁楠老师及其团队的支持与信任，因为有你们才有了这本书的出版。与丁老师的交流沟通过程如沐春风，让我感受到了"文化人"的魅力！

最后，感谢这个伟大的时代给了每个普通人平等的机会，让我们的未来有了更多的可能性，而我也在寻找可能性的过程中找到了自己人生下半场真正热爱的事，那就是将咨询过程中积累的知识分享给更多有需要的人。

彭彩凤于厦门家中

2024 年 5 月 24 日